Th!nk 씽크이노베이션
Innovat!on

Th!nk Innovat!on

씽크이노베이션

노나카 이쿠지로 · 가쓰미 아키라 지음 남상진 옮김

북스넛
Booksnut

Think Innovation

1판 1쇄 발행_2008년 3월 20일
1판 11쇄 발행_2010년 11월 1일
2판 1쇄 발행_2016년 8월 10일

지은이_노나카 이쿠지로 . 가쓰미 아키라
옮긴이_남상진
발행인_이현숙
발행처_북스넛

등 록_제2016-000065호
주 소_경기도 고양시 일산동구 호수로 662 삼성라끄빌 442호
전 화_02-325-2505
팩 스_02-325-2506
이메일_booksnut2505@naver.com

ISBN 978-89-91186-45-3 03320

일류 기업, 선진 국가로 비상하라!

상당수의 한국 기업이 정상에 섰습니다. 그리고 더 많은 한국 기업들이 거의 정상 부근에 이르렀습니다. 세계 최고의 기업들을 따라잡고 국제경쟁에서 승리하기 위해 지금까지 한국인들은 외부로부터 수준 높은 기술을 도입해, 보다 빠르고 보다 효율적이며 보다 싼 가격의 전략으로 승부해왔습니다.

그러나 그러한 전략을 언제까지나 지속할 수는 없습니다. 과거의 전략으로는 조직이 타성에 빠질 수 있으며, 한국 기업보다 더 빠르고 더 효율적이며 더 싼 값에 공급하는 기업이 등장하면 곧바로 경쟁력을 잃게 될 위험이 있기 때문입니다. 경쟁력 있던 상품도 지금처럼 변화가 극심한 시대에는 곧바로 차별성을 잃고 끝없는 가격경쟁의 악순환에 사로잡힐 수 있습니다.

그러면 경쟁 전략의 한계를 극복하기 위해서는 어떻게 해야 하는

가? 지금 모든 기업과 조직, 개인에 필요한 것이 이노베이션입니다. 경쟁자의 움직임만을 바라볼 것이 아니라, 미래의 미지의 영역을 상상하고 끊임없이 이노베이션을 일으킬 수 있어야 합니다. 경쟁자의 추종을 넘어 압도적인 우위를 확보할 수 있어야 합니다. 그때 필요한 자원은 새로운 지식을 지속적으로 만들어낼 수 있는 이노베이터라고 불리는 인재입니다.

이노베이터란 어떤 존재인가? 그 생각이나 행동의 특질은 어디에 있는가? 이 책은 이노베이터의 사고나 행동에 특징적으로 보이는 자세와 태도를 구체적인 사례를 통해 부각시켰습니다. 책에서 다룬 이노베이터의 조건은 국가나 문화의 차이를 초월한 보편적인 것들입니다. 미래라는 미지의 영역은 어떤 제약도 없으며, 모든 사람들에게 똑같이 주어진 기회이기 때문입니다.

이노베이터를 많이 확보한 조직일수록 변화의 시대에도 뛰어난 지식창조로서 세계를 주도할 수 있습니다. 유교문화가 뿌리내린 한국은 규율이나 서열에 따른 질서가 조직의 통일성과 일관성을 높여 경쟁력의 원천이 되어왔습니다. 그런데 한편으로는 창조성을 어떻게 높일 것인지가 큰 과제가 되고 있습니다. 조직 속에서 자율적으로 창조하는 이노베이터를 충분히 확보할 수 있다면 통일성과 창조성의 균형을 얻을 수 있으며, 조직력과 개인 능력이 하나가 되어 큰 경쟁력으로 발휘될 것입니다.

정상을 목표로 하는 한국 기업과 한국인들이 어떻게 한걸음 더 나아가 새롭게 비약할 수 있을 것인가? 지금까지의 단순한 경쟁 전략을 벗고 어떻게 미래창조적 이노베이션 전략으로 옮겨갈 것인가? 이노베이션을 일으키는 것은 어디까지나 지적知的 자본으로서의 인간이라는 사실에 주목하여 이노베이터의 인간상을 다룬 이 책이 수많은 한국 기업과 정부, 개인들에게 선진의 발판이 되길 바라겠습니다.

도쿄에서

노나카 이쿠지로, 가쓰미 아키라

최고는 아무도 가지 않은 길을 간다

"최고의 기업들은 어떻게 이노베이터를 확보하고 양성합니까?"

일본의 1위 기업들을 둘러보기 위해 방문한 한국의 어느 대기업 시찰단을 맞아 강연할 기회가 있었다. 시찰은 2004년에 출간한 《1위의 패러다임》 한국어판을 그들이 읽은 것이 계기가 되어 기획된 행사였다. 강연의 주제도 노나카가 제창하는 지식창조론을 바탕으로 획기적인 성공사례, 즉 이노베이션의 여러 사례를 소개하면서 그 본질에 대해 논하는 것이었다.

1시간 30분간의 강연이 끝나고 질의응답 시간이 되자 질문은 한 가지에 집중되었다. 그러한 이노베이션을 일으킬 수 있는 사람은 누구이며 어떻게 확보하고 육성할 수 있는가? 바로 이노베이터의 조건에 집중되었던 것이다. 저자들이 현장 취재를 경험으로 대답하자, 다시 질문이 이어졌다. 질문 시간은 순식간에 지나가버렸다.

한국은 이제까지 외부로부터 기술이나 지식을 적극적으로 도입하여 비약적인 성장을 이룩했지만, 최근 자신들의 손으로 이노베이션을 일으킬 수 있는 인재를 확보하는 것이 큰 과제가 되고 있음을 짐작케 했다. 미국적인 시장분석적 경쟁 전략과는 대조적인 지식창조에 의한 이노베이션 전략과 미래창조 전략에 대한 관심이 한국에서도 매우 높아지고 있음을 말해주는 경험이었다.

'양'이 아닌 '질'로의 전환, '연속'이 아닌 '비연속'의 허용, '비슷한 물'에서의 경쟁이 아닌 '다른 물'로의 도약, 현재의 '연장'이 아닌 새로운 '미래창조'……. 그런 이노베이션을 일으킬 수 있는 사람, 그들을 이노베이터라고 부른다.

지금 모든 기업과 조직에 필요한 것은 뛰어난 이노베이션 사례에서 배우고 다시 그것을 초월하는 주체적인 노력이다. 고독을 견디고, 곤란을 극복하고, 목표를 실현하는 이노베이터의 삶의 자세를 존경하고 높게 평가하며 그 지식을 공유해야 한다.

기업에서의 이노베이션은 기술 혁신에 그치지 않고 생산방식, 영업방식, 조직이나 제도의 개혁 등 모든 분야에 관련된다. 그중에서도 최근의 획기적인 히트상품이나 대성공을 거둔 사례들을 보면서 리더 역할을 담당한 사람들의 사고와 행동 특성을 자세히 살펴 이노베이터에게 요구되는 능력이나 조건을 제시하는 것이 이 책의 가장 큰 목적이다.

특히 '맑고 혼탁함 즉, 청탁清濁을 가리지 않는 정치력', '마키아벨리적 현실주의' 등은 우리가 새롭게 알게 된 이노베이터들의 성향이기도 하다. 마키아벨리라면 '목적을 위해서는 수단을 가리지 않는다'거나 '권모술수'라는 단어들만 떠올리며 '악의 권력화'라는 이미지가 강하지만, 그것은 단편적인 이해에 불과하다. 성공적 이노베이션을 실현하기 위해서는 유연하면서도 상황에 적합한 마키아벨리적 정치력과 기교도 갖추어야 한다는 사실을 성공한 이노베이터들은 보여주고 있다.

우리가 이처럼 이노베이터의 조건으로서 지금까지는 고려되지 않던 자질에 착안한 것은 기업과 조직들이 당면한 강한 위기감 때문이다. 시장의 데이터나 논리분석, 과학적 실증주의에 대한 맹신이 오히려 시장의 진실과 고객의 본질을 못보게 만드는 결과를 낳았다. 그런 논리분석적 태도의 만성화로 수많은 기업들이 '분석마비증후군'에 빠지고 있는 것이다.

이 책에는 13편의 이노베이션 사례가 등장한다.

그 사례들은 독자의 관심도와 사회적인 주목도, 화제성 등을 기준으로 선정했다. 그리고 사례들과는 별도로 과거에 취재했던 내용들도 수시로 언급하고 있다(캐논, 혼다, 닛산, 후지쓰, 야마하, 구로카와온천, 스튜디오 지브리, 세븐일레븐 등). 이러한 사례에 관해 더 자세한 것은 《1위의 패러다임》을 참고하길 바란다.

우리는 이노베이션 이야기들을 접하면서 깊은 곳에 감춰진 본질을 꿰뚫어보고 싶었다. 분석적인 시각뿐 아니라 감정이입을 시도했으며, 때로는 이노베이션 주인공들의 입장에서 그들이 본 것과 동일한 시각에서 현상을 바라보려고 노력했다. 주인공들은 현실에 대한 대응과 관찰에 뛰어난 수완을 발휘하면서도, 모두 '끝없는 꿈'을 품고 한결같이 원대한 이상을 추구했다. 그들의 내면에는 마치 돈키호테 같은 이상과 정열이 타오르고 있었다.

기사도 이야기에 흠뻑 빠진 돈키호테는 세상의 부정을 바로잡으려 여행을 떠난다. 그리고 현실과 이상 사이에서 방황하며 풍차를 거인으로 오해하고 돌진한다.

세르반테스의 장편 고전인 《돈키호테》는 해학 속에 인간정신의 심연을 그려낸 명작으로서 시대를 초월하며 '성서에 버금가는 베스트셀러'로 읽혀지고 있다. 돈키호테는 곤란에 도전하는 사람의 불굴의 정신을 이렇게 노래하고 있다.

To dream the impossible dream
To fight the unbeatable foe
To bear with unbearable sorrow
To run where the brave dare not go

To right the unrightable wrong

To love pure and chaste from a far

To try when your arms are too weary

To reach the unreachable star

This is my quest to follow the star······

이루지 못할 꿈을 꾸고,

쳐부수지 못할 적과 싸우고,

견디지 못할 슬픔을 견디고,

용감한 사람도 두려워하는 곳에 가고,

그릇된 것을 바로잡고,

순수함을 사랑하고,

잡을 수 없는 저 별을 잡으려고 손을 뻗는 것,

그것이 내가 추구하는 삶이다.

이노베이터의 삶도 이와 흡사하다. 대부분의 사람들 눈에 비치는 풍차에 불과한 상황 속에 거인이라는 기회가 숨어있음을 이노베이터는 직관한다. '풍차가 거인일 리 만무하다. → 그러므로 풍차를 거인으로 오인하는 따위의 망상은 버려야 한다.'는 방식의 '논리'로 치부하지 않고, 사고의 결박을 풀어 '풍차 저편에 무엇이 보이는가?'라는 질문을 던지고 생각을 해방시키는 곳에서 새로운 기회를 위한 이노베이션은 시작될 것이다. 그럴 때에야 비로소 현실적인 대응도 더 추진력을 발휘한다.

　실제로 크게 성공한 이노베이터일수록 지금까지 경영학이나 비즈니스 세계에서 유용하다고 간주되어온 방법이나 사고방식에 정면으로 위반하는 도전을 벌이고 있었다. 그들은 기업이나 조직, 개인에 만연되어 있는 '분석마비증후군'을 타도해야 할 대상이라고 확신하고 있었다. 이 책을 통해 한 사람이라도 더 성공의 본질에 눈을 뜨고 진정한 이노베이터로 거듭나길 진심으로 바란다.

　　　　　　　　　　저자 노나카 이쿠지로, 가쓰미 아키라

한국 독자들에게 • 5
서문 • 8

제1장 마침내 정상에 선 사람들

1. 세계 최다 판매 스포츠카 마쓰다의 로드스타 • 21
혁신 이야기 • 21 | 마쓰다에서 배울 점 • 40

2. 가장 많이 팔린 웰빙 음료 산토리의 이에몬 • 50
혁신 이야기 • 50 | 산토리에서 배울 점 • 63

제2장 이상주의적 실용주의가 낳은 빅히트

3. 기울던 포장마차 산업을 부활시킨 기타노 포장마차 • 79
혁신 이야기 • 79 | 기타노 포장마차에서 배울 점 • 94

4. 30년 연구 끝에 성공한
긴키대학의 완전양식 흑참치 • 110
혁신 이야기 • 110 | 긴키대학 수산연구소에서 배울 점 • 125

제3장 대박으로 연결된 무대 생성 능력

5. 라면의 붐을 대대적으로 일으킨
신요코하마 라면박물관 • 137

혁신 이야기 • 137 | 신요코하마 라면박물관에서 배울 점 • 148

6. 만년 1위를 제치고 최고가 된 KDDI의 휴대폰 인포바 • 154

혁신 이야기 • 154 | KDDI에서 배울 점 • 166

제4장 시장을 석권한 지식의 링크

7. 세계 최초의 물로 굽는 오븐 샤프의 헤르시오 • 177

혁신 이야기 • 177 | 샤프에서 배울 점 • 188

8. 생활 혁명을 몰고온 IC카드 소니의 펠리카 • 208

혁신 이야기 • 208 | 소니에서 배울 점 • 220

제5장 업계를 평정한 감정의 지식

9. 시장을 석권한 경영지원 프로그램
내추럴시스템즈의 지식서버시스템 • 227

혁신 이야기 • 227 | 내추럴시스템즈에서 배울 점 • 238

제6장 논리를 초월한 승부사의 감

10. 맥주시장의 블루오션을 찾아낸
    삿포로맥주의 드래프트원 • 249

    혁신 이야기 • 249 ㅣ 삿포로맥주에서 배울 점 • 261

11. 세계 최고 친환경 하이브리드 자동차
    도요타의 프리우스 • 274

    혁신 이야기 • 274 ㅣ 도요타에서 배울 점 • 284

제7장 옳은 것을 추구하는 삶의 자세

12. '일본의 구글'이라 불리는
    인터넷 업계의 샛별 하테나 • 301

    혁신 이야기 • 301

13. 축구장에 구름 관중을 몰고 온
    J리그 축구팀 알비렉스 니가타 • 313

    혁신 이야기 • 313 ㅣ 하테나와 알비렉스 니가타에서 배울 점 • 325

제8장 성공의 본질

1 _ 암묵적 지식을 터득하라 • 334

2 _ 실천적 지혜를 쌓아라 • 337

3 _ 분석과 직관의 차이를 구별하라 • 341

4 _ 논리가 지닌 한계를 깨달아라 • 344

5 _ 보이지 않는 것을 보라 • 348

6 _ 타인의 입장에서 출발하라 • 352

7 _ 본질을 꿰뚫는 능력을 길러라 • 353

8 _ 대립을 부드럽게 통합하라 • 357

9 _ 모순을 변증법적으로 해결하라 • 363

10 _ 사자의 힘과 여우의 지략을 함께 써라 • 365

11 _ 사리분별력을 강화하라 • 373

12 _ 프로네시스 조직을 만들어라 • 378

13 _ 지식을 짜넣어라 • 382

14 _ 문제를 보지 말고 가능성을 보라 • 384

15 _ 잃어버린 능력을 되찾아라 • 387

옮긴이의 글 • 391

제1장
마침내 정상에 선 사람들

Think Innovation

우리 저자들은 최근 4년 동안 30건의 이노베이션 사례를 취재했는데, 그중에서도 특히 이 책의 첫 두 가지 사례에 소개된 프로젝트 리더들의 사고방식과 행동양식에서 이노베이터에게 필요한 다양한 능력과 전형적인 자질을 엿볼 수 있었다.

그 하나는 일본의 자동차업체 순위로는 4위지만 'Zoom Zoom' (붕붕, 어릴 때 느꼈던 '움직이는 것'에 대한 감동을 표현)을 브랜드 메시지로 한 독창적인 상품개발 전략으로 벼랑 끝에서 회생한 마쓰다자동차의 상징적인 차종 〈로드스타〉의 개발이야기이다.

다른 한 사례는 청량음료 업계에서 산토리가 잇달아 터뜨린 히트상품 중에서도 업계 사상 최고의 대히트를 기록한 녹차음료 〈이에몬〉의 성공에 이르는 프로세스이다.

평균 수준의 개성 없는 자동차가 아니라, 누가 보아도 눈에 띄는 가장 마쓰다다운 차를 만들겠다. 그러한 DNA를 응축한 로드스타의 개발은 모두가 반대하는 사면초가 속에서 시작되었다. 초대, 2대와 3대 개발을 담당한 두 명의 팀장에게서 이노베이터의 조건을 살펴보고자 한다.

이에몬의 개발 리더는 회사 역사상 최악의 실패를 경험했던 사람이었다. 그 실패에서 다시 일어나 이노베이션을 실현한 역전 드라마를 소개해보고자 한다.

먼저 로드스타의 사례부터 시작하도록 하자. 이야기는 일본 '올해의 자동차' 최종 선정일 광경에서 시작된다.

1

세계 최다 판매 스포츠카
마쓰다의 로드스타

 혁 신 이 야 기

도요타 렉서스 9점
마쓰다 로드스타 10점
BMW 3시리즈 7점······.

2005년 11월, 도쿄 롯폰기 힐즈에서 거행된 '2005~2006 일본 올해
의 자동차(Car of the year)' 최종 선정위원회가 투표 결과를 발표하고
있었다. 60명의 위원들이 매긴 점수가 차례차례 낭독되었다. 제26회

에 이르러서야 처음으로 공개된 개표 광경을 모든 사람들이 숨을 죽인 채 지켜보았다.

"올해는 도요타 렉서스 GS가 꽃을 피우는 것이 아닐까?"

그런 항간의 평판을 멋지게 뒤집은 것은 모델의 전면 개편을 단행한 마쓰다의 3대째 로드스타였다. 로드스타는 선정위원 60명 중 31명으로부터 만점인 10점을 받아 종합점수 447점을 획득했다. 차점인 309점의 렉서스를 큰 차이로 따돌린 승리였다.

한 남자가 회의장 한켠에서 감격의 눈물을 흘리고 있었다. 초대 로드스타의 서스펜션을 설계했고, 2대째와 3대째에서도 계속 개발 책임자로 팀을 이끌었던 기지마 다카오였다.

마쓰다가 '올해의 자동차상'를 수상한 것은 제3회 때의 카페라 이래 실로 23년 만이었다. 그동안 계속된 위기로 미국 포드사에 경영을 위임하고 회복하는 데 혼신의 노력을 기울여온 터였다. 이번에는 새로운 모습의 마쓰다를 부각시키고자 '가장 마쓰다다운 차'라는 기치를 내걸고 처음부터 수상을 노렸다. 그런 만큼 감격도 각별했다. 그러나 기지마의 눈물에는 더 깊은 의미가 담겨 있었다. 그리고 그것을 누구보다도 잘 아는 또 한 명의 남자가 히로시마(마쓰다의 본사가 있는 곳-역주)에 있었다.

수상식이 있은 지 1개월 후, 우리는 취재를 위해 히로시마의 마쓰다 본사를 방문했다. 기지마의 옆에는 퇴직 후 오랜만에 본사를 찾았다는 초대 로드스타의 개발 책임자 히라이 도시히코가 앉아 있었다. "히라이가 없었다면 이 차는 존재하지 않았다."라고 기지마가 말한 바로 그 인물이었다.

1935년과 1949년에 각기 태어나서, 스승과 제자로서의 깊은 유대와 강한 의지로 맺어진 두 남자였다. 1대부터 시작하여 2대, 3대로 계승된 로드스타의 개발 이야기는 고군분투한 남자들의 발자취다.

● 혁신 포인트 [1]
회사 내의 반발을 없애다

초대 로드스타의 주역은 히라이였다. 초대 개발이 시작된 것은 20여 년 전인 1986년의 일이었다. 그때까지 20년 간 새 모델이 출현하지 않았던 2인승 컨버터블(흔히 오픈카로 불린다) 타입의 소형 경량 스포츠카를 마쓰다가 만들기로 한 것이었다.

"주변에는 개발에 반대하는 사람들뿐이었고, 어차피 양산화까지는 가지 못할 거라며 냉소적으로 생각하는 사람이 대부분이었죠. 실제로 프로젝트를 망가뜨리려는 움직임도 있었습니다."

히라이는 당초의 상황을 이렇게 설명했다. 소형 경량 스포츠카의 개발은 연구기관인 기술연구소가 내놓은 제안을 경영 회의에서 승인한 것이었다. 하지만 상품개발의 본류인 상품기획본부는 '이제 소형 스포츠카 시장 따위는 존재하지 않는다.', '전략적으로나 채산상으로나 마쓰다에는 필요하지 않은 차다.'라며 비협조적인 태도를 보였다.

개발을 시작하고 싶어도 가장 중요한 요소인 '사람'이 없었다. "달리는 것이 즐거운 차를 만들면 반드시 지지받을 것이다, 소형 스포츠카를 만들 수 있는 사람은 나밖에 없다."라며 히라이는 기술연구소에 머리를 조아려 사람을 배당받았다.

"그런데 세상은 재미있는 것이라서, 설계할 장소도 없이 비어 있는 곳을 전전하는 동안 소문을 듣고 함께 일하겠다는 희망자들이 생겨나더군요. 이 사람은 처음부터 도와준 사람들 중 최고의 인재였습니다."

히라이는 옆에 앉은 제자에게 눈길을 보내며 말했다.

기지마는 소속 부서의 상사로부터 "그 일을 하려거든 잔업을 하거나 휴일에 출근해서 해. 예산은 전혀 지원하지 않겠어."라는 가시 돋친 말을 들었다. 그는 "스포츠카 개발은 기술자의 꿈이 성취되는 기회였기 때문에 가만히 있을 수 없었어요."라고 말했다.

"스포츠카라면 나도 꼭 참여해보고 싶어요."라며 소수이지만 같은 생각을 지닌 사람들 몇 명이 프로젝트에 자원했다. 먼저 작업공간으로 쓸 만한 휑뎅그렁한 어느 건물을 찾아냈다. 콘크리트 벽에 충돌 방지용 가드레일이 설치되어 있는 방치된 건물이었는데, 차고처럼 사용되고 있었다. 창밖은 강이었다. 사람, 돈, 물건, 장소, 주변의 협조 등 그 무엇도 확보되지 않은 첩첩산중의 역경 속에서 이름이라도 멋지게 짓자며 작업 건물을 '리버사이드 호텔'이라고 명명했고, 팀원들이 그곳에 결집했다.

히라이의 말이다.

"그게 오히려 좋았어요. 한정된 자원을 효과적으로 활용하려면 모든 것을 동시에 진행시키고 틈새 없는 일관된 개발체제를 갖추어야 했지요. 그러기 위해서는 외부인들의 방해 없이 얼굴을 맞대고 집중할 수 있는 장소가 필요했습니다. 그러자 괴짜들이 모여 뭔가 재미있는 일을 벌이고 있다는 소문이 사내에 퍼져, 생산 부문 사람들이 엿보러 왔다가 조언도 해주고 갔어요. 처음에는 첩의 자식이었던 프로젝트가 점차 무시할 수 없는 집단으로 성장해간 것입니다."

그러나 프로젝트에 관한 소문이 퍼져나가면서 의구심의 목소리도 높아졌다. 히라이는 그것을 없앨 묘책을 강구했다. 의구심의 대부분은 다음과 같은 것들이었다.

"왜 두 명밖에 못 타지?"

"어째서 안전성이 없고 비가 샐 염려가 있는 컨버터블을 개발하는 거야?"

"왜 전륜구동 전성시대에 구식 후륜구동으로 역행하려는 거지?"

히라이는 스포츠카의 달리는 즐거움을 만끽하는 데는 후륜구동이 불가피하다고 여겼으나 반발이 컸다. 가장 핵심적인 것은 '어째서 시대에 역행하는 소형 경량 스포츠카 따위를 만드는가?'라는 의문과 반발이었다.

일본에서뿐만 아니라 미국의 영업 부문도 '자동차 지붕이 휘장으로 된 박쥐우산을 쓴 것 같은 차가 요즘 시대에 통용될 리 없다.'는 의견을 전달해왔다. 게다가 덮개 붙은 차의 성능에 대해 독일 아우토반에서의 시험을 의뢰했던 현지 기관에서도 '21세기가 가까운 지금, 시대착오적이며 상품 컨셉이 잘못되어 있다.'라는 충고 아닌 충고를 보내왔다. 그때는 정말이지, 너무나 화가 나서 "상품 컨셉을 생각하는 것은 우리 일이다. 의뢰했던 내용이나 확실하게 보고하라."고 호통을 쳐주었다. 반대론 중에는 비용 증가나 중량 증가 같은 벽에 부딪쳤던 과거의 개발 사례를 제시하며 언뜻 보기에 설득력 있는 데이터를 제시하는 만만찮은 주장도 있었다.

히라이의 말이다.

"어떻게 해야 회사 내의 잡음들을 없앨까? 해결책은 대담한 반격이 었어요. 반대론은 모두 소형 스포츠카가 갖는 문화와 시장에서의 잠재적인 가능성을 이해하지 못해서 제기되는 것이었죠. 그것에 대해 설득하려든다면 지나치게 많은 시간이 걸렸겠죠. 그래서 저는 '후륜구동, 2인승, 덮개 씌운 컨버터블' 중 어느 하나라도 제외시키라고 요구한다면 이 프로젝트를 당장 백지화할 것이라며 정색하고 나섰습니다. 강하게 나가는 것이야말로 사내의 잡음들을 없애는 데 가장 효과적인 무기가 되었어요."

● 혁신 포인트 ②
버리는 용기를 발휘하다

반대 목소리들을 무마하는 일과 함께 히라이에게는 한 가지 더 큰 과제가 기다리고 있었다. 스포츠카를 만들고 싶다는 마음 하나로 자원한 동료들의 힘을 어떻게 한데 모아 곤란이 예상되는 개발을 해나갈 것인가? 개발 리더로서의 능력이 요구되는 대목이었다.

자신들은 어떤 차를 만드는 것인가? 히라이는 동료들에게 하나의 컨셉을 제시했다. 바로 '인마일체人馬一體'였다.

말을 타고 달리면서 과녁을 차례차례 화살로 맞히는 무예처럼, 기수와 말은 호흡을 맞추어 달려야 한다. 그런 관계를 사람과 차 사이에도 만들어보자. 마치 차가 운전자의 기분을 감지한 듯이, 달리는 즐거움을 선사하는 것이다. 그럼으로써 출력이나 하이테크가 아닌, 차의 가치를 소비자의 감성에 호소하자는 컨셉이었다. 그러기 위해서는 기존의 차에서 상식화된 기능이나 성능을 '일부러 제거해버리는 용기도 필요했다.'고 히라이는 말했다.

"가령 방음재를 넣으면 중량과 비용이 증가합니다. 조용한 차를 갖고 싶다면 세단을 타면 되지요. 소형 경량 스포츠카는 욕심에 사로잡혀서는 만들 수 없어요. 꼭 필요한 것 외에는 주저하지 말고 버려야 해요. 대개 엘리트들은 '보다 빠르게, 보다 쾌적하게, 보다 힘이 세게' 하는 식으로 팔방미인격인 누구나 만족할 수 있는 차를 만들려고 하지요. 필수적인 것 이외의 것을 내버릴 수 있는 용기가 몸에 배어 있지 않아요. 하지만 욕심을 내면 낼수록 무겁고 크고 비싼 차가 되어 소형 경량 스포츠카에서 멀어져버립니다. 그러므로 만들 수 있는 사람은 나밖에 없다고 모두들 손을 들었던 거예요."

히라이는 설계 부문 출신으로 초대 카페라와 패밀리어의 차량 설계를 담당했었지만, 호쿠리쿠 지방의 대리점 서비스 부서에 2년 간 파견 근무를 한 경험이 있었다. 당시 그는 매일같이 쏟아지는 고객들의 불만을 처리하느라 여념이 없었다.

"도요타나 닛산과 비슷한 차라면 굳이 마쓰다의 차를 살 필요가 있겠는가!"

고객들의 혹독한 평가에 되받아칠 말도 제대로 찾지 못한 채 억울한 심정을 억눌러왔던 그는 그런 경험을 통해 '마쓰다가 나아가야 할 길을 배웠다.'고 말한다. 그리고 본사로 돌아왔을 때 소형 스포츠카 개발 움직임이 있음을 알게 되었다.

"이것이야말로 마쓰다가 만들어야 할 차다. 절대로 다른 사람에게 맡길 수 없다."

이미 51세가 된 히라이는 그 일을 자기 인생의 마지막 소명으로 정하고 개발 현장에 뛰어들었다.

최대의 과제는 인마일체라는 감성을 어떻게 동료들에게 이해시키고 설계로 표현해낼 것인가 하는 점이었다. 히라이는 문득 한 가지 아이디어를 떠올렸다. 품질관리에 이용되는 피쉬 본 차트Fish Born Chart라는 도해법의 응용이었다. 그는 우선 인마일체의 주축이 되는 감성을 '긴장감, 일체감, 주행감, 상쾌감'이라는 단어로 만들어보았다. 그런 뒤 차트의 물고기 머리에 해당하는 부분에 인마일체라는 컨셉을 두고, 등뼈에서 갈라지는 중간 뼈들에 각각의 감성을 표현하는 단어를 배치했다. 그것을 보면 목표로 삼은 인마일체의 전체 이미지를 한눈에 알 수 있었다.

구체적인 설계에서는 긴장감, 일체감, 주행감, 상쾌감 등의 감성을 표현한 단어마다 각각의 피쉬 본 차트를 만들었다. 하나의 감성을 물고기 머리 부분에 두고, 등뼈로부터 중간 뼈들로 부품의 사양을 세분화시키면서 보다 상세한 내용의 작은 뼈들을 이어나가는 식이었다.

가령 긴장감에 관해서는 '레이아웃, 디자인, 엔진 및 섀시 등의 기능 부품'이라는 중간 뼈들을 구성했다. 그리고 레이아웃이라는 중간 뼈에서 '일부러 만든 좁은 의자, 스포츠카다운 승강구조, 운전석의 시야' 같은 작은 뼈들을 이끌어냈다. 그는 이 작은 뼈들의 요소 하나하나를 도면화하면 충분히 '긴장감'이라는 감성을 창출해낼 수 있다고 생각했다.

과거의 기준들을 파괴하다

그런데 완성된 도면을 기초로 만든 시범차에 마쓰다의 기준에 맞지 않는 부분들이 나타나 개발이 여러 번 정체 상태에 빠지곤 했다. 가령 차고를 135mm로 설정했으나 마쓰다의 기준은 150mm로 정해져 있었다. 검사 부서에서는 이를 승인해주지 않았고, 아무리 설득해도 소용이 없을 것처럼 보였다.

"그렇게 높으면 달리는 흥이 나지 않아."

히라이도 135mm를 양보하지 않았다.

히라이의 말이다.

"마쓰다가 설정해둔 기존의 기준을 모두 충족시켜야 한다면 소형 경량 스포츠카는 만들 수 없었어요. 우리가 만드는 차는 앞뒤 차축간의 거리가 보통의 차보다 짧아서 차고가 135mm라도 아무 문제가 없었어요. 그러나 검사 부서에서는 안 된다고만 했습니다. 그래서 세계 각지를 시험주행해서 문제가 없다는 사실을 확인하여 증거를 확보한 뒤, 기존의 마쓰다 기준은 무시하기로 했어요. 만약 무슨 문제가 발생한다면 모든 책임을 내가 지겠다는 각서를 몇 장이나 썼지요. 마쓰다에서는 처음 있는 일이었어요. 소비자들이 차고가 낮다는 것을 미리 알고 운전한다면 불만이 많이 나올 리 없다고 어느 정도 간파한 후에 취한 행동입니다."

회사의 기준을 파괴한다. 모든 책임을 자신이 지겠다고 공표한다. 배짱이 두둑했던 히라이에게도 한 번은 승부를 걸어야 할 상황이 벌어졌다. 설계를 진행하는 동안 잠잠했던 회사 내의 잡음들이 재연되어 매일 커져가고 있던 무렵이었다. 히라이는 '이런 상황이 자꾸 벌어지면 동료들의 의지에 찬물을 끼얹는 꼴이 될 것'이라고 생각했다. 그래서 그는 '프로젝트를 진행하든 중단하든 확실하게 매듭을 짓는 편이 낫겠다.'라고 결심하여, 주요 시장인 미국에서 처음이자 마지막으로 본격적인 시장조사를 실시했다.

히라이는 실물 크기의 플라스틱 모델을 미국으로 가져갔다. 그리고 30개의 자동차 관련 회사 직원 245명을 무작위로 선정하여, 마쓰다라는 제조업체 이름은 감춘 채 예상 가격과 성능 등 데이터를 제시하면서 인터뷰를 실시했다. 그 결과, 예상을 훨씬 웃도는 호평이 쏟아졌다. 입회했던 현지의 수입업자들 사이에서 미국 시장 도입을 열망하는 소리가 높았다.

조사 결과로 회사 내의 반대론은 완전히 수그러들었다. 그리고 그토록 반응이 열광적이라면 심기일전하여 생산 개시를 앞당기자는 생각에서 회사의 승인을 얻어 연구에 박차를 가하게 되었다. 자동차의 경우, 새 모델의 생산 개시가 지연되는 최대의 원인은 대개 디자인 변경에 있었다. 그것을 피하기 위해 히라이는 디자인의 최종 모델을 회사 관계자들에게 발표하는 자리에서 "오늘로 디자인은 동결되었어요! 이후 디자인 변경은 일절 인정하지 않겠습니다!"라고 디자인 동결 선언을 했다. 이것 역시 마쓰다에서는 처음 있는 일이었다. 이례적인 디자인 동결은 양산 개시를 당초의 목표보다 4개월이나 앞당기는 성과로 나타났다.

인마일체라는 컨셉을 지닌 마쓰다다운 소형 경량 스포츠카를 세상

에 내보내기까지는 온갖 장애물들을 제거해나가야 했다. 발매 직전에
도, 당시 미국에서 스포츠카의 자동차 보험료가 올라 판매에 커다란
걸림돌이 될 것이라는 우려가 접수되었다. 히라이는 즉시 현지로 날아
가 자신들이 만들고자 하는 차에 관해 직접 관계자들을 설득했다. 그
의 말에 공감한 관계자들은 "보험료를 낮추려면 사고 등으로 교환 빈
도가 잦은 부품의 가격을 낮추는 것이 유효하다."라는 조언을 해주었
다. 일본으로 돌아온 그는 부품 부문의 본부장에게 "차가 팔리지 않으
면 부품도 팔리지 않아요. 전략적인 가격의 설정을 부탁하고 싶습니
다."라고 담판을 벌였다.

출발한 지 3년이 지난 1989년 8월, 수많은 장애물과 곤란을 극복하
고 마침내 스포츠카를 발매하기에 이른다.

"이 차의 보닛 밑에는 피가 흐르고 있다."

히라이는 일본 국내의 발표 자리에서 '인마일체론'을 소리 높여 외
쳤다. 이렇게 탄생한 초대 로드스타는 주문이 1년 이상 밀릴 정도로
대박을 터뜨려 스포츠카의 엄청난 잠재시장이 존재했었다는 사실을
보기 좋게 증명했다.

그 후 히라이는 생각하지 못한 운명의 길을 걷게 되었다. 그는 로드
스타를 마지막 과업이라고 마음먹었으나 회사가 허락하지 않았다. 회
사는 신차종 개발을 다시 히라이에게 맡겼다. 그 차는 원래부터 개발
컨셉 자체가 불투명하여 히라이가 맹렬하게 반대했던 모델이었다. 하
지만 회사의 명령이었으므로 어떻게든 완성은 했으나 역시 전혀 팔리
지 않았으며, 곧 생산 중단에 이르러 대실패로 끝났다. 억울했으나 히
라이는 회사에 남기 어렵게 되었다.

"자네가 로드스타를 계속 이어주게!"

히라이는 기지마에게 개발을 승계하고, 대학 강단에 서는 길을 택하여 회사를 떠났다.

"이 차에는 피가 흐르고 있다."

스승이 인마일체 속에 불어넣은 혼을 제자는 마음속 깊이 새겼다.

● **혁신 포인트 4**
스스로 총대를 매다

이제 이야기의 주인공은 기지마에게로 옮겨간다. 기지마의 책임 아래 만들어진 2대 로드스타(1998년 발매)는 가장 중요한 부분인 차체와 엔진을 초대 로드스타와 동일한 것으로 장착했다.

기지마의 말이다.

"히라이 팀장이 이루어낸 자산을 그대로 승계했기 때문에 모델 교체라기보다는 시장의 요구에 부합한 개선에 가까운 것이었어요."

2000년 5월, 로드스타는 2인승 컨버터블 스포츠카로는 사상 최고의 생산대수인 53만 1,890대를 달성하여 기네스북에 등록되었다.

그 히트를 목격한 일본 국내외의 제조업체가 속속 추격의 발길을 뻗는 가운데, 로드스타는 타의 추종을 불허하는 인기를 자랑하며 특히 미국에서 높은 호응을 얻었다. 기네스북의 기록은 확실히 스승과 제자가 협력하여 성취한 금자탑이었다.

50세를 넘긴 기지마 역시 3대 로드스타 개발의 책임자 자리를 후진에게 물려줄 작정이었다. 그런데 이듬해인 2001년에 3대 로드스타의 기획안이 내려오자 기지마는 위기감을 느꼈다. 포드사에서 온 경영진의 의향에 따라 효율화를 위해 한 단계 위의 대형 차종과 차체를 공통화하자는 안이었다. 당연히 중량과 가격이 오를 터였다.

"그러면 로드스타라고 할 수 없게 돼. 이건 타인에게 맡길 수 없어. 내가 할 수밖에."

기지마는 15년 전의 스승과 똑같은 결단을 내렸다. 그는 이미 시작되어 반년이 지난 프로젝트 책임자 자리를 다시 맡았다. 이 결단에서부터 초대, 2대째와는 또 다른 곤란이 시작되었다.

3대 로드스타는 강화된 안전 기준과 환경 규제에 대응하기 위해 모든 부품들을 새롭게 다시 만들기로 했다. 게다가 초대 로드스타에서 이어지는 승차의 즐거움을 능가할 차를 목표로 삼았다.

기지마는 전반적인 기획과 디자인, 각 부서별 목표치 설정 등의 작업을 먼저 끝냈다. 설계로 옮겨가는 단계가 되어서야 각 부서에서 선발된 약 200명의 팀원들의 면면을 보게 되었는데, 그는 최대의 과제에 부딪혔다. 그들은 대부분 2대째부터 교체된 사람들이었다. 기지마가 책임자를 맡은 지 1년 반이 지나 있었고, 양산 개시가 2년 앞으로 다가온 시점이었다.

어떻게 하면 새로운 팀원들에게 로드스타의 컨셉을 이해시키고 공유시킬 수 있을까? 초대 로드스타의 경우에는 사람과 돈과 장소가 없어도 오직 '좋아하는 차를 만든다'라는 원대한 목표와 그것을 향한 기백이 대단했었다. 3대째에도 과연 그것이 가능할까? 달리는 즐거움이라는 감성은 아무리 설명해도 언어로 전달될 수 있는 것이 아니었다. 인마일체의 감각은 체감하지 않으면 모르는 컨셉이었다.

기지마는 팀원들과 함께 여행에 나서기로 마음먹었다. 파트별로 42개 팀의 리더들을 인솔하여, 초대와 2대의 로드스타 외에 혼다, 포르쉐, 피아트, BMW 등 경쟁사의 스포츠카를 나누어 타고 세토나이(규슈, 시코쿠, 혼슈의 세 섬으로 둘러싸인 바다-역주)의 섬들과 관광지들, 멀리는 도쿄까지 달리고 또 달렸다. 밤에는 함께 모여 서로 술잔을 나누며 그날 탔던 차의 어떤 부분에서 즐거움을 느꼈는지 이야기하게 했다.

기지마의 말이다.

"함께 술을 마시면 처음에는 주저하던 젊은이들도 점차 본심을 털어놓기 시작합니다. 이 체험이 중요했어요. 우리는 그것을 컨셉 여행이라고 불렀지요."

● 혁신 포인트 ⑤
각자의 선언서를 만들다

함께 체감한 스포츠카의 즐거움이라는 감성을 어떻게 설계로 빚어낼까? 기지마는 피쉬 본 차트를 이용하여 즐거움을 만들어내는 요소를 언어로 표현하는 단계로 나아갔다. 물고기의 머리 부분에는 초대와 마찬가지로 인마일체의 컨셉을 배치했지만, 3대째에는 등뼈로부터 '달리다, 멈추다, 돌다, 듣다, 만지다, 보다'라는 6개의 중간 뼈를 그었다. 그런 뒤, 가령 '달리다'에 관해서는 '엔진을 남김없이 완전히 사용하다', '너무 매끄럽지 않게 하다', '원만하게 감기는 드라이빙 포지션' 등과 같이 작은 뼈에 해당하는 요소를 각각 써넣은 차트를 만들어 전체의 윤곽을 그렸다.

주목해야 할 부분은 다음 단계였다. 차트로 그려낸 작은 뼈 부분의 요소들을 엔지니어마다 담당 영역에서 어떻게 구현해갈 것인가. 기지마는 모든 엔지니어에게 '인마일체 실현을 위한 구상'과 '담당 영역에서 인마일체를 실현하는 수단'을 문장으로 쓰도록 했다. 그리고 그것들을 책자로 엮어 《컨셉 카탈로그》라고 이름 붙이고 책마다 각 엔지니어의 소속 부서와 이름, 일련번호를 기입하여 건네주었다.

책자에는 〈감성공학〉이라는 제목의 논문 한 편도 실려 있었다. 히라이와 기지마가 3대째 로드스타 프로젝트를 앞두고 설계를 통해 감성을 구현해내는 프로세스를 논문으로 엮어 미국 자동차기술회에서 발표한 것이었다.

기지마의 말이다.

"《컨셉 카탈로그》는 한 사람 한 사람의 공약을 정리한 선언서인 동시에, 모든 작업의 원점이 되는 것이었습니다. 제가 팀원들에게 요구한 것은 자신이 해야 할 일뿐만 아니라 주변도 이해하라는 것이었어요. 차를 타는 즐거움은 다양한 요소가 어우러져 탄생해요. 차체 담당이라면 엔진, 서스펜션, 시트 등 주변의 동료들이 무엇을 실현하려고 하는지 읽고 이해하면서 자기 영역의 일을 하라는 것이었지요. 《컨셉 카탈로그》는 동료들의 업무를 이해하기 위한 것이기도 했습니다."

인마일체의 컨셉을 모두 공유하자, 팀원들은 사양을 생각하고 도면을 만들고 시험 모델 제작에 착수하기 시작했다. 기지마는 왜 출발 단계에서부터 이토록 컨셉을 철저히 파고들었던 것인가. 그것은 이후의 프로세스에서 많은 곤란과 맞닥뜨릴 것을 예상했기 때문이었다.

최대의 과제는 경량화였다. 소형 경량 스포츠카는 소형의 경량에서

오는 경쾌한 주행이 생명이었다. 경량화는 어떤 일이 있어도 실현해내야 하는 절대과제였다. 그러나 강화된 안전 기준과 환경 규제에 대응하려면 중량이 증가되었다. 그것을 어떻게 억제할까.

그램 작전. 기지마는 그렇게 명명하고는 셀 수 없이 많은 부품 하나하나에 대해 그램 단위로 중량을 줄여나간다는, 마치 짠 수건을 한 번 더 쥐어짜듯이 경량화를 모두에게 요구했다.

"가령 어떤 부품을 보강하면 무거워집니다. 그대로는 승인할 수 없지요. 그런 때에는 《컨셉 카탈로그》를 꺼내어 보게 하며 이렇게 말했어요. '자네가 처음에 쓴 것을 한 번 더 읽어보게. 처음에 가졌던 마음으로 일을 하고 있는 것인가. 만약 아무리 노력해도 무게가 증가한다면, 그것이 들어가는 세트 전체에서 1그램이라도 가볍게 할 방법을 고안해보아야 하네.'라고 말이지요. 벽에 부딪히면 언제든지 《컨셉 카탈로그》로 되돌아왔습니다."

● **혁신 포인트** ⑥
권위의 벽을 돌파하다

기지마가 컨셉을 중시한 또 다른 이유는 조직에서의 주사主査라는 위치와도 밀접한 관련이 있었다. 마쓰다에서 신규개발 프로젝트에 엔지니어를 보내주는 곳은 주로 차량 컴포넌트 개발본부(차체나 섀시 등을 담당)와 파워트레인 개발본부(엔진이나 동력 전달계를 담당)의 두 라인 조직이었다. 이 세로 라인에 가로로 꼬챙이를 꿰듯이 프로젝트 팀을 짜고 주사가 리더를 맡았다.

주사는 계획 입안부터 시행에 이르기까지 개발에 관련된 일체의 책임을 졌다. 개발뿐만 아니라 디자인, 생산, 구매, 품질, 마케팅, 판매, 재무 등의 각 본부로부터 주요 팀원들이 모인 회의를 주재하고, 각 본부간의 조정을 꾀하는 것도 주사의 역할이었다. 책임의 범위도 광범위하여 개발 책임뿐만 아니라 품질 책임이나 생산대수 책임까지 짊어졌다. 리콜이나 판매목표 미달의 경우가 생기면, 팀이 해산된 상태에서도 다시 주사의 위치로 돌아와서 그 대책까지 책임져야 했다.

마쓰다에서의 주사의 역할과 책임은 그토록 무거웠다. 그러나 직속 부하로는 보좌역인 매니저와 그 아래의 실무담당자 정도가 고작이며, 예산권이나 인사권 등 직제상의 공적인 명령권도 매우 한정되어 있었다. 프로젝트 팀원들에 대한 업무 요청도 각자의 친정집인 세로 방향 라인의 부서장을 통해야만 가능했다. 게다가 심심찮게 세로 라인(소속 부서)과 가로 라인(프로젝트 팀) 사이에 알력이 생겨났다. 그런 까닭에 주사가 어떤 사안을 회사의 중역에게 상정할 때는 소속 부서의 지원이 꼭 필요했다. 그래서 기지마로서는 소속 부서의 매니저와 부장, 본부 장들에도 프로젝트를 이해시키고, 그들을 어떤 방식으로든 끌어들이지 않으면 안 되었다.

가령 어떤 부분의 사양에 대해 A안과 B안이 있을 경우, 주사인 기지마는 A안을 채택하고 싶어도 해당 세로 라인은 다른 프로젝트에도 관계되어 있는 조직의 형편상 B안을 채택하고 싶을 수 있다. 물론 공적인 결정권은 세로 라인 쪽에 있다. 그러나 A안이 아니고는 느낌이 좋은 차를 만들 수 없을 때, 기지마는 인마일체의 개발 컨셉이라는 마지막 카드를 꺼냈다.

"로드스타는 마쓰다의 브랜드 이미지를 나타내는 차입니다. A안과 B안의 어느 쪽이 인마일체감을 나타낼 수 있는가? 답은 명백하게 A입니다. 인마일체의 컨셉을 명확히 내세우고 조직 전체의 승인을 얻는다면, 그것이 공적인 권한 관계를 넘어서는 '공인된 컨셉'이 되지요. 그래서 저는 주문처럼 인마일체, 인마일체라고 계속 외쳐왔어요. 그것이 세로 라인 조직과 가로 라인 조직이 함께 일하는 가운데 최종적으로 목표를 공유하는 일을 가능하게 했습니다."

또한 판정을 내리는 포드사에서 온 미국인 임원과도 여러 차례 의견 충돌이 발생했다. 미국인 임원은 자본의 논리에서 비롯된 '돈을 벌어들일지 그렇지 못할지'를 지표로 삼았으며, 미국 시장을 대상으로 '힘 있는 남자다운 스포츠카'를 요구한다거나 차체도 다른 차종과 같은 것을 쓰려고 했다. 그 때문에 '즐거운가 즐겁지 않은가'를 모토로 삼는 기지마와의 사이에 거리가 있었다.

그래서 기지마는 〈감성공학〉의 영어 논문과 함께 "2인승 오픈카로 세계에서 제일 잘 팔리는 차의 어느 곳에 컨셉을 맞출 필요가 있는가?"라며 기네스북의 기록을 '승리의 깃발'로 내걸고 동의를 얻어낸 적도 있었다.

한편, 프로젝트 팀의 일선 기술자들에 대해서는 "우리가 만드는 로드스타는 개발 스토리 자체가 상품력을 갖는다.", "이 차가 어떻게 탄생했는지 알 수 있도록 만들어내는 사람들의 모습을 사진으로 남겨라."라며 독려했다. 그는 팀원들의 일을 대하는 진지한 표정이나 눈빛을 각 단계마다 사진이나 비디오로 기록하여 원래의 소속이 다른 팀원들의 근성을 높여갔다.

이처럼 철저히 컨셉에 매달렸던 3대 로드스타는 보기 좋게 일본 '올해의 자동차상'을 수상했다. 초대 로드스타는 절찬을 받기는 했으나 그해 '올해의 자동차'의 월계관을 도요타의 초대 셀시오(해외명 렉서스)에게 빼앗겼다. 계승과 진화를 거듭한 3대째에서 비원 달성과 함께 설욕을 완수한 것이었다.

주변으로부터의 냉소적인 시선을 받으면서도 자신의 신념에 따랐던 남자와 그 뜻을 이어갔던 남자. 두 사람의 강한 의지가 아니었다면 세계에 자랑할 만한 명차가 탄생하지는 못했을 거라고 생각해볼 때, 리더에게 요구되는 자질을 다시 생각하지 않을 수 없다.

히라이와 기지마는 현재 '붉은초롱연구회'라고 이름을 붙인 모임을 열어 젊은이들을 상대로 독자적인 제조론을 설명하고 있다. 그리고 로드스타 사용자들과 차를 타고 고도古都의 절과 신사를 돌아보는 여행에도 젊은이들을 데려가서, 함께 이야기를 주고받는다.

기지마의 말이다.

"마음에 감동을 주며 스친 감각을 일할 때 생각해낸다면 반드시 창조력이 솟아오르는 법입니다."

감성공학은 지금도 계승되어 진화를 거듭하고 있다.

마쓰다에서 배울 점 : 진정한 이노베이터의 본질

● 진정한 이노베이터의 본질 [1]
진선미의 이상 추구와 정치력

로드스타가 없었더라면, 신생 마쓰다자동차의 'Zoom Zoom(붕붕)'이라는 상품군은 생겨나지 않았을 것이다. 로드스타의 개발은 단순한 하나의 상품에 그치지 않고 전략적인 뛰어난 결단과 실행이었다고 할 수 있다. 주목해야 할 사실은 그것이 최고경영층이 아니라 현장의 개발 리더에 의해 이루어졌다는 점에 있다. 이야기 속에 등장한 두 리더의 사고와 행동을 자세히 들여다보면, 조직에 이노베이션을 일으키는 실천적인 리더, 즉 뛰어난 이노베이터의 조건이 떠오른다. 차례로 살펴보기로 하자.

히라이와 기지마 두 사람에게서 공통적으로 보이는 첫 번째 특징은 '좋은 스포츠카'라는 이상을 철저히 추구하고 있는 점이다. 그들이 이상을 추구할 수 있었던 것은 그 바탕에 스포츠카에서 무엇이 '진'이며, 무엇이 '선'이고, 무엇이 '미'인가 하는 진선미에 대한 명확한 가치판단이 있었기 때문이다. 자기 내부에 판단 기준을 확실하게 갖고 있었으므로 집착하는 곳에는 철저히 집착하되 나머지는 잘라버리는, 양극단적인 판단이 요구되는 소형 경량 스포츠카의 개발을 마침내 성공시킬 수 있었다.

초대 로드스타 개발을 담당한 히라이의 경우, 회사 내의 반대가 심하고 '사람, 예산, 재료, 장소, 주변의 이해도 없는 첩첩산중의 역경' 가운데서도 결코 개발을 포기하지 않았다. 이 불굴의 신념을 지탱하게 한 것도 다름 아닌 진선미의 명확한 가치관이었다. 불굴의 신념을 갖고 자신이 믿는 진선미의 이상을 추구하는 것, 이것이 이노베이터의 가장 큰 전제조건이라고 할 수 있다.

그러나 진선미의 이상 추구는 하나의 비전이며, 그것만으로는 목표로 삼은 것을 실현할 수 없다. 여기서 어떤 상황에 처해 있더라도 실현할 수 있는 역량이 중요하다. 그 점에 대해 두 리더는 매우 흥미로운 행동을 취하고 있다.

우선 히라이는 소형 스포츠카에 대한 사내의 부정론을 "'후륜구동, 2인승, 덮개 씌운 컨버터블' 중 어느 하나라도 제외시켜야 한다면 이 프로젝트는 무산시킨다."라고 오히려 대담하게 대처함으로써 불식시켰다. 또한 자동차 개발에 관한 다양한 회사 기준에 관해서도 그 모든 것을 지킨다면 목표로 한 자동차는 만들 수 없다고 '무시'했으며, 게다가 고객의 불만이 나올 리 없을 것임을 미리 짐작하고 '내가 모든 책임을 지겠다.'라는 각서를 쓰는 '연극'을 하는 등, 다양한 책략을 구사했다.

기지마도 공적인 결정권을 갖고 있는 세로 라인의 의향과 프로젝트의 목표 사이에 알력이 생길 때, 인마일체의 컨셉을 '해바라기 문양' 삼아 공적인 권한 관계를 초월하여 자신의 안을 밀고나갔다. 또한 단기적 수익을 우선시하는 미국 포드사로부터 온 미국인 임원에 대해서도 기네스북 기록을 내밀고 침묵하게 하여 자본의 논리를 극복했다.

이상의 실현을 위해 정면돌파뿐만 아니라 때로는 거시적 정치력이나 마키아벨리적인 지략을 탄력적으로 구사한 것이다. 이상을 추구함과 동시에 현실에 대해서도 정확하고 탄력적인 모든 수단을 사용하여 대응했다. 이상주의와 실용주의 혹은 이상주의와 현실주의, 그 균형을 교묘하게 운용하는 이상주의적 실용주의 혹은 이상주의적 현실주의야말로 곧 진정한 실현력을 지닌 이노베이터의 모습이다. 여기에 이노베이터의 첫 번째 조건이 있다.

'천사처럼 대담하게 악마처럼 세심하게'라는 문구는 구로사와 아키라 영화감독이 자신의 영화 제작에 관해 즐겨 사용한 말인데, 이것도 이상주의적 현실주의를 나타내고 있다. 이상의 추구에 있어서는 천사의 마음을 지닌 채 대담하게 발상하고, 실현에 있어서는 악마의 지략도 구사하면서 세심하게 대처해간다. 구로사와 감독은 천재임과 동시에 이노베이터의 조건도 갖추고 있었으므로 수많은 명작을 남길 수 있었던 것이다.

● **진정한 이노베이터의 본질 ②**
문맥의 공유와 무대 형성 능력

이노베이터에게 요구되는 두 번째 조건은 무대를 만드는 능력이다. 타인과 문맥context을 공유하고 공감을 양성해가는 능력을 지니고 있는지 어떤지? 문맥이란 특정 시간과 공간과 인간과의 관계성이며, 문맥이 공유되면 무대가 생성된다. 무대는 사무실 등의 업무공간 같은 물리적인 장소만이 아니다. 프로젝트 팀에 있어서는 목표와 생각을 공유하고 주체적으로 관련지어가면 그곳에 무대가 생성된다.

히라이는 첩첩산중 같은 역경 속에서도 마쓰다다운 소형 경량 스포츠카를 만든다는 비전을 높이 내겁으로써, 그것에 공명한 사람들이 '우리도 참가하게 해주시오.'라며 직제를 초월하여 모이는 무대를 만들어 개발 자원의 궁핍함을 극복했다. 기지마도 처음으로 로드스타 개발에 참여하는 기술자들과 함께 컨셉 여행을 통해 공동 체험을 거듭했다. 그리고 각각의 목표와 실현 방법을 기재한 《컨셉 카탈로그》를 개발자들마다 지니게 하여, 자기 것만 아니라 동료들의 것도 읽게 하는 등 무대의 공유를 무엇보다 중시했다.

히라이는 현역에서 물러난 지금도 기지마와 함께 붉은초롱연구회를 이끌며 지식을 전승하는 무대를 이어가고 있다. 차세대 개발을 담당하는 리더들도 이 무대에서 커갈 것이다.

● **진정한 이노베이터의 본질 [3]**
본질을 꿰뚫는 직관력

그런데 히라이는 차고에 관해 150mm라는 회사 기준이 있는데 왜 135mm 높이를 고집했는가? 그것은 135mm 높이가 갖는 본질적인 의미를 직관했기 때문이었다. 불과 15mm 차이에 불과해도 소형 경량 스포츠카의 본질에 관한 문제라는 것을 간파했으므로 검사 부문의 맹렬한 반발에 굴하지 않았다.

'신은 세부적인 것 속에 있다 God is in the details.'는 20세기를 대표하는 건축가인 반 데어 로에의 유명한 말이다. 현장에서 개별적이며 구체적

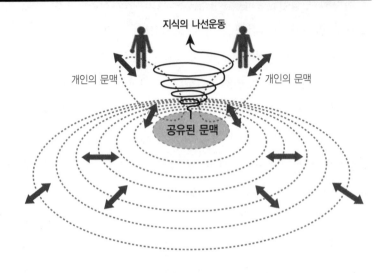

무대의 개념도

지식의 나선운동

개인의 문맥   개인의 문맥

공유된 문맥

무대 : 역동적인 문맥의 공유

• 무대는 상호작용을 통해 타인과 역동적인 문맥(특정 시간과 공간과 인간과의 관계성)을 공유하는 가운데 생성되는 시공간이며, 그 문맥을 통해 의미가 창출되는 의미공간이다.

> ● 물리공간 – 사무실, 분산된 업무공간
> ● 가상공간 – 전자메일, 영상회의
> ● 조직공간 – 조직구조, 프로젝트 팀

이들이 모두 무대의 생성 수단이 된다.

인 세부 사상事象의 깊숙한 곳에 있는 본질을 직관적으로 간파하는 능력도 이노베이터에게는 필수적인 조건이다. 여기서 말하는 직관이란 '사물의 본질을 그 자리에서 직접적으로 간파함'이라는 의미 외에 '마음을 통해 사물을 본능적이며 순간적으로 느낀다'라는 직감의 의미로도 사용하고 있음을 밝혀둔다.

그러면 어떤 방법으로 본질을 직관할 수 있는가? 히라이는 마쓰다다운 이상적인 스포츠카를 실현하는 것을 자신의 사명으로 간주했다. 어떻게 그것을 구현할 수 있을까? 히라이는 과거의 자동차 개발 경험을 통해 익힌 풍부한 암묵적 지식(언어나 문장으로 표현하기 어려운 주관적인 지식. 생각이나 신념, 몸에 스며든 숙련이나 노하우가 대표적임)을 일깨우면서, 기존의 개념에 속박되지 않은 채 '이렇게 하면 보다 이상에 다가가지 않을까?', '이런 가능성도 있지 않는가?'라며 늘 문제의식과 가설을 가슴에 품고 현장에 있었다. 그래서 타인에게는 보이지 않는 본질이 보였다. 이상을 추구하려는 생각이 없이, 아무런 문제의식이나 가설도 없이 기존의 규칙과 상식, 경험에 사로잡혀 있는 사람들은 무엇을 듣고 보더라도 아무것도 직관할 수 없다.

단, 직관은 그대로는 상대에게 전달되지 않는다. 135mm의 차고에서 본질적인 의미를 직관했다면, 리더로서 팀원들에게 사내 기준을 무시하는 데 대한 정당성을 보이고 납득시키지 않으면 안 된다. 히라이는 차고 135mm라는 세부적인 사상을 인마일체라는 거시적인 컨셉과 확실하게 결부시킴으로써 납득할 수 있게 했다.

로드스타 개발은 다양한 개별적이며 구체적인 사상에서 직관적 판단이 이루어졌을 것으로 상상된다. 그것은 인마일체로 표현되는 보편적인 가치와 결부되어 있다. 그 모체로서 피쉬 본 차트라는 언어화되고 시각화된 개념도를 고안해낸 히라이의 구상력은 훌륭하다고밖에 할 말이 없다.

히라이의 지휘 아래 자동차 개발을 배운 기지마의 경우, 차뿐만 아니라 개발 프로세스 자체에 대해서도 세부적인 것과 거시적인 것 양쪽을 보는 눈을 지니고 있었다. 기지마는 개발에 여념이 없는 팀원들의 모습을 단계별로 사진이나 비디오로 찍어서 기록하고, 하루하루의 개별적인 일들을 '인마일체의 차를 만든다'라는 목표를 향한 종합적인 스토리로 하나씩 엮어갔다. 시간축에는 미래를 그리면서, 부분micro인 현재의 눈에 보이는 일들의 의미를 직관적으로 파악하고 전체macro 가운데 위치시키는 역사 감각을 지닌 상상력이 없다면 불가능한 일이다. 이런 시도는 팀원들과 역사의 공유를 통한 무대의 생성에도 크게 공헌하고 있다.

부분적인 것에 대한 직관을 보편적인 개념과 결부시켜 언어화하여 표현함으로써 상대에게 전달하고 설득한다. 부분에 대한 직관력과 전체의 구상력 양쪽을 갖추고 부분과 전체, 개별적인 사상과 보편성을 지닌 세계를 왕복 순환하며 상호 변환시킨다. 이것이 바로 마쓰다의 이노베이터에게 요구되는 세 번째 조건이었다.

● 진정한 이노베이터의 본질 4
논리를 초월한 '주관의 힘'

이어서 전략 면에서 살펴보자. 앞서 로드스타는 그저 단순한 하나의 상품이 아니라 전략적인 뛰어난 결단과 실행이었다고 언급했다. 그러면 왜 대다수의 반대파는 전략적인 결단을 할 수 없었던 것일까? 여기에 전략에 관한 사고방식의 차이가 단적으로 나타나 있다.

반대파는 '이젠 소형 경량 스포츠카 시장은 존재하지 않는다. 그러므로 전략상 필요 없는 차다.'라며 그 가치를 부정적으로 다루었다. 이 경우의 전략이란 시장이나 경쟁을 분석하고, 객관적이며 합리적으로 자사의 포지셔닝을 결정하는 미국형 논리분석적인 경쟁 전략을 의미한다. 그도 그럴 것이 당시 소형 경량 스포츠카는 20년 간 새 모델이 등장하지 않은 채 과거의 산물로 여겨지고 있었다. 시장분석적인 상품 개발 전략에서 생각하면 불필요한 차가 된다.

반면에 히라이는 '이것이야말로 마쓰다가 만들어야 할 차다.', '만들 수 있는 사람은 나밖에 없다.'라고 결심했다. '나의 존재가치는 어디에 있으며 무엇을 위해 사는가?', '나는 무엇을 하고 싶은 것인가?' 라고 자문할 때 떠오른 마쓰다와 자신의 미래상을 구현하려고 한 것이다. 성공이나 실패를 반복하는 가운데 미래를 향해 새로운 명제를 만들어내는 전략, 이것을 미래창조 전략 혹은 이노베이션 전략이라고 부른다.

반대파의 경쟁 전략과 히라이의 미래창조 전략, 이 차이는 아주 교훈적이다. 외부 환경이나 내부 자원의 객관적이며 논리적인 분석으로부터 도출되는 경쟁 전략으로는 로드스타가 결코 만들어질 수 없었다. 논리분석적 전략의 전제가 되는 객관적 데이터는 기업들마다 그다지 차이가 없기 때문에 전략 수준에서 기업간의 차이는 존재하지 않는다. 즉, '경쟁에서 이긴다'라는 경쟁 상대와의 비교우위에 선 상대가치를 추구하더라도 그것이 우월한 힘을 발휘할 수는 없다.

어떻게 하면 새로운 비즈니스 기회나 새로운 시장을 만들어낼 수 있는가? 로드스타의 성공은 기업에서의 전략이 본질적으로 미래창조에 맞춰지지 않으면 안 된다는 사실을 이야기해주고 있다.

분석적인 전략의 또 한 가지 문제는 '냉랭한 경영'을 초래할 가능성이 크다는 것이다. 논리와 분석을 통해 전략을 도출하는 경영에서는 경영자나 전략을 짜는 업무를 맡은 계획 담당자와 현장의 실행부대가 분리되어, 계획을 실행보다 상위에 두는 경향이 강하다. 그 결과 계획 담당자는 점차 현실감을 잃고 '방관자적 마인드'에 빠져든다.

이에 비해 미래창조 전략은 경쟁 상대와의 비교우위에 바탕을 둔 상대가치가 아니라 그들 자신들의 가치관, 그들이 믿는 진선미에 기초한 절대가치를 추구한다. 그곳에 있는 것은 방관자의 시각이 아니라 강한 당사자 의식을 갖게 만드는 주관적인 생각이다.

그것은 때때로 '승부사의 감'이라고 부를 만한 능력이 되어 나타난다. 히라이는 사내의 잡음들이 재연되었을 때, '프로젝트를 진행하든 중단하든 확실하게 매듭을 짓는 편이 낫겠다.'라고 판단하여 미국에서의 시장조사를 감행했다. 결과에 따라서는 중지할 수밖에 없게 되고, 객관적으로 생각하면 그렇게 될 가능성이 더 높았다. 그래도 실제 크기의 플라스틱 모델을 가져가 일부러 승부를 건 것은 '달리는 느낌이 즐거운 차를 만들면 반드시 지지받을 것이다.'라는 주관적인 신념이 있었기 때문이다. 그 결과 원래 같은 생각을 갖고 있었으며 눈에 보이는 모델을 확인한 사용자들의 열렬한 지지를 얻게 되어, 프로젝트는 기대의 대상으로 일변하였다.

'이미 시대에 뒤떨어졌다.'라고 결론을 내린 시장분석보다 스스로의 믿음에 따른 진선미를 추구하는 주관적인 생각에 근거한 승부사의 감 쪽이 시장의 진실을 파악하고 있었던 것이다. 논리를 초월한 '주관의 힘'을 회복하고 '승부사의 감'을 갖는다. 여기서 이노베이터에게 요구되는 네 번째 능력을 볼 수 있다.

히라이는 "대개 엘리트들은…… 팔방미인격인 누구나 만족할 수 있는 차를 만들려고 함으로써 (불필요한 기능을) 버리는 용기를 실천하지 못한다."라고 말하고 있다. 이것이야말로 주위로부터 불평을 듣지 않으려는 것을 첫째로 여기는 방관자적 시각이며, 결과적으로 우월한 힘을 낼 수 없게 만든다. 지금 문제가 되고 있는 것은 분석은 잘하면서도 방관자적인 자세로 일하며, 주관적인 당사자 의식이 결여된 사람들이 기업의 특히 미들매니지먼트 층에 늘어나고 있다는 사실이다.

'나는 무엇을 하고 싶은가?', '무엇을 위해 존재하는가?'라고 끊임없이 자문하며, 자신의 주관적인 생각을 원점에 두고 그것을 언어화하고 개념화하여 타인을 설득하고 끌어들이며 이노베이션을 일으키는 것. 당사자 의식의 혼과 같은 이러한 이노베이터의 삶의 태도에 눈을 돌려야 할 것이다.

지금까지 마쓰다 로드스타의 두 개발 리더를 사례로 실천적 리더에게 요구되는 조건을 총론적으로 검증해보았다. 이제 다른 한 사례를 보면서 검증을 더 심화시켜가도록 하자.

가장 많이 팔린 웰빙 음료
산토리의 이에몬

산토리의 녹차음료 〈이에몬〉은 2004년 3월 발매와 동시에 대박을 터뜨렸다. 첫 해부터 3,420만 상자(한 상자에 350ml캔 24개 들이)를 출하하여 청량음료의 발매 초년도 판매 기록을 수립하고, 기린의 〈나마차 生茶〉를 앞질러 공동 2위로 뛰어올랐다. 이어서 2005년에는 5,250만 상자로 한층 더 매상을 늘려 이토엔의 〈오-이 차〉가 차지하고 있던 수위 자리를 위협하는 거대 브랜드로 성장했다.

그러나 그것은 '회사 역사상 최악'이라는 말까지 들었던 한 남자의 대실패가 없었더라면 있을 수 없는 일이었다. '이대로 비참한 패배자로 끝날 수는 없다!' 한 남자의 그러한 맹세로 '기적적인 결단의 앙상블'에 의한 패자부활의 드라마가 시작되었다.

드라마의 주역은 식품사업부 과장인 오키나카 나오토였다. 그가 이에몬보다 3년 앞서 개발을 직접 담당했던 중국 숙성차인 〈숙차熟茶〉는 전혀 팔리지 않았고 시장에서 이름조차 잊혀져버렸다.

오키나카는 왜 실패했으며, 실패로부터 무엇을 배우고 어떻게 재기했던 것일까? 거기에는 산토리라는 회사의 저력과 인재활용술이 숨겨져 있다.

● 혁신 포인트 ①
분석적 전략의 허상을 깨닫다

우선 참패의 경위부터 뒤돌아보자. 그 실패는 말하자면 첫 타석에서 회심의 홈런을 쳤다고 생각했으나 막상 객석에는 관객이 없었다는 느낌과 흡사하다.

오키나카는 1991년 산토리에 입사하여 6년째 되던 해에 식품사업부로 옮겨 무설탕 차음료의 브랜드 개발에 종사하게 되었다. 원래부터 사업 욕심이 강했던 그는 자신의 능력을 시험해보려는 마음으로 분발했다.

산토리의 상품개발은 식품사업부 브랜드매니저를 중심으로 내용물 연구자, 디자이너, 마케팅 담당자, 카피라이터 등 10명 정도가 전문 영역을 초월하여 모이는 프로젝트 팀제로 운영되고 있었다. 오키나카는

〈속 노호혼차〉(1999년 발매)와 〈시미지미녹차〉(2000년 발매)로 수습매니저를 경험한 후, 처음으로 명실상부한 개발 리더가 되어 그때까지 계속되어온 무설탕 차음료의 상품전략을 크게 전환하기로 결정했다.

오키나카의 말이다.

"노호혼차나 시미지미녹차는 모두 고객이 마실 때의 기분을 컨셉으로 삼은 오락성이 높은 음료로, 어쩐지 깊이가 없다는 생각이 들었어요. 결국 어느 것도 히트하지 못했습니다. 그래서 사고방식을 개발 쪽으로 크게 전환하여 차 자체의 소재와 만드는 법을 확실히 규명하자, 만드는 사람의 강한 의지를 불어넣은 개발을 하자는 생각에 도달했던 겁니다."

그는 마실 때의 기분이 아니라 찻잎에 매달렸다. 그 컨셉과 뜻을 함께 가슴에 새기기 위해 오키나카는 팀원 모두를 데리고 중국으로 날아갔다. 그리고 차의 발상지인 윈난성의 깊은 산속으로 들어가 수목 연령이 1,700년이나 되는 '차의 원목'을 손으로 만지는 일에서부터 출발했다.

그곳에서 그는 어떤 차를 만났다. 중국차의 일종인 윈난성의 푸얼차였다. 찻잎을 발효하지 않은 녹차나 반만 발효시킨 우롱차는 맛있기는 하지만 떫은맛도 있었다. 반면에 고高발효차로 불리는 푸얼차는 누룩곰팡이를 사용하여 발효시킴으로써 떫은맛을 내는 성분을 분해하고, 다시 오랜 시간을 들여 천천히 숙성시키는 독특한 제조법으로 만들어졌다. 그래서 이전의 무설탕 차음료에는 없는 순한 맛을 만들어낼 수 있었다. 게다가 발효시키기 때문에 건강에 좋은 성분도 풍부했다. 발효법은 외부에 비밀로 되어 있었으며, 그래서 예로부터 중국에서도

'신비의 차'로 진귀하게 여겨지고 소중히 다루어지고 있었다.

차의 발원지에서 발전되고 계승되어온, 과거에는 없었던 맛을 지닌 차를 산토리가 자랑하는 최신 기술과 더불어 일본인에게 어울리는 맛으로 만들어내면 '최고의 차'가 만들어질 것은 틀림없는 일이었다. 성공을 확신한 오키나카는 2001년 '신세기에 산토리가 제안하는 새로운 맛의 무설탕 차음료'라는 구호를 내세워 푸얼차를 바탕으로 한 숙성차를 발매했다. 그러나 어찌된 일인지 시장에서는 반응이 없었다. 판매량은 통상적인 '팔리지 않는 상품'의 절반 정도였고, 1년 만에 생산 중지라는 곤경에 빠졌다. 회사 역사상 최악의 실패였다.

'책임을 지고 회사를 그만두자.' 오키나카는 진지하게 고민했다. 그때 그는 경쟁 제조업체가 신문에 게재한, 잘나가는 자기네 차음료를 자랑하는 전면광고를 보았다. '우리는 그 뜻에 있어서만은 절대로 지지 않았다.' 분한 마음이 가슴속에서 끓어올랐다. '여기서 그만둔다면 비참한 패배자로 끝나버린다. 이대로는 끝낼 수 없다.'

오키나카는 먼저 왜 실패한 것인지 원인을 철저히 검증했다. 최대의 패인은 마실 때의 기분보다 차의 소재 자체에 관심을 쏟은 나머지 '시대적 분위기'까지 미처 살피지 못했던 점에 있었다. 숙성차가 발매된 2001년 당시, 일본 사회에는 잃어버린 10년을 겪고도 여전히 미래가 보이지 않아서 한 번 더 자신이 서 있는 곳을 살펴보려는 성찰적인 분위기가 감돌고 있었다. 중국에서 새로운 차를 가져왔다고 해도 아무도 그 가치를 느끼지 못했다.

오키나카의 말이다.

"뛰어난 차라는 사실을 어필하면 고객이 공감해줄 것이라고 생각한 것은 만드는 쪽의 일방적인 고정관념에 불과했고, 결국 아무것도 어필하지 못했어요. 솔직히 푸얼차를 주목했던 데에는 다른 의미가 있었어요. 경쟁사가 녹차라면 우롱차로 거대 브랜드를 가진 산토리는 아무도 손대지 않고 있는 중국차로 승부하자, 녹차가 '맛이 좋고 떫은맛이 있다'면 우리는 '맛이 좋고 떫은맛이 없다'로 차별화하자고 생각했던 것입니다. 그렇게 평면적인 포지셔닝으로 차별화를 꾀했던 것이 고객에게는 아무런 의미도 없었던 것이지요."

재기를 시도한 오키나카에게 이듬해인 2002년 여름에 우연한 기회가 찾아왔다. 이번에는 녹차였다. 다른 팀이 진행해오던 녹차음료 기획에 대해 평판이 좋지 않자, 회사 내 경쟁 계획을 시작하라고 상사인 식품부장으로부터 급한 명령을 받은 것이었다.

오키나카는 지난번의 숙성차 실패 멤버들로 팀을 구성하고 다시 사무실을 뛰쳐나갔다. 이번의 목적지는 교토 우지였다. 팀은 900년 전 임제종의 시조 에이사이가 중국에서 차의 묘목을 가져와 심었던 일본차의 발상지를 방문했다. 일반 여행객들과 섞여 차를 파는 가게들에 들러 좌선하고 차 맛을 음미하면서 일본차의 역사와 전통이 남아 있는 땅의 분위기를 마셨다. 밤에는 호텔에서 그날 보고 느낀 점들을 서로 이야기하며 자신들이 서 있는 위치를 원점으로 되돌렸다.

● **혁신 포인트 2**
일본인에 새겨져 있는 녹차의 기억을 깨우다

일본인에게 차의 본질은 어디에 있는 것인가? 일본인은 차에서 무엇을 얻으려고 하는가? 소비자조사를 해보면 니즈는 어느 정도 파악될 것이다. 그러나 이미 드러나 있는 니즈에 대응하는 발상으로는 기존의 차별화 전략이나 경쟁 전략의 범주를 벗어나지 못한다. 좀더 깊이 파고들어 고객들도 평소 그다지 인식하지 못하는 잠재적이며 근원적인 의식을 찾아내고 싶었다.

팀은 소비자조사 방법부터 재검토했다. 그룹 인터뷰나 1대 1 심층면접은 상대의 얼굴이 보이면 속내 말하기를 꺼리는 일본인에게는 부적합한 면담 형태가 아닌가? 오히려 얼굴을 보지 않는 인터넷상에서의 웹조사 쪽이 진짜 목소리를 들을 수 있으며 일본인에게 어울리지 않는가? 회답의 신빙성은 질문 방법이 열쇠를 쥐고 있을지 모른다. 그렇게 생각한 오키나카 팀은 대답하는 측의 사고를 자극하고 잠재의식을 드러나게 하는 설문 작성에 지혜를 짜냈다. 예를 들면, 다음과 같은 질문들이다.

'찻주전자로 우려낸 차는 당신에게 어떤 존재입니까? 사람, 물건, 동물 등에 비유해주세요.'

'차를 마신 적이 없는 외국인에게 찻주전자로 우려낸 차 맛을 칭찬한다고 가정하면 어떤 식으로 말하겠습니까?'

'오늘부터 1년 간 찻주전자로 우려낸 차를 일절 마시면 안 된다는 법안이 가결되었다고 합시다. 당신은 국민의 대표로서 차를 계속 마실 수 있도록 반론하지 않으면 안 됩니다. 어떤 식으로 반론하겠습니까?'

대답하기 어려운 질문이었지만, 어려운 만큼 수많은 모니터 요원들이 인터넷 저편의 보이지 않는 질문자를 향해 열심히 대답을 생각해주었다. '외국인에게 차 맛을 칭찬한다면'이라는 설문에는 '오감을 구사

하여 느끼는 자연의 맛. 일본의 풍요로운 자연을 느끼게 해주는 일품'
(남성, 48세), '당신네 나라에서의 일상적인 음료, 한숨 돌릴 때, 가족과
단란한 시간을 보낼 때, 피로를 풀고 싶을 때 마시는 음료는 무엇입니
까? 그런 것들을 떠올리면서 맛보아주세요. 일본에서는 이런 맛입니
다.'(여성, 35세)라는 회답들이 나왔다.

　그리고 '차금지령'에 대한 반론으로는 '차는 일본의 전통이고 마음
이며 예로부터 사랑받고 줄곧 마셔온 것이다. 못 마시게 되면 일본인
이 아니지요.'(남성, 48세)라는 대답이 돌아왔다.

　오키나카의 말이다.

　"그 회답들은 우리에게 차의 가치를 새롭게 인식시켜주었어요. 정
보화와 국제화가 진행되더라도, 차를 마시고 보고 냄새맡고 생각할 때
문득 일본 고래의 생활문화에 접하게 되어 마음이 부드러워지고 안심
하게 됩니다. 그것이 DNA에 새겨진 기억에서 생겨나는 안심감이에
요. 비록 페트병에 든 차라도 그런 안심감을 제공하고 싶다, 녹차음료
에 일본의 생활문화의 맛을 넣고 싶다…… 우리가 해야 할 일은 분명
했습니다. 바로 내용물의 이노베이션이었지요. 제조법의 OS(기본 소
프트웨어)를 제조업체의 편의로부터 고객의 이익으로 전환시키는 것
이었어요."

　종래의 녹차음료 제조법은 찻잎에서 추출한 차를 열로 살균하는데,
페트병이 견딜 수 있는 85℃로 만들어서 30분 정도 방치하는 가열충
전법이 이용되고 있었다. 그러나 85℃로는 살균이 불충분하여 항균력
이 강한 카테킨(녹차에 포함된 주성분으로 탄닌의 일종. 쓴맛과 떫은맛을 내
게 한다-역주)을 많이 함유하는 대신, 맛을 내는 성분은 줄어든 찻잎을

사용해야 하는 제한이 있었다. 그 찻잎을 굽거나 끓이는 정도를 강하게 하여 향기를 내거나 향료를 넣어서 맛을 보충하고 있었다.

반면에 완전한 무균실에서 살균이 끝난 용기에 넣으면 풍미를 잃지 않고도 상온에서 충전할 수 있었다. 무엇보다 살균을 고려하지 않아도 되기 때문에 어떤 찻잎이라도 자유롭게 사용할 수 있는 큰 이점이 따랐다. 이 비가열무균충전 방식을 실현하는 데는 100억 엔 규모의 새로운 설비투자가 필요한데, 그것이 어떤 제조업체도 이 방법을 취하지 않는 최대의 이유였다. '우리는 제조법의 기본 방식을 전환하여 내용물을 이노베이션한다.' 오키나카는 비가열무균충전 외에는 어느 방법도 생각하지 않았다.

● **혁신 포인트 ③**
업계 최고와 손을 잡다

그런데 이 고도의 충전 기술을 그대로 살릴 수 없는 냉혹한 현실이 존재했다. 문제는 소비자가 산토리에 대해 가진 이미지에 있었다. 각 음료제조업체에 관해 '녹차음료가 어떻게 만들어진다고 생각합니까?'라는 상황을 설정하고 이미지 조사를 한 결과, 이토엔에는 '전통적인 제조법'이나 '차밭의 바로 옆' 등 좋은 인상의 답변이 나온 데 비해, 산토리에는 '우롱차공장의 이웃', '위스키공장의 한 쪽 구석' 같은 회답이 나오는 비참한 상태였다.

그래서 오키나카는 초기 단계에서 제휴를 통한 공동개발을 결단했다. 그가 제휴처로 선택한 곳은 1790년에 창업한 교토의 상점 후쿠주

엔이었다. 일본 굴지의 제조가공 능력을 자랑하며 차문화의 보급에도 주력하고 있는 명문 제조업체였다.

"중요한 것은 우리가 전하고 싶은 것이 고객에게 제대로 전달되느냐 않느냐 하는 점이었어요. 900년이나 되는 일본의 녹차 역사와 전통을 진지하게 받아들이면서부터 산토리만으로는 녹차에 대해 이야기할 수 없다, 산토리가 아무리 최고급 찻잎을 사용하고 최선의 제조법을 적용해도 그것만으로는 설득력이 없음을 깨달았죠. 녹차의 본질을 추구할 때, 녹차의 명문 후쿠주엔과 공동으로 개발하는 것이야말로 고객으로서는 가장 알기 쉬운 컨셉일 거라고 생각했습니다."

오키나카는 제휴의 의의를 이렇게 설명했다.

그러나 처음에는 오키나카의 일방적인 짝사랑이었다. 후쿠주엔을 방문했으나 "저희에겐 사업이 아니라 가업家業입니다. 다음 세대로 이어가는 것이 사명이라서 그런 위험한 제안은 받아들일 수 없어요."라며 쌀쌀맞게 거절당했다. 그도 그럴 것이 청량음료업계는 매년 엄청난 수의 신상품이 생겨나지만 불과 몇 개만이 살아남는 1,000분의 3의 세계였다.

그래도 오키나카는 포기하지 않고 설득을 계속하면서 자신의 마음을 짧은 말에 담았다. '백년품질, 상품녹차'가 그것이었다. 1790년 창업 이래 200년 간 줄곧 찻잎을 고집해온 후쿠주엔과, 메이지시대인 1900년에 창업한 뒤 100년 간 물과 제조법을 고집해온 산토리가 대등하게 제휴하여 백년품질의 상품을 개발하겠다. 제조법도 근본적으로 바꾸겠다.

"산토리는 진심이다."

비로소 후쿠주엔도 오키나카 팀의 의지와 기술력을 납득했고, 서로 제조업체의 긍지를 걸고 고객의 공감을 부르는 진정한 고품질의 상품을 만든다는 생각과 목표를 공유해나갔다.

최대의 벽은 오히려 회사 내에 있었다. 거액의 투자에 거부감을 보이는 경영진을 어떻게 납득시킬까? 무엇보다 먼저 오키나카는 그들에게 현물을 마시게 하고 체험하도록 했다. 차를 생산하는 농가 출신이며, 손으로 만져보면 대번에 찻잎의 좋고 나쁨을 알 수 있는 후쿠주엔의 장인이 200종의 찻잎 가운데서 고르고 고른 최적의 브랜드였다. 독자적인 조사방법으로 얻은, 고객의 속내가 담긴 목소리를 전하는 데이터도 첨부하여 오키나카는 한 발도 물러서지 않고 설득을 거듭했다.

"녹차는 오감으로 일본의 생활문화에 접하는 유일한 음료입니다. 그것을 제조업체의 편의적인 제조법으로 만들고 있는 현상은 고객에게 부끄러운 일이 아닙니까? 뜻을 세운 브랜드가 하나쯤 있어야 하지 않은가요? 최초의 국산 위스키를 만들고, 일본인의 긍지를 일깨우며 풍요로운 생활문화를 지향해온 것이 산토리입니다. 그 산토리가 지금 진짜 녹차음료를 만들고 있어요. 이에 공감할 수 없다면 산토리 사람이 아니지요. 함께 배를 탈 것인가요 말 것인가요? 이처럼 마지막에는 거의 협박 수준으로 결단을 촉구했습니다."

중역들을 협박해서라도 실현시킨다. 그 각오는 'NZ'라는 팀명에도 나타나 있었다. N(Nippon의 N-역주)은 일본차, Z는 러일전쟁 당시 동해해전에서 함선의 깃발로 쓴 Z깃발에서 따온 것이었다. Z는 알파벳의 마지막 문자로서, 실패하면 더 이상 물러날 곳이 없음을 뜻했다. 오키나카 팀은 줄곧 마음속에 Z깃발을 내걸었다.

결제를 무의미하게 만들다

그렇게 탄생한 이에몬은 발매와 동시에 예상의 4배나 되는 주문이 쇄도했다. 제조가 뒤따르지 못해 4일 후에는 출하를 일시적으로 정지하고, 1개월 후에 재개한다는 사태까지 발생했다.

청량음료가 진열된 편의점의 냉장고 문을 열면 무의식중에 손이 가는 이에몬의 대나무통 병은 손에 쥐어지는 잘록한 부분의 부드러운 감촉이 너무나 좋다. 이 디자인에도 숨겨진 이노베이션이 있었다.

어째서 대나무통인가? 개발 도중 점심 도시락으로 사온, 대나무 껍질에 싼 주먹밥이 오키나카에게는 유달리 맛있게 느껴졌다. DNA에 새겨져 있는 맛의 기억! '가장 맛있는 녹차를 가장 맛있어 보일 수 있는 용기에 넣자.'라고 생각했을 때 대나무 물병이 떠올랐다. 그러나 특수한 형태이기 때문에 공장의 기존 제조라인을 사용할 수 없어서 이에몬 전용 라인이 신설되었다. '라인에 올려놓기 쉬운 형상'에서 '고객의 마음' 중심으로 디자인의 기본을 전환한 것 역시 대히트를 촉발한 요인이었다.

다음은 이에몬이라는 이름이었다. 발매 전 오키나카가 후쿠주엔의 창업자 이름 이에몬을 상품명으로 사용한 용기를 보여주자, 자손인 사장 이하 모두가 말문이 막혔다. 3일 후 친족회의에서 허락이 났다. 마지막에는 사장이 조상들에게 허락을 구했다고 한다.

그 이에몬의 역을 배우 모토키 마사히로가 맡고, 그의 아내 역으로 미야자와 리에가 출연한 TV광고 시리즈는 'CM이 공헌한 대박 브랜드상'(CM종합연구소 주최)을 2년 연속 수상했다. 차를 만드는 외길만 살아온 남편을 다정하게 감싸주듯 내조하는 아내. 이 CM도 오키나카 팀이 모니터 요원들을 상대로 한 속내 조사에서 태어난 것이었다.

녹차음료의 중심 타깃은 30대에서 60대에 이르는 사회인 남성이었다. 오키나카는 모니터 요원들로 하여금 오늘 하루 언제 어디서 어떤 상황에서 무슨 음료를 마셨는가를 기술하게 하는 일기조사를 시행했다. 대부분의 사람들이 '업무 중 휴식' 시간에 차음료나 캔커피를 마시고 있었는데, 그때의 심리를 파고들어가자 마지막에는 '어른의 젖병'이라는 이미지에 도달했다. 한숨 돌리는 시간, 침울해졌을 때 옆에 있어주었으면 싶은 사람, 치유, 평안한 곳 등의 연상을 더듬어가서 '일하는 남자가 돌아가고 싶은 집'이라는 이에몬의 CM 주제가 결정되었다.

실패하여 거의 패배자가 된 남자에게 우연히 기회가 주어진 것으로부터 시작된 역전 드라마. 그것은 '수많은 기적적인 결단을 쌓아올림으로써 가능했다.'라고 오키나카는 회고했다.

개발 시작부터 마지막까지 기획 발표는 해도 결제 과정은 거의 거치지 않는 형태로 가져갔던 것도 그러했다. 사람들은 도장을 찍을 때 존재감을 보이려고 무언가 주문을 하게 되며, 계획은 점점 원형을 잃어가고 만다. 그것을 피하고 타협을 배제하기 위해 오키나카는 담당 중역을 동지로 끌어들여 결제 절차를 실질적으로 생략하도록 공작했다. 중역도 그것을 수용하기로 결단함으로써 기획은 '거의 100% 원형대로' 끝까지 진행되었다.

이처럼 기존의 틀을 깨는 일이 가능했던 것도 산토리에 '해보라'라는 문화가 있었기 때문이었다. 과거에 어디에서도 해보지 않았더라도 도전을 인정해주었다. 단, "'해보라'는 우리 자신의 '하게 해주세요'라는 정신이 먼저 있어야만 유효하게 된다."라고 오키나카는 말했다. 오키나카 팀은 이 정신을 어떻게 확고히 했는가? 숙차를 만들 때는 중국 윈난성, 그리고 이에몬을 개발할 때는 교토같이 그때마다 회의실을 뛰쳐나가 회사와는 다른 시간과 공간을 공유했다.

오키나카의 말이다.

"함께 여행하고 밥먹고 밤에는 숙소에서 토론을 거듭했지요. 수많은 장애에 부딪쳐도 동요하지 않았던 것은, 이런 농도 짙은 체험을 통해 동일한 목표 이미지를 줄곧 유지해갈 수 있었기 때문입니다."

BOSS(캔커피)로부터 시작하여 이에몬에 이르는 성공의 연쇄. 실패하더라도 다음에는 성공에 이른다는 의지. 오키나카는 '기적적'이라고 했지만, 뛰어난 지식창조기업에는 사람과 조직 속에 이노베이터를 육성하는 토양과 풍토가 뿌리내리고 있다는 사실을 실감하지 않을 수 없다.

산토리에서 배울 점 : 절대가치의 힘

● **절대가치의 힘 ①**

상대가치에서 절대가치로의 전환

다른 사람들이 생각하지도 못한 것을 성취하는 이노베이터의 행동 원리를 보면서 대히트의 요인을 생각해보자.

오키나카는 숙차의 실패를 통해 무엇을 배웠는가? 본인은 "푸얼차를 주목한 것은 경쟁사가 녹차로 승부한다면 우롱차로 거대 브랜드를 가진 산토리는 아무도 손대지 않고 있는 중국차로 승부하자, 녹차가 '맛이 좋고 떫은맛이 있다'면 우리는 '맛이 좋고 떫은맛이 없는 것'으로 차별화하자고 생각했던 것입니다."라고 말한다.

이것은 숙차 단계의 개발 컨셉이 사용자의 마실 때의 기분에서 녹차 자체의 소재 중시로 전환했지만, 전략적으로는 경쟁사와의 차별화로 이긴다는 상대가치를 추구하는 분석적인 경쟁 전략의 발상에서 벗어나지 못했음을 의미한다.

그 결과, 참패를 경험하고서야 '그렇게 평면적인 포지셔닝으로 차별화를 꾀했던 것이 고객에게는 아무런 의미도 없었다.'라고 반성하게 된다. 결국 방향을 전환하여 일본인에게 있어서의 차의 본질을 탐구하였고, 페트병에 넣은 녹차라도 'DNA에 새겨진 기억에서 생겨나는 안심감'을 제공한다는 절대가치를 추구하는 미래창조 전략으로 큰 걸음을 내딛었다. 그는 그 일을 위해 100억 엔이나 되는 투자가 필요한 비가열무균충전 방식으로의 전환을 주저하지 않고 결단했다. 이것은 절대가치에 대한 눈을 떴기 때문에 가능한 결단이었으며, 상대가치에 마음이 빼앗겼더라면 그런 위험은 무릅쓰지 않았을 것이다.

오키나카는 일본인과 차의 본질적인 관계를 탐구하기 위해 소비자 조사를 했는데, 이 역시 단순히 니즈의 평균치를 내는 시장분석적인 조사연구는 하지 않았다. 얼굴이 보이면 속내 털어놓기를 꺼리는 일본인의 특성을 간파하고, 인터넷으로 고객의 잠재의식을 탐구하여 차에 관련된 암묵적 지식을 발굴해내려고 했다. 특히 괄목할 만한 것은 질문에 은유나 장면 설정을 사용했고, 응답자도 자신의 체험을 되새김질하지 않으면 대답할 수 없는 질문을 고안해냈다는 점이다.

그 질문은 팀 내부에서 매일 대화하며 자신들에게 제기하던 내용들일 것이다. 오키나카는 교토로 여행을 갔을 때도 밤에 호텔에서 토론을 거듭했던 것처럼 팀 내에서의 대화를 중시하고 있었다. 대화는 각 개인의 선('무엇이 좋은 것인가?' 하는 암묵적 지식)이 팀의 보편성을 띤 선common good으로 치환되는 프로세스를 연출함과 동시에 그것을 언어화해서 명확하게 만든다. 그런 대화를 거듭함으로써 자신들이 목표로 하는 절대가치의 윤곽이 떠오르게 된다. 이에몬 팀은 자신들 속에 대화법이 뿌리내리고 있었으므로 웹조사를 통해서도 모니터 요원들과의 대화가 성립되는 설문 방법을 생각해낼 수 있었다. 만일 상대가치를 추구하고 있었다면 일반적인 소비자조사로 끝났을 것이다. 상대가치로부터 절대가치로의 전환이 이에몬의 대히트로 이어졌던 것이다.

일본인에게 있어서의 녹차의 진선미에 초점을 맞추어 녹차음료의 이상(절대가치)을 추구하기. 오키나카는 그것을 어떻게 실현했을까? 그는 후쿠주엔을 방문하여 자신의 생각을 언어로 전하는 설득의 정공법을 취했지만, 그것만으로는 돌파할 수 없는 벽에 부딪쳤다. 100억 엔의 신규투자에 대해 임원들이 저항하자, 그는 산토리의 기업 이념을 상기시키며 '위협'을 가했다. 그때는 아직 과장 직급에도 오르지 못했던 30대의 한 개발 리더의 입장에서 임원들에게 '배에 동승할 것인가 말 것인가?'라며 압박했던 것이다. 또한 계획이 변질되지 않도록 담당 임원을 동지로 끌어들여 결제의 횟수를 거의 제로에 가깝게 만드는 등, 수단을 가리지 않고 배짱 있는 정치력을 발휘하는 마키아벨리적인 방법론을 구사했다.

이 100억 엔의 신규투자에서는 다른 한 가지 의미도 느껴진다. 후쿠주엔과의 공동개발은 회사 외부의 지식을 활용하는 것인데, 일반적으로 외부 자원out source이나 개방된 자원open source은 가치 있는 노하우면서도 내부에 남기 어렵다는 문제가 있다. 이에 대해 오키나카는 상대와 노하우를 공유하면서 대내적으로 100억 엔의 투자를 끌어내어 기술변혁을 확실하게 내부로 집어넣고 있다. 여기서도 어떤 강인함이 느껴진다. 이상을 추구하면서 현실에 대한 관찰도 잊지 않은 것이다. 오키나카의 행동에서도 이상주의적 실용주의나 이상주의적 현실주의를 볼 수 있다.

DAKARA의 개발에서 쌓인 전략 노하우

상대가치로부터 절대가치 추구로의 전환이 성공에 이른 유형은 이에몬 이전의 산토리의 히트상품인 신체균형음료 〈DAKARA〉 개발에서도 볼 수 있었다. 참고 사례로 간단히 경위를 소개하고자 한다.

애당초 프로젝트 팀은 '스포츠음료 업계의 쌍벽 포카리스웨트와 아쿠아리스를 대신하는 본격적인 스포츠음료의 개발'이라는 주제를 정했다. '컨셉이야말로 브랜드의 생명'이라고 정한 팀은 2년 간 하나의 컨셉을 도출했다. 강장제적인 요소도 추가한 '한 번 더 분발하여 일하는 남자의 스포츠음료'라는 컨셉이었다. 그러나 팀원들은 하나같이 어딘가 차갑다는 느낌을 지울 수가 없었다.

결국 사용자의 실태를 반영하는 일기조사를 하자, 포카리스웨트나 아쿠아리스를 마시는 것은 숙취 때나 일로 피곤해졌을 때가 압도적으로 많다는 사실이 밝혀졌다. 주어진 설문에 대답만 하는 일반적인 정량적 소비자조사에서는 '운동할 때'가 80%를 차지했는데, 일기조사에서는 운동할 때가 불과 20%로 예상을 벗어난 결과가 나타났다.

그들이 스포츠음료라고 생각하고 있던 것은 진정한 의미에서의 스포츠음료가 아니었다. 그런데도 그들은 스포츠음료라는 속박에서 벗어나지 못하고 있었다. 컨셉에 차가움을 느낀 것은 그런 어긋남에 기인했다. 사실을 깨달은 팀원들은 회의실을 벗어나 거리로 뛰쳐나가 택배운전기사 한 명을 밀착조사했다. 낮에 배달했을 때 부재중이었던 아파트를 밤에 다시 방문한다. 내일은 아들과 놀 예정이어서 오늘 밤 안으로 배달을 마치고 싶다. 엘리베이터가 사용중이라서 계단을 뛰어올라간다. 또 부재중이다. 아래층으로 내려와 포카리스웨트를 사서 지친 표정으로 마신다. 그럴 때 '한 번 더 힘내자'라고 재촉하는 듯한 음료를 마시고 싶을까? 이미 신상품 발매일이 결정되었고 영업부로부터 심한 독촉을 받고 있었지만, 리더는 납기를 연기하고 원점에서 다시 시작하기로 결단한다.

이번에는 발상을 바꾸어, 포카리스웨트를 마실 때 누구나 무의식적으로 느끼면서도 밖으로 나타내지 않는 의식을 찾으려고 했다. 경쟁제품을 보는 대신, 고객의 마음 저편에 있는 본질적인 것을 발견해내려고 했던 것이다. 그때 떠오른 '간호사', '학교의 보건실', '구급상자'라는 이미지를 실마리 삼아 최종적으로 '좀 힘들 때, 영양의 불균형과 불규칙적인 생활로부터 현대인의 삶을 지켜주는, 조금 의지할 만한 신체균형음료'라는 '진정한 컨셉'에 도달하게 된다. 그리고 발매 연기를 결단한 날로부터 2년 후 DAKARA가 탄생했다.

4년에 걸친 개발 기간의 전반은 어떻게 하면 2대 브랜드를 이길 수 있을지 경쟁 전략을 추구한 2년이었다. '스포츠음료라는 속박'에서 벗어날 수 없었던 것도 지나치게 경쟁을 의식한 나머지 발상이 닫혀 있었기 때문이었다. 그러나 그것에 스스로 위화감을 느껴 진정한 컨셉을 발견하기 위해 절대가치 추구로 전환해갔다.

그리고 고객조차 알아차리지 못하는 잠재적인 니즈를 찾아내어, 이제까지 존재하지 않았던 상품을 만들어내려는 이노베이션 전략으로 바꾸어 성공으로 나아갔다. 소프트음료 TV광고라면 '마시는 장면'이 대부분이지만, DAKARA는 불필요한 것을 몸 밖으로 배출하는 상품 컨셉을 전면에 내걸고 소변을 보는 소년들의 '배설하는 장면'으로 충격을 안겨주었다. '마시다'에서 '배설하다'로, '보충'에서 '배출'로 전략을 전환한 것이 획기적이었다.

그런데 그 후 의외의 전개가 벌어졌다. 본서의 '서문'에서도 다루었듯이 아미노산의 보급을 내건 음료가 속속 등장하여 시장을 확대했다. 이것을 위협으로 받아들인 DAKARA의 리뉴얼 팀은 대두하는 아미노산음료에 대항하고자 '일본인에게 부족하기 쉬운 칼슘, 마그네슘, 식이섬유'의 보급기능 쪽을 강하게 내세우는 방침으로 선회하면서 배출로부터 보급으로 컨셉을 바꾸었다. TV광고 등장인물도 소변보는 소년들에서 여자 프로골퍼 미야자토 아이, 신체론 전문가 사이토 다카시 메이지대학 교수 등을 기용하여 보급계 스포츠음료임을 강조했다. 절대가치를 추구하는 미래창조 전략으로부터 상대가치를 겨루는 시장분석적인 경쟁 전략으로 다시 돌아선 것이다.

그 결과, 2005년에 발매된 리뉴얼판은 다른 보급계 음료 속으로 매몰되어 고정고객들이 떠나버렸다. 결국 2006년부터 컨셉을 배출로 돌이켜 TV광고도 '마신다, 내보낸다'라는 카피를 다시 선보였다. 이 리뉴얼판의 실패 역시 매우 상징적이다.

● 절대가치의 힘 ③
고객과의 문맥 공유

이야기를 이에몬으로 돌리도록 하자. 로드스타 사례를 통해 이노베이터에게 요구되는 조건으로 이상주의적 실용주의에 이어 무대를 만드는 능력을 들었다.

무대 생성에는 팀원 한 사람 한 사람이 방관자가 아니라 강한 당사자의식을 지니고 목적이나 목표에 철저하게 주체적으로 관여하는 것이 필수적이다. 그래서 오키나카는 처음에는 중국 윈난성, 다음에는 교토 우지의 일본차 발상지로 팀원 모두와 함께 여행하는 등 공동체험을 매우 중시했다. 3대째 로드스타 개발 책임자인 기지마 다카오도 주요 팀원들과 함께 컨셉 여행을 나선 것처럼 공동체험을 중시하는 것은 이노베이터에게서 볼 수 있는 특징적인 행동 원리다.

공동체험이 유효한 것은 현장에서의 직접체험을 통해 모두가 현장, 현물, 현실로부터 다양한 '환경의 지식'을 흡수하여 내재화하고 암묵적 지식으로 공유하기 때문이다. 아울러 공동체험을 통해 어떤 장애에도 굴하지 않는 강인한 연대감도 생겨난다.

물론 각자가 직관으로 환경을 포착하는 측면이 반드시 동일하지는 않다. 산토리 개발팀은 브랜드매니저, 연구, 선전, 제조 등 각 부문으로부터 팀원이 전문 영역을 초월하여 모인다. 각각의 시각이 다른 것은 당연하다. 그래서 대화를 거듭하여 암묵적 지식을 언어화하고 형식적 지식(언어나 문장으로 표현할 수 있는 명시적이며 객관적인 지식)으로 전환하면서 단편적이지 않은 지식의 다면체라고 할 만한 보편성을 갖춘 컨셉을 도출해간다. 창조력이 되는 지식은 단순히 개인의 내부에 있는 것이 아니라, 다양한 배경이나 시각을 지닌 사람들과 여러 상호작용을 통해 문맥을 공유하는 무대에서 생겨난다.

이같은 지식의 형성을 중시하는 무대가 마련될 수 있었던 것은 그 무대를 만들어내는 오키나카의 능력이 뛰어났기 때문이다. 그 점은 처

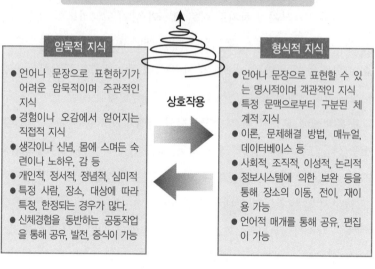

암묵적 지식과 형식적 지식의 나선구조

암묵적 지식과 형식적 지식은 상호작용하여,
나선상으로 회전하면서 새로운 지식을 만들어간다.

암묵적 지식

- 언어나 문장으로 표현하기가 어려운 암묵적이며 주관적인 지식
- 경험이나 오감에서 얻어지는 직접적 지식
- 생각이나 신념, 몸에 스며든 숙련이나 노하우, 감 등
- 개인적, 정서적, 정념적, 심미적
- 특정 사람, 장소, 대상에 따라 특정, 한정되는 경우가 많다.
- 신체경험을 동반하는 공동작업을 통해 공유, 발전, 증식이 가능

상호작용

형식적 지식

- 언어나 문장으로 표현할 수 있는 명시적이며 객관적인 지식
- 특정 문맥으로부터 구분된 체계적 지식
- 이론, 문제해결 방법, 매뉴얼, 데이터베이스 등
- 사회적, 조직적, 이성적, 논리적
- 정보시스템에 의한 보완 등을 통해 장소의 이동, 전이, 재이용 가능
- 언어적 매개를 통해 공유, 편집이 가능

음에는 거의 문전박대를 한 후쿠주엔을 다듬고 다듬은 '백년품질, 상품녹차'라는 공감을 일으키는 컨셉에 의해 공동개발의 무대로 이끈 것, 결제도장의 수를 사실상 제로로 만들기 위해 담당 중역을 동지로 끌어들인 점 등에 단적으로 나타나 있다.

그리고 인터넷을 활용한 웹조사라는, 언뜻 보기에는 무대의 공유와 거리가 멀어보이는 방법을 이용한 것에서도 뚜렷이 무대의 생성 능력을 볼 수 있다. 일반적인 조사분석은 대답하는 측도 방관자적인 눈으

로 보기 쉽고, 표면적인 소리에만 귀를 기울이게 된다. 그러나 오키나카는 녹차에 대한 고객의 암묵적 지식을 발굴할 수 있는 질문을 생각해내고, 암묵적 지식의 세계에서 고객과의 공감을 모색했다. 그러한 과정을 거쳐 이에몬이 발표되자, 암묵적 지식의 결정체인 상품을 통해 고객과의 사이에도 문맥이 공유되어 공감의 무대가 생겨나고 대히트로 연결되었던 것이다.

그러면 어째서 같은 개발팀이 숙차로는 실패했는가? 상품개발은 본질을 추구할수록 컨셉의 배후에 고객의 공감을 부르는 스토리가 생겨나게 된다. 앞서 살펴본 DAKARA의 사례에서는 '간호사', '학교의 보건실', '구급상자'라는 말을 통해 연상할 수 있는 스토리가 있었다. 스토리란 말하자면 특정 장소와 시간과 사람의 관계성을 종횡으로 엮어 만들어지는 지식의 꽃무늬 장식이며, 그 위에 컨셉이 나타난다고도 할 수 있다. 상품의 가치는 그 스토리의 깊이에 좌우된다.

오키나카도 숙차를 개발할 때 스토리를 쌓아가려고 했다. 그러나 푸얼차라는 사물 자체의 성질에 지나치게 치우쳤기 때문에 고객과의 관계성으로부터 멀어져버렸다. 단순한 상품 이야기가 되어버렸고 본질에서 벗어나버렸던 것이다. 반면에 이에몬은 개발 과정의 각 국면에서 스토리가 생겨났으며, 어느 것이든지 고객의 공감을 불러일으켰다. 그것은 이에몬이라는 브랜드의 본질적인 가치의 근거이기도 했다. 브랜드란 궁극적으로는 고객과 공유하는 언어이며, 공감하는 스토리라는 사실을 실감하게 된다.

'지식의 링크'로 생겨난 이노베이션

여기서 이에몬이라는 상품을 좀더 깊이 생각해보자. 그것은 단순한 물건이 아니라 개발팀의 컨셉, 후쿠주엔의 비전秘傳, 최신 비가열무균충전 기술, 대나무통 디자인, 이에몬이라는 명칭, 모토키 마사히로와 미야자와 리에가 출연한 TV광고, 일본을 대표하는 음악가의 한 사람인 히사이시 조가 작곡한 마음속에 스며드는 CM송 등등의 요소가 모두 합쳐져서 승화된 것이다.

달리 말하자면 각각의 담당자들에 의한 '지식의 링크' 가운데서 새로운 지식의 결정이 생겨났다고 볼 수 있다. 한 사람 한 사람의 지식과 지식을 연결한 것은 말할 필요도 없이 리더인 오키나카이다.

오키나카는 우선 일본차의 발상지인 교토를 팀원들과 함께 여행하며 차가게에 들러 좌선하면서 차 맛을 직접 체험하거나, 혹은 웹조사를 통해 얻어낸 모니터 요원들의 말 속에서 일본인에게 있어서의 차의 본질을 직관했다. 그 세부적인 직관을 언어화하고 개념화하여 'DNA에 새겨진 기억으로부터 생겨나는 안심감을 녹차음료로 제공한다.'라는 거시적인 구상(컨셉)으로 결부시켰다.

그리고 세부적인 직관과 거시적인 구상을 수직으로 왕복순환하면서, 수평적인 전개에 있어서는 우선 공동개발자로 후쿠주엔의 비전을 주목하여 연결시켰다. 제조 부문과의 관계에서는 컨셉을 실현하기 위해 100억 엔의 투자위험을 무릅쓰고 비가열무균충전 방식을 택하는 결단을 함으로써 중요한 가치를 만들어내는 지식의 링크가 결합되었다. 디자이너와의 링크에서는 주먹밥을 싼 대나무 껍질에서 본질적인 가치를 직관함으로써 병을 손으로 잡는 부분이 절묘한 곡선을 지닌 대나무통 디자인이 나왔다. 선전 부문과의 관계에서도 그렇다. 대상 고객층이 차음료나 캔커피를 마실 때의 심리를 파고들어 발견한 '어른의 젖병'이라는 은유를 실마리 삼아 '일하는 남자가 돌아가고 싶은 집'이라는 주제를 떠올렸고, 당대의 인기배우 모토키 마사히로와 독특한 분위기를 풍기는 여배우 미야자와 리에라는 절묘한 캐스팅에다 히사이시 조의 평안한 선율로 링크를 만들어나갔다.

상품의 창조성과 혁신성은 그것을 만들어낸 지식의 링크를 형성하는 방법에 나타난다. 우리의 환경은 '잠재적인 지식의 저수지'인데, 그곳에 얼마만큼 지식의 링크를 전개할 수 있을까? 다른 사람들은 좀처럼 결부시킬 수 없는, 기존의 링크와는 다른 새로운 링크를 펼 수 있다면 이노베이션을 일으킬 수 있다.

로드스타의 사례에서, 우리는 이노베이터의 세 번째 조건으로 세부적인 직관을 보편적인 거시 개념으로 표현하고 상대에게 전달하며 설득하는 능력을 들었다. 이는 전체와 부분을 수직으로 왕복순환하면서 수평으로 전개하여 지식의 링크를 펼쳐 새로운 지식을 만들어내고, 이 종횡의 링크 능력이 결합되어 이노베이터로서의 능력이 된다는 사실을 가르쳐준다.

● 절대가치의 힘 ⑤

'감정의 지식'이라는 원동력

이 사례들에서 다시 한 가지 주목해야 할 것은, 분노나 억울함 같은 '감정의 지식'이 이노베이션의 원동력이 되고 있다는 점이다. 오키나 카는 숙차의 실패로 의기소침해 있을 때, 경쟁사의 움직임을 보고 '패 배자로 끝낼 수 없다.'라며 분기했다. 경쟁사가 가상의 적이 되고, 감 정의 지식이 투쟁심을 불러일으켜 이노베이션으로 매진한 과정은 매 우 흥미롭다. 오키나카는 타협하지 않고 본질을 추구하는 개발의 자세 를 '의지를 담은 개발'이라고 부르는데, 강한 의지를 지속시킬 수 있었 던 것도 감정의 지식이 떠받쳐주었기 때문이다.

마쓰다 로드스타의 초대 개발 책임자인 히라이도 마찬가지다. 호쿠 리쿠 지방의 대리점 서비스 부서에 2년 간 파견되었을 때 고객의 불만 처리에 매달렸는데, "도요타나 닛산과 비슷한 차라면 굳이 마쓰다를 살 필요가 없다."라는 고객의 혹독한 말을 듣고 너무도 분한 마음이 들었다. 이 억울한 마음이 소형 경량 스포츠카 개발시 부정론의 소용 돌이 속에서도 '만들 수 있는 것은 나밖에 없다.'라며 어려움을 극복 하는 원동력이 되었다. 히라이는 파견근무 시절의 경험에 관해 "고객 의 한마디로 눈을 떴다.", "생각하기 싫은 일들이 많았던 생활이었지 만, 그 체험이 없었더라면 로드스타는 탄생하지 못했다."라고 말하고 있다.

일반적으로 '일에는 감정을 배제해야 한다.'라고들 한다. 분명히 추 구하는 이상을 실현하기 위해 모든 최선의 방법을 구사할 때에는 감정을 일부러라도 억제하고 세심하게 행동해야 할 경우가 있을지도 모른다. 그러나 최초의 출발점에 있어서는 감정의 지식이 기폭제의 불쏘시개가 되며, 그 후에도 싸울 의지를 타오르게 만든다. 방관자로 있는 한 감정의 지식은 생겨나지 않는다. 희로애락 같은 감정의 지식을 얼마나 원동력으로 지닐 수 있는가 하는 점도 이노베이터의 숨겨진 조건이라고 할 수 있을 것이다.

제1장은 이노베이터에게 요구되는 조건의 총람에 해당한다. 이후의 장에서는 각각의 조건에 관해 대표적인 사례를 들면서 상세하게 검증하며 검토하고자 한다.

제2장
이상주의적 실용주의가
낳은 빅히트

Think Innovation

아무리 이상이 높아도 실현시키는 힘이 없다면 그림 속 보물에 불과하다. 지금부터 소개하는 두 사례의 공통점은 함께 높은 이상을 내걸고 불굴의 신념으로 추구한 것이지만, 무엇보다도 그 실현의 힘에 압도된다는 점이다. 그중 하나는 지역부흥을 위한 조합이고 다른 하나는 대학의 수산연구소다. 모두 영리를 목적으로 하지 않는 조직이지만, 그 업적은 대단한 역사적인 의미를 지닌다.

자세한 것은 사례를 통해 소개하겠지만, 지역부흥을 위해 조직된 조합은 멸절의 위기에 처해 있던 일본의 포장마차 문화의 명맥을 잇는 획기적인 방식을 고안해내어 전국적으로 지역활성화를 위한 방법을 전파했다. 그리고 대학의 수산연구소는 양식이 절대 불가능하다고 여겨졌던 흑참치의 완전양식에 세계 최초로 성공하여 '바다의 다이아몬드'라고 불릴 정도로 인기가 대단한 참치를 언제든지 확보할 수 있는 시대를 열었다.

그 실현 능력은 다소 성격이 다르다. 한 쪽은 사람을 상대로 때로는 청탁을 가리지 않는 거시적 정치력이나 마키아벨리적인 방법론을 구사하여 벽을 돌파했다. 다른 한 쪽은 '이론보다 실천'을 거듭하면서 세계적인 위업을 달성했다. 양쪽 모두 그 실현 능력에서 우리가 배워야 할 것이 많다.

먼저 지역부흥 사례부터 살펴보고자 한다. 홋카이도 어느 지방도시의 밤 풍경에서 이야기는 시작된다.

3

기울던 포장마차 산업을 부활시킨
기타노 포장마차

혁 신 이 야 기

폭 11m, 길이 50m의 옛 주차장에 통로를 끼고 18개의 포장마차가
빼곡히 들어서 있다. 품목도 다양하다. 북부에서 생산된 제철 미각을
선보이는 곳, 어머니의 손맛, 수타면, 꼬치구이 등 일식에서부터 한식,
중식, 이탈리아 요리나 프랑스 요리를 비롯한 유럽풍의 음식 등 국적
도 다양하다. 열 명만 들어가면 꽉차는 가게들 어디서나 손님들의 목
소리가 흘러넘치고, 밤이 깊도록 사람들의 발길이 끊어질 줄 모른다.
홋카이도 도카치 지방의 중심부 오비히로 시내의 새로운 명소인 기타

노 야타이屋台(일본어로 포장마차를 뜻함 – 역주)'에서 매일 밤 펼쳐지는 풍경이다. TV 등 매스컴에도 자주 소개되어 지금은 먼 곳에서 일부러 기타노 포장마차를 찾아오는 관광객이 많다.

기타노 포장마차가 문을 연 것은 2001년 7월이다. 첫 해에 오비히로 시의 전체 인구에 가까운 15만 명 이상이 찾아와 2억 엔이 넘는 매출액을 기록하며 순탄하게 출발했다. 그 후 상승세를 타고 매상이 늘어 4년째에는 고객 수가 18만 명을 넘어섰고 매출액이 3억4천만 엔에 달했다. 주차장이었던 시절(주차장 계약 차량대수 19대, 대여료 합계 연간 456만 엔)과 비교하면, 고객 수가 9,500배나 되었고 매출은 75배로 늘어났다.

그 사이에 '내일의 일본을 만드는 협회'의 고향가꾸기상, 총리대신상, 일본도시계획가협회 대상 등 지역 활성화와 관련된 여러 상을 받는 성과도 올렸다.

기타노 포장마차의 최대 업적은 기존 포장마차가 법의 규제로 멸절 위기에 처해 있던 와중에서 갖은 곤란과 역경을 극복하고, 법의 테두리 안에서 도카치 지방의 독자적 포장마차를 개발하여 포장마차 산업이 지역 개발의 핵심이 될 수 있다는 사실을 입증한 데에 있다.

지금은 전국 각지로부터 사업견학의 발길이 이어지고, 전국의 약 30곳에서 기타노 포장마차를 본뜬 시도가 이루어져 포장마차촌에 의한 지역 활성화 물결의 도화선이 되었다. 그러나 오비히로 외의 지역에서는 실패한 예가 적지 않다. 그 이유는 무엇일까?

기타노 포장마차는 의도적으로 가로 3m, 세로 3.3m의 고작해야 3평밖에 안 되는 좁은 공간을 구성했다. 그에 비해 다른 지역의 포장마차촌은 '넓은 편이 벌이가 더 좋을 것이다.'라고 생각하다가 결국 보통 음식점과 다를 바 없어졌다. 또한 기타노 포장마차는 총사업비 7,500만 엔 중 900만 엔을 투입할 정도로 공동화장실을 중요시했으나, 다른 지역의 포장마차촌은 '옆 건물 화장실을 사용하면 된다.', '화장실로 돈을 버는 것은 아니다.'라며 자체 화장실을 만들지 않아서 일찌감치 고객의 발길이 끊기고 말았다.

"그들은 겉모습만 따라 하느라고 진실로 중요한 것을 보지 못했던 것이죠."

이렇게 말하는 사람은 기타노 포장마차의 창안자이며, 실시 주체인 북부기업광장협동조합의 사카모토 가즈아키 전무이사이다. 그는 2005년에 내각부와 국토교통성 등이 주최하는 《관광카리스마백선》에 선정되었다. 전국 각지에서의 강연이 5년 간 총 200회를 넘어섰고 지금도 거의 매주마다 강연회로 분주하게 뛰어다니지만, 포장마차에 관련된 본질적인 가르침이 좀처럼 전달되지 않는다고 한다.

사카모토의 말이다.

"가게가 좁으면 손님이 불편합니다. 그러나 그 불편함이 손님 사이의 의사소통을 낳아요. 혼자 온 손님은 대개 가장 안쪽에 앉으므로 화장실에 가려면 옆자리의 손님에게 말을 걸어야 하죠. 거기서부터 대화가 시작됩니다. 불편하기 때문에 오히려 상대를 배려하는 마음도 생기는 거죠. 우리가 포장마차에서 제일 소중히 여긴 것은 그런 사람과 사람 사이의 의사소통이었어요. 깔끔하고 밝은 화장실을 만든 것 역시 젊은 여성들이 마음 편하게 포장마차가 만들어내는 의사소통의 세계속으로 들어와주기를 바랐기 때문입니다. 만약 비용 문제만 생각했다면, 유지비가 늘어나 돈만 잡아먹는 화장실 같은 것은 별로 고려하지 않았겠죠."

어째서 사카모토와 그의 동료들은 그처럼 '불편함이 낳는 의사소통'에 신경을 썼을까? 답은 기타노 포장마차의 탄생에 이르기까지 우여곡절을 겪은 사연 속에 있다. 몇 개의 시기로 나누어 살펴보자.

● **혁신 포인트** ①
요람기 : 부탁형에서 자율형으로 전환하다

이야기는 1990년대 중반부터 시작된다. 지역 활성화를 위해 도카치 지역의 자연을 살린 환경 중시형 대학을 신설할 수 없을까? 처음에는 각 지역 청년회의소에서 대학 신설에 관한 검토가 추진되었다. 기업이나 지방자치단체의 환경 대책을 매니지먼트할 수 있는 인재를 양성할 대학이었다. 아버지가 갑작스럽게 사망하여 30대에 건물임대업의 3대째 경영자 자리를 물려받은 사카모토가 그 모임의 리더를 맡았다. 그는 적합하다고 생각되는 학자와 전문가 등을 초청하여 열성적으로 연구회를 운영했다. 그러나 당시에는 지금처럼 환경 문제에 대한 관심이 높지 않았고, 지역사회의 동조도 얻지 못한 채 계획이 순식간에 좌초되고 말았다.

그렇다면 캠퍼스가 필요한 대학이 아니라 다양한 프로젝트를 추진하면서 지역사회 속에 지혜와 노하우를 축적해가자. 사카모토 일행은 지원해준 학자들의 산학 네트워크 협력을 얻어 '도카치환경연구소'라고 명명한 활동을 시작했다. 에너지, 자연, 민속, 음식 등을 주제로 21

세기형의 새로운 생활방식을 찾아내는 9개 프로젝트가 발족되었다.

　대형 자동차회사나 도호쿠대학의 협찬을 얻어 휘발유 외의 에너지로 달리는 자동차 연구, 세계적인 건축가 이시야마 오사무 와세다대학 교수의 설계로 만들어졌으며 맹인도 체험이 가능한 '도카치 헬렌 켈러 탑' 건설, 아이누족의 전설을 각색한 그림책 출판, 저명 요리사를 초빙한 도카치 고유의 요리 개발 등 독특하고 의욕적인 시도들이 이어졌다. 사카모토는 그중 지방도시 중심가의 바람직한 모습을 탐구하는 역할을 담당했다.

　오비히로 역시 지방노선이 폐지된 이후 자동차사회화가 급속히 추진되었다. 그에 따라 주택가가 교외로 확장되고 거대 자본에 의한 대형 점포가 진출하면서 중심가의 공동화라는 문제를 껴안고 있었다. 이 중심가를 다시 활성화시키려면 어떻게 해야 할까? 거대 자본과의 싸움에서는 도저히 승산이 없었다. 사카모토 일행은 발상을 바꾸었다.

　중심가를 차가 아니라 사람 위주로 바꾼다. 일정 지역에 자동차의 통행을 완전히 금지하고 점포를 집중 배치시켜 사람들이 안심하고 쇼핑을 할 수 있는 공간을 만들어낸다. 주변 주차장과는 대중교통으로 연결하며 교외 주택가와도 연결한다. 말하자면 '주차 후 (대중교통) 승차' + '컴팩트 시티(도시 인프라를 중심가에 밀도 높게 집적시켜 효율화와 환경 부하 감소를 꾀함)'를 조합한 발상이었다. 사카모토 일행은 이 계획을 3년 간 정리하여 시와 상공회의소에 제안했다. 그러나 100쪽이 넘는 대작 보고서는 '자동차 중심의 오비히로에서 이런 일이 가능할 리 없다.'라며 눈앞에서 쓰레기통에 버려졌다.

　사카모토의 말이다.

"비록 우리의 발상은 받아들여지지 않았지만, 우리는 이런 활동을 통해 내 고장 가꾸기에서 가장 중요한 점은 사람과 사람 사이의 의사 소통 회복이라는 것을 배웠습니다. 동시에 누군가에게 기대는 부탁형 방식으로는 아무것도 변하지 않는다는 사실을 학습했지요. 우리 자신의 자금과 행동력으로 내 고장을 가꾸자. 쓰디쓴 경험이 거꾸로 교훈을 준 것입니다."

그 즈음 오비히로가 TMOtown management organization(중심가 활성화를 꾀하는 기관으로 국가에서 보조금이 나옴)로 인정을 받아서 사카모토는 워킹그룹의 위원에 선정되었다. 그러나 모임이 열리는 것은 1년에 2회뿐이었고, 일반 시민위원의 발언 가능 시간은 1인당 고작 1분 정도로 의견이 받아들여지는 일 없이 컨설턴트의 생각이 그대로 반영되었다. 이같은 운영에 대한 불만과 무력감 역시 부탁형에서 탈피하여 자율 지향으로 박차를 가하게 했다.

사카모토는 다른 시민단체 등에도 호소하여 '내고장가꾸기', '친구만들기교류회'를 발족시켰다. 1999년 2월의 일이었다. 문제는 그들이 얼마나 자금을 마련할 수 있는가 하는 것이었다. 회원은 40명. 의사나 경영자도 있었지만 학생이 낼 수 있는 한도액인 1만 엔씩 모두가 똑같은 금액을 냈다. 합계 40만 엔으로 무엇을 할 수 있을까? 여기서 포장마차 안이 나왔다.

일찍이 생활 터전이었던 역 앞 도로가 지금은 통행만을 위한 곳이 되어버렸다. 그곳에 포장마차를 설치하여 사람들의 흐름 속에 고이는 부분을 만들면 서로의 접촉이 생겨나지 않을까? 포장마차라면 자체적으로도 만들 수 있을 테고, 번갈아가면서 책임을 맡으면 된다. 처음에는 막연히 생각만 떠올렸던 회원들이 확신을 가진 것은 외국의 포장마차를 본 후였다.

그 해에는 마침 해외여행을 가는 회원들이 많았던 터라 내친김에 자비로 시찰을 다녀오기로 했다. 미국, 대만, 한국, 싱가포르, 베트남……. 가는 곳마다 포장마차가 성황을 이루는 것에 놀랐다. 그리고 대부분이 공통적으로 3평 전후의 넓이였는데, 그 정도의 크기가 주인 혼자서도 접객이 가능하도록 하고 포장마차 특유의 분위기를 자아내어 손님의 마음을 사로잡게 만든다는 사실을 알았다.

각자가 찍은 사진을 모으니 800여 장이나 되었다. 포장마차 관련 자료가 거의 없는 가운데 직접 만든 '세계 포장마차 사진집'은 회원들의 노력과 의욕의 결정체였다. 이것이 홋카이도 경제산업국 시가지 활성화 담당자의 눈에 띄어 호평을 받았으며, 그 인연으로 중소기업단체 중앙회로부터 600만 엔의 보조금을 지급받게 되었다.

1999년 10월, 자금을 확보한 회원들은 드디어 일본 국내 포장마차의 7할 이상이 집중되어 있는 하카타로 시찰을 떠났다. 그러나 거기서 혹독한 현실을 마주하게 된다.

● 혁신 포인트 ②
도약기 : 낙담 끝에 혁신적 발상에 이르다

"하카타의 포장마차는 앞으로 20년 안에 사라질 운명입니다."

약 200개의 포장마차를 네 그룹으로 나누어 둘러보고 환영에 감격했던 회원들은, 다음날 아침 시청 담당자가 하는 말에 충격을 받았다.

지금 운영중인 포장마차는 현재의 경영자까지로 제한되고 신규 개업은 전혀 승인되지 않는다는 것이었다. "포장마차로 내 고장 가꾸기라니 무리입니다."라는 담당자의 말은 냉정했다.

사카모토의 말이다.

"만약 하카타만 보았더라면 거기서 포기했겠죠. 우리에게 다행이었던 것은 그보다 먼저 해외를 돌아보았던 일이었어요. 모든 나라에서 포장마차가 활기를 띠고 있었습니다. 일본의 기존 포장마차가 안 된다면, 21세기형 포장마차를 도카치에서 만들어내어 전국에 널리 알리자. 우리는 돌아오는 버스 속에서 그렇게 결심했습니다."

오비히로로 돌아와서 경찰서를 찾아갔더니 '축제 등을 제외한 노상에서의 포장마차는 허용할 수 없다.'고 했다. 그렇다면 공터는 어떨까? 오비히로의 거리는 동서남북 격자형으로 만들어져 있어서, 공동화에 따라 한 쪽 길로부터 이웃한 길로 빠져나갈 수 있는 넓은 공터가 몇 개나 있었다. 이것을 도로처럼 사용하면 어떨까? 다시 한 번 경찰서에 문의하자 '민간의 사유지라면 관여하지 않겠다.'라고 해 두 번째 시도는 성공했다.

난관은 보건소 쪽이었다. '식품위생법상 사유지라고 해도 포장마차는 1주일 정도의 임시 영업밖에 허가해줄 수 없다.'라는 말에 앞길이 묘연해졌다. 사카모토 일행은 생각할 수 있는 온갖 방안을 떠올렸다. 마침내 하카타를 시찰하고 돌아오는 길에 '포장마차 거리가 있다.'는 말을 듣고 들른 곳에서 본 방식을 참고한 방안을 떠올리고는 자신만만하게 보건소를 찾아갔다. 공터에 상하수도와 전기 콘센트를 한 세트로 만든 유닛을 포장마차 수만큼 설치하고, 냉장고나 싱크대 등의 주방기기를 탑재하여 개조한 차를 그 유닛과 조합하는 방식이었다. 그러나 담당자의 반응은 '차에는 바퀴가 붙어 있으므로 움직이게 마련이다. 그러면 포장마차로 분류된다. 따라서 결론은 같다.'라고 하여 아무런 진전도 없었다.

한 곳에서 포장마차 영업 허가를 1주일밖에 받을 수 없다면, 사유지를 네 군데 빌려 1주일 단위로 이동하면서 한 달 후에 원래의 장소로 돌아오는 것은 어떨까? 그 묘안도 "지금의 당신들에게 그만큼의 자금력이 있습니까?"라며 비웃음을 샀다. 열 번 넘게 찾아가도 '같은 장소에서 계속적으로 영업하려면 설비를 갖춘 고정 점포가 필요하다.'라며 거절당해 법의 장벽을 넘을 수 없었다.

'다시 한 번 원점으로 돌아가자.'

벽에 가로막힌 사카모토는 하카타를 다시 찾아가서 세부까지 철저하게 취재했다. 그리고 선입관이 발상을 방해하고 있었음을 깨달았다. 포장마차는 '움직이는 것'이라고만 생각하고 있었는데, 하카타의 포장마차는 매일 가까운 월세 주차장에서 리어카로 옮겨와 조립하면 지정된 영업장소로부터 1cm도 움직일 수 없는 '가설 점포'였다. 그렇다면 처음부터 보관장소와 영업장소를 동일한 곳으로 만들면 되지 않는가? 포장마차를 집단화하고 아예 주차장을 빌려 상하수도, 전기, 가스를 설치하여 식품위생법상 필요한 설비를 갖춘 작은 주방을 고정화시키면 어떨까?

나는 듯이 돌아온 사카모토는 직접 모형을 만들어 보건소로 달려갔다. 담당자는 식품위생법 책을 몇 번이고 들추더니 "주방의 크기에는 규정이 없으니 음식점으로 인정하지 않을 수 없네요."라고 미간을 찌

푸리며 말했다. 손님이 앉는 자리에도 딱히 정해진 규정이 없었다. 이렇게 하여 고정식 주방과 조립식 포장마차(손님 자리 부분)를 융합시킨 일본 유일의 100퍼센트 적법한 포장마차 아이디어가 생겨났다.

음식점인 이상 언제든지 개업해도 된다. 포장마차를 집단화하면 시너지 효과도 기대할 수 있다. 게다가 예상하지 못했던 이점도 있었다. 기존의 포장마차에서는 먹기 직전에 열처리한 뜨거운 요리밖에 내놓을 수 없었지만, 메뉴의 제약도 없어져서 생선회나 신선한 야채도 내놓을 수 있게 되었다.

참고로 고정식과 이동식을 융합시키자는 발상의 계기가 된 것은 사카모토의 아이가 가지고 놀던 합체형 로봇이었다. 자동차와 자동차를 이어 붙이면 로봇이 되었다. 그것을 결합시키면서 기능이 변할 때마다 재미를 느끼고 있었던 차에, 하카타를 다시 방문하여 발상의 제약이 사라지자 '콜럼버스의 달걀'이 태어난 것이었다.

최초의 하카타 시찰로부터 불과 1개월. 그 집중력이 놀랍다.

● **혁신 포인트** ③

잠복기 : 전략적 홍보 활동으로 때를 기다리다

법률의 벽은 간신히 돌파했다. 그러나 사카모토는 사업화를 서두르지 않았다. 사실은 벽이 하나 더 남아 있었다. 바로 동네 상점가였다.

"도카치에서 포장마차라고? 바보 같은 소리 그만 해!"

고장 사람들은 포장마차는 남쪽 지방의 것이라는 고정관념에 사로잡혀 처음부터 제안을 받아들이지 않았다. '포장마차는 더위와 비가

천적이고 오히려 겨울의 정취와 잘 어울린다.'라는 하카타 포장마차 조합장의 말과 함께, 하카타와 오비히로의 기후를 비교하여 맑은 날씨가 많고 여름에도 밤은 선선한 오비히로 쪽이 더 적합하다는 자료를 보여주어도 귀를 기울이려고 하지 않았다.

사카모토의 말이다.

"사람은 논리만 가지고는 여간해서 납득하지 않아요. 포장마차를 집단으로 영업하려면 전업으로 할 사람들이 필요했으나 그런 상황에서는 전혀 모여들 것 같지 않았어요. 강행한다면 반드시 실패합니다. 우리의 목표는 어디까지나 내 고장 가꾸기였고, 사람과 사람 사이의 의사소통을 꾀하는 데 있었습니다. 고향땅에서 포장마차를 운영하려는 이를 많이 모으려면 정보 공개와 선전밖에 없었지요. 그래서 1년간은 철저하게 홍보 활동에만 집중하자고 생각했던 것입니다."

이듬해인 2000년 2월, 사카모토는 실시 주체인 조합을 설립하고 홈페이지를 개설했다. 또 세계 각국의 포장마차 사진을 전시용 패널에 붙여 매주 사람들이 모이는 시내 곳곳에서 전시회를 열었다. 포장마차의 디자인을 공모하고 축제 때에는 일반 투표로 심사를 했다. 센다이 명물 포장마차의 주인을 초청하여 음식을 만들어 먹으면서 이야기를 나누는 독특한 심포지엄도 기획했다. '추위 체험 실험'도 두 번 실시했다. 한겨울에는 기온이 영하 2℃까지 떨어지는 오비히로에서도, 포장마차 주변에 바람막이를 치면 주방의 열기가 순환하여 좌석도 적당히 따뜻해지는 것을 실물만한 모형을 만들어 고향 사람들 앞에서 실증했다. 중요한 부분인 주차장 찾기도, 참가자를 모집하여 몇 개 팀으로 나누고 최적지를 찾아내도록 하는 이벤트를 열었다. 주목할 것은 이 모든 활동을 지역신문과 연계시켜 3일에 한 번씩은 지면에 싣는다는 목표를 실현시킨 점이다.

특히 장소 모색의 경우, 최적지로 압축된 후보 주차장의 주인과 계약 교섭에 들어가기 전에 신문에다 그 사실을 게재했다. 사전에 대량의 정보가 공개됨으로써 시민의 주목도를 높이고, 땅주인도 협력할 수밖에 없는 상황을 연출한 것이다. 능란한 정보전이었다.

1년 후, 개업을 향한 설명회에는 116명이나 되는 희망자가 모였다. 시민의 기대감과 참가의식을 높이는 전략적 홍보 활동이 보기 좋게 적중했다.

그 후 설계 단계에서 '동일 부지 내에는 같은 용도의 건물을 한 동밖에 세울 수 없다.'라는 건축기준법이 걸림돌이 되었다. 그러나 이것 역시 지붕이 이어져 있으면 한 동으로 본다는 법의 틈새를 발견하여, 지붕은 하나로 이어져 있으면서 각기 독립된 포장마차가 늘어서 있는 것처럼 보이는 디자인으로 문제를 해결했다. 그동안 연구자 기질도 키운 사카모토는 문헌을 뒤져 포장마차의 기원이나 역사를 조사해 책을 출판할 정도로 '포장마차학'을 파고들었다.

포장마차 아이디어를 떠올린 때부터 2년 반이 지난 2001년 9월 29일, 기타노 포장마차는 마침내 탄생의 날을 맞이했다. 인기 폭발에 관해서는 앞에서 말한 그대로이다.

● 혁신 포인트 4

개화기 : 기발한 운영으로 성장 궤도에 오르다

개업 초부터 관광객과 출장 온 사람, 지역 주민들이 몰려 기대 이상의 대히트를 기록한 기타노 포장마차가 한때의 인기에 그치지 않고 지금도 지속적으로 실적을 올리고 있는 것은 운영 면에서의 노력이 크다. 운영 측면을 받쳐주고 있는 사람은 청년회의소 시절부터 사카모토와 콤비를 이루었던 구보 유지 전무이사다.

"각각의 포장마차는 하나하나의 독립된 사업체이면서도, 전체적인 운영에서는 강한 팀을 이루는 사고방식을 취하고 있지요."라고 구보는 말했다. 그의 원래의 가업은 여행대리점이었지만, 지금은 조합에서만 일하고 매일 가게를 돌면서 점주들을 지원하고 있다.

구보의 말이다.

"기타노 포장마차의 인기가 식지 않는 것은, 서로의 개성을 놓고 경쟁하면서도 전체로서는 협력한다는 '구성원과 전체'의 균형을 항상 살피고 있기 때문이지요. 어느 한 집이 성황을 자기만의 실력 때문으로 착각하여 주장을 지나치게 하거나 우쭐해져서 안이한 경영을 하면 전체가 망해갑니다. 그래서 팀의 일원이라는 의식을 갖지 못하면 쫓아내는 일도 있어요. 실제로 자기 가게의 힘을 과신하여, 자리를 늘리면 손님이 더 오리라 착각하고 독립해서 가게를 냈다가 금세 실패한 예도 있었습니다."

점주들은 저녁에 출근하면 주방 옆의 수납고에서 객석 부분을 꺼내어 조립한다. 의자까지 고정식으로 만들지 않은 것은 어디까지나 '포장마차'를 고집하기 때문이다. 점주들에게는 불편해도 '오히려 굉장한 효과가 있었다.'라고 구보는 말했다.

"점주에게는 개점 전에 포장마차를 조립하고, 폐점 후에 수납하는 일이 귀찮고 불편합니다. 가능하면 피하고 싶은 일이겠지요. 하지만 그렇기 때문에 이웃 가게나 맞은편 가게와 서로 돕게 됩니다. 포장마차의 불편함이 점주들 간의 의사소통을 낳고 있는 거지요. 우리를 본떠 만든 포장마차촌 대부분은 좌석을 전부 고정식으로 만들어 옆집이 언제 와서 무엇을 하고 있는지 알지 못합니다. 서로간의 유대감에서 압도적으로 차이가 나요."

불편함이 서로의 의사소통을 낳는다. 이 한결같은 컨셉이 기타노 포장마차의 성장을 뒷받침하고 있다.

소멸을 기다리고만 있던 기존의 포장마차와 새로운 가능성을 발견해낸 기타노 포장마차는 어떤 점이 달랐을까? 학생 시절 직업마술사를 지망한 적이 있어서 전문가 뺨치는 마술 솜씨를 가진 사카모토는 이런 비유를 들었다.

"마술은 현실 속에 있을 수 없다고 생각되는 것을 눈앞에 보여주어 손님을 감동시킵니다. 그러나 신기하게만 보이는 것 속에도 요령이 있지요. 손님이 볼 때 차이가 없어 보이는 것도 연기하는 쪽에서 얼마든지 묘안을 짜낼 여지가 있어요. 무언가를 목표로 할 때, 도중에 무리라고 포기할 것인가 아니면 이 방법이 안 된다면 다른 방법을 찾아 실현될 때까지 계속 생각할 것인가. 그런 의미에서는 기타노 포장마차도 드디어 요령을 찾아낸 하나의 마술인 셈입니다."

기타노 포장마차는 점주들과 3년 계약을 맺고 있는데, 단골손님을 확보하고 노하우를 충분히 익힌 점주는 졸업하여 가까운 곳의 빈 점포로 옮겨간다. 이미 한 집이 이곳을 떠났다. 자금이 없는 젊은이들에게 포장마차를 제공하고 임금을 보증해주어 1년 후 정규 점주로 독립시키는 '기업아카데미'에서도 두 명의 경영자가 배출되었다.

예전에는 도카치에서 생산된 신선하고 질 좋은 농산물은 모두 도쿄로 보내져 지역 주민이 맛볼 기회가 적었다. 그런데 기타노 포장마차의 탄생 이후로 농부들이 스스로 자신들의 밭에서 난 야채를 가져와 손님으로서 자랑을 늘어놓곤 한다. 입소문이 입소문을 불러, 사카모토 일행이 의도한 대로 손님의 7할을 지역 주민들이 차지하고 있다. 고향의 맛에 감동한 이 지역 손님들이 다음에는 멀리서 온 손님들에게 도카치의 자랑거리를 이야기한다. 도카치의 산물을 도카치에서 먹는 '자체 생산, 자체 소비'와 지역 주민의 '도카치 자랑' 등, 공동화되고 있던 거리에 활기찬 움직임이 싹트기 시작했다. 지금까지는 불가능했던 일을 차례차례 눈앞에서 보여주는 기타노 포장마차의 마술. 새로운 감동은 여전히 계속될 것 같다.

기타노 포장마차에서 배울 점 : 이상주의적 실용주의

● **이상주의적 실용주의 [1]**
분명한 선악의 판단 기준

이 장의 첫 번째 목적은 제1장에서 이노베이션의 행동원리로 든 이상주의적 실용주의, 즉 이상을 추구하면서 동시에 현실적인 대응이나 현실을 보는 것을 잊지 않고 목표를 구현해가는 이노베이션의 실현력을 보다 상세히 검증하는 데에 있다.

이 사례의 주인공인 사카모토에게서도 이상주의적 실용주의의 전형적인 모습을 볼 수 있다. 사카모토는 내 고장 가꾸기라는 이상을 철저하게 추구하고 있다.

다음과 같은 에피소드가 있다. 어느 날, 그는 기타노 포장마차의 성황을 본 식품회사로부터 "기타노 포장마차 브랜드상품을 개발해서 판매해보지 않겠습니까?"라는 제안을 받은 적이 있다. 토산품이 되고 지명도도 오를 것이며 로열티 같은 큰 수입을 기대할 수 있으므로 보통 사람이라면 받아들일 것이다. 게다가 사카모토는 본업인 건물임대업을 하면서 건물 내에 토산품가게도 경영하고 있다.

그러나 사카모토는 "기타노 포장마차 브랜드상품을 판매하는 것은 대량생산, 대량소비문화지요. 포장마차는 가게 주인의 개성이 가장 중요한 요소이고 '사람'이 전부입니다. 결코 규격화, 표준화할 수 있는 것이 아니라서 궁합이 맞지 않아요."라며 거절했다. 여기에 표면적인 것만을 본뜬 실패한 다른 포장마차촌과의 결정적인 차이가 잘 나타나 있다.

사카모토가 철저하게 이상을 추구한 것은 '무엇이 좋은 것인가? What is good?'라는 선악의 판단기준을 명확히 지니고 있었기 때문이다. 진선미의 가치기준이라고 해도 될 것이다. 실패한 다른 포장마차촌은 자리가 많으면 손님이 많이 들어올 것이라고 포장마차의 본질을 이해하지 않은 채 가게를 크게 확장하거나, 수익과 직접 결부되지 않는 화장실에 투자하는 것을 아까워했다. 이념 없이 돈만 벌려는 생각이 앞선 그들에 비해 사카모토는 내 고장 가꾸기라는 공공의 선을 지향했으며, 사람과 사람 사이의 의사소통이 무엇보다 중요하다는 흔들림 없는 가치관으로 일관했다. 기타노 포장마차가 성공에 이르기까지의 경위를 살펴보면, 선악에 대한 명확한 판단기준이 모든 프로세스를 아래로부터 지탱하고 있음을 알 수 있다.

기타노 포장마차는 점주와 3년 계약을 맺는데, 최초의 계약이 끝나고 4년째로 접어들었을 때 사카모토는 몇몇 가게와 계약을 파기했다. 처음의 제1기 계약에는 개인뿐 아니라 기업도 참가했다. 기업이 경영하는 포장마차는 직원이 가게 주인으로 파견되었다. 개인경영자와 비교하면 주인의식이 희박해서 고객과의 의사소통도 불충분한 경향이 눈에 띄었다. 그런 상태로는 함께 팀을 구성하는 것이 어렵다고 판단하여 계약을 끝냈던 것이다. 여기서도 명확한 판단기준을 볼 수 있다.

선악의 판단기준을 명확히 갖는 것은 다음 장에서 자세히 살펴볼 무대 생성 능력과도 밀접하게 관련되어 있다. 돈만 벌면 된다는 생각을 초월한 공공의 선을 추구하는 것은 공감을 부르고 사람들을 모이게 하여 무대를 생성시킨다. 사카모토가 타율형에서 자율형으로 전환하여 발족한 '내고장가꾸기', '친구만들기교류회'는 처음 참석한 사람도 15분만 지나면 그때까지의 활동 내용을 알 수 있도록 되어 있다. 그런 거리감을 느끼지 않고 참가할 수 있는 조그만 운영상의 묘를 통해 열린 무대로 만듦으로써 줄지어 사람을 불러 모으고 연쇄적으로 무대를 발전시켜나간다.

홋카이도 경제산업국의 행정 담당자를 아군으로 만들어 그의 도움으로 자금을 확보할 수 있었던 것도 공감을 끌어내는 능력에 따른 결과였다. '이 사람을 도와주고 싶다.', '함께 목적을 달성하고 싶다.'라는 생각이 들게 만드는 것이다. 그것은 인간 존재의 깊은 곳에 신뢰를 쌓는 일이다.

점주들과의 관계에서 주목해야 할 것은 컨셉메이커 사카모토와 현장매니저 구보의 절묘한 연계플레이다. '무엇이 좋은 것인가?'라는 기타노 포장마차의 비전을 구보를 매개로 매일 점주 한 사람 한 사람 속에 침투시켜 육성해간다. 점주들은 팀의 규율과 정신을 공유하면서 각자가 개인으로 빛남과 동시에 전체로서도 빛난다는 모순을 자아 속에 조화시켜나간다. 비전이 뿌리를 내리고 가치관이 공유되며 '개인이 전체를 위해, 그리고 전체가 개인을 위해(One for all, All for one)', '일즉다(一卽多)-다즉일(多卽一)'의 균형이 이루어진 조직에는 무슨 일이 발생해도 탄력적으로 대응할 수 있는 강인함이 생겨난다. 기타노 포장마차의 강점은 바로 여기에 있다.

'일즉다-다즉일'의 균형에 관해서는 제4장에서도 자세히 살펴볼 것이다.

이처럼 이노베이터는 무엇보다 먼저 불굴의 신념으로 이상을 추구하는 이상주의자이어야 한다. 이것은 가장 기본적인 원칙이다.

● **이상주의적 실용주의 2**
거시적인 직관력

선악의 판단기준력은 '사고의 기초체력' 혹은 '사고의 토대' 같은 것이며, 이노베이터에게 요구되는 모든 능력을 바닥으로부터 떠받쳐 주는 것으로서, 명확할수록 이노베이션을 향한 도약력이 생겨난다. 예를 들어, '무엇이 좋은 것인가?'가 명확하면 거시적인 직관력이 단련된다. 이것도 자세한 내용은 제4장에서 다루겠다.

여기서 한 예를 들어보자. 세븐일레븐재팬의 자회사이며 서적, CD, DVD를 인터넷으로 판매하는 세븐앤아이에서 업무가 어떻게 추진되는지에 관한 사례이다.

사장인 스즈키 야스히로는 일본 최대의 유통그룹인 세븐앤홀딩스의 회장 겸 CEO이며, 세븐일레븐재팬의 회장 겸 CEO를 겸하고 있는 스즈키 도시후미의 차남이다. 예전에는 후지쓰의 시스템엔지니어였으나 우연히 소프트뱅크의 손정의를 만나 그의 권유로 전직했다. 그는 소프트뱅크 재직중 인터넷을 통해 주문한 책을 일본 최대의 편의점 체인인 세븐일레븐 점포에서 받은 뒤 결제하는 일본식 전자상거래를 고안하여 창업했다.

세븐앤아이의 스즈키는 '가설 → 실행 → 검증' 사이클과 함께 늘 미래를 위한 새로운 가능성을 발견하며, 그 가능성으로부터 현재를 돌아보고 지금 무엇을 해야 할지를 생각하여 눈앞의 여러 장벽을 돌파한다는 '돌파사고법'을 그룹 내의 모든 직원들에게 실천하도록 요구한다. 여기에 소개하는 것은 세븐앤아이에서의 가설-검증이나 돌파사고법의 실천사례다.

세븐앤아이에서는 매주 화요일마다 약 50명의 전직원이 모여 전체회의를 연다. 기본적으로 톱매니지먼트의 의견을 직접적인 의사소통을 통해 전달하는 모임이지만, 수시로 사고의 기초체력을 단련하기 위한 독특한 시도가 이루어진다. 예를 들면, 독서회 형식으로 《논어》를 교과서같이 읽어가면서 직원마다 그 나름의 생각을 말하게 한다. '소박한 마음'이란 어떤 것에도 좌우되지 않고 사물을 있는 그대로 보는 마음이며, 그 마음을 지니면 사물의 실상이 보이고 무엇을 해야 할지 알게 된다고 고노스케는 말했다.

어째서 《논어》를 읽는 것인가? "무엇이 올바른가 하는 가치기준과 올바른 것을 행하고자 하는 윤리의식을 모두 함께 공유하기 위해"라고 스즈키는 말한다. 모회사인 세븐일레븐은 '변화에의 대응'을 기업비전으로 삼아 끝없이 변화하는 고객의 니즈에 대응하고, 고객이 바라는 상품과 서비스를 고객이 바라는 때 바라는 만큼 제공한다는 이상을 한결같이 추구한다. 세븐앤아이 역시 실행을 요구받는다. 그런데 기업비전은 많으면 그림의 떡으로 끝나고 만다. 기업의 선악 판단이 직원한 사람 한 사람 속에 쉽사리 체현되지 않기 때문이다. 회사의 윤리기준이나 행동원리를 요약한 카드를 늘 휴대하도록 하지만, 그것만으로는 도저히 철저하게 준수시킬 수 없는 것이 현실일 것이다.

1999년에 설립된 세븐앤아이는 20대 직원이 중심인 젊은 회사이며, 더구나 인터넷 관련 기업으로서 고객과 직접 접하지 않기 때문에 '고객의 이상을 추구한다'라는 것을 실감하기 어렵다. 그래서 '인, 의, 예, 지, 신'의 5덕, 즉 인간에게 필요한 진선미를 논한 《논어》를 모두 함께 읽음으로써 '올바른 것을 행하는 윤리의식'을 공유하고 선악의 판단기준을 익히려는 것이다. 그 바탕 위에서 '소박한 마음'으로 과거의 경험이나 기존의 상식에 얽매이지 않고 사물을 바라보며, 미래의 가능성에 가설을 세우고 실행해간다.

실제로 이런 예가 있었다. 어느 날, 고객 지원을 담당하는 20대 여직원이 상품 포장 상자를 갈색 계통에서 흰색으로 바꾸자고 제안했다. 흰색이 더 기분 좋고, 젊은 여성이라면 흰색 쪽이 심리적으로 휴대하고 다니기에도 편하다. 유통업자도 포장재가 흰색이면 더 조심해서 취급할 것이고, 파손도 줄어들지 않을까? 그것이 제안한 이유였다. 이 가설은 어떻게 생겨났는가? 갈색 포장재는 물류업계에서 오랫동안 상식으로 통해왔다. 실제로 발송을 담당한 서적운송회사에 포장재의 색을 바꾸자고 이야기해도 처음에는 그 의미가 전혀 이해되지 않아서 쉽게 찬성해주지 않았다.

포장재는 일반적으로 갈색인 것이 '당연지사'였으며, 고객의 불만이 있는 것도 아니었다. 더구나 갈색을 흰색으로 바꾸는 데에는 당연히 비용이 든다. 통상적으로 색을 바꾼다는 발상은 털끝만큼도 나올 여지가 없는 것이다. 그러나 세븐앤아이의 여직원은 업무에서 무엇이 '좋은' 것인가라는 명확한 판단기준을 가지고 기존의 서비스를 '소박한 마음'으로 아무것에도 좌우되지 않고 보았을 때, 포장재의 색이라는 사소한 부분에도 본질적인 의미가 있다는 것을 직관할 수 있었다. 그리고 비용이 들더라도 갈색보다 흰색으로 바꾸어야 하지 않는가라는 가설을 도출했다. 이 가설은 회사 내에 공감을 불러일으켜 톱매니지먼트 이하 전사적인 협력과 운송회사의 찬성을 얻어 실현되었다.

사고의 기초체력을 기른다면 다른 사람이 간과해버릴 사소한 것에서도 본질적인 의미를 직관하며, 그것이 조금이라도 이노베이션을 일으킬 수 있다. 중요한 것은 규모의 크기가 아니라 그런 사고나 행동을 습관으로 지니는 것이다.

기타노기업광장협동조합의 사카모토도 해외의 포장마차들을 둘러보면서, 포장마차는 전세계 어디나 평균 3평 정도의 크기이고 그 협소함이 의사소통을 낳는다는 본질을 직관을 통해 꿰뚫어보았다. 실은 애초에 포장마차 아이디어가 교류회 회원들로부터 나왔을 때 사카모토는 '별로 내키지 않았다.' 그런데도 현장에 가서 포장마차의 본질적인 가능성을 직관한 것은 '사람 중심의 내 고장 가꾸기를 추구하기 위해서는 사람과 사람 사이의 의사소통을 회복하지 않으면 안 된다.'라는 강한 문제의식이 있었기 때문이다. 그 문제의식을 만들어내는 것은 뇌리로부터 떠나지 않는 '좋은 일'을 추구하는 마음이다. '무엇이 좋은 일인가?'가 명확했기 때문에 다른 사람에게는 보이지 않던 것이 보인 것이다.

기타노 포장마차의 경우, 주방 부분은 고정식이지만 객석 부분은 조립식이라서 매일 수납고에 넣었다가 꺼내지 않으면 안 된다. 고정하지 않았던 이유를 사카모토는 다음과 같이 말했다.

"인간은 아주 완벽한 것보다 어딘가 조금 불완전하거나 허술한 것에 묘한 매력을 느끼며 가슴 설레는 법입니다. 포장마차도 마찬가지예요. 낮에는 아무것도 없던 곳에 밤이 되어 홀연히 가게가 나타납니다. 그 비일상적인 모습을 연출하고 싶었던 것입니다."

반면에 기타노 포장마차를 흉내낸 곳은 리더도 없이 '가게 설계는 전문가에게 맡기자.'라고 했고, 설계 전문가는 '객석도 고정하고 넓은 편이 낫겠지.'라고 생각했다. 그래서 여타 식당과 차이가 없게 되었으며, 그런 곳에서 고객은 아무런 설렘도 느끼지 못했다. '무엇이 좋은 것인가?'가 명확하면 '불완전함', '허술함'의 가치가 보이게 되는 법이다.

이처럼 기타노 포장마차는 포장마차의 본질을 파악했기 때문에 포장마차를 통한 내 고장 가꾸기도 정당화되고, 강한 설득력이 생겨 그 후의 갖가지 장벽을 돌파할 수 있었다. 그러나 기타노 포장마차의 표면적인 것만을 흉내냈다가 실패한 다른 지역에는 선악의 명확한 판단 기준이 없었기 때문에 본질이 보이지 않았다. 이 차이는 너무나도 교훈적이다.

● 이상주의적 실용주의 ③
'좋은 것'을 실현하기 위한 집념

이상을 추구하면서 한편으로는 현실적 상황에 대해서도 명확히 대응하고 목표하는 것을 반드시 실현한다. 사카모토에게는 다른 한 가지 주목할 만한 것이 있는데, 그것은 현실주의에 바탕을 둔 실현력이다.

법률의 벽에 부딪히면 끈질기게 행정 담당자와의 교섭을 반복하면서 법률의 틈새를 교묘하게 파고든다. 법률은 본래 공공의 선을 위한 것이며, 법률의 틈새는 선보다는 악한 목적에 이용되는 경우가 많다. 그것을 '법망을 빠져나가는 길'이라고 부르기도 한다. 그러나 법률이 본래의 정신과 달리 관료적이고 경직되게 운용될 경우, 거꾸로 그 틈새를 파고들어 비합법적인 것을 합법화시키는 것이다. 법의 개정이라는 정공법을 사용해서는 언제 포장마차가 합법화될지 모를 상황에서 철저하게 현실적인 대응을 취한 것이다. 오른팔로 비전을 높이 쳐들면서 왼팔로는 법률의 틈새에 난 길을 찾은 점에 이노베이터의 진수가 있다.

또한 고장 사람들에게 포장마차를 통한 내 고장 가꾸기를 설득할 때, '이론만으로는 좀처럼 납득해주지 않는다.'라는 현실을 직시하여 일을 서두르지 않고 1년 간 홍보 활동에만 주력한다는 전략적인 판단을 하고 있다. 본래 '객관적인 보도'를 원칙으로 여기는 매스컴을 끌어들여, 어떤 의미에서는 의도적으로 이용하면서 여론을 서서히 환기시켜간 수완은 특필할 만하다.

특히 주차장 땅주인과의 교섭에서는, 고정 시설을 설치한다면 권리관계도 얽혀 간단히 해결되지 않으리라는 사실을 부동산업에 종사하던 사카모토는 충분히 예상할 수 있었을 것이다. 그래서 장소를 찾는 이벤트로 일반 참가자들을 모아서 화제가 되게 했고, 계약할 때 매스컴을 동원하여 일부러 정보를 공개함으로써 여론을 내 편으로 만들고 그것을 명분으로 땅주인과 교섭한 교묘한 전술에는 탄복하지 않을 수 없다.

이야기편에서는 언급하지 않았으나, 중소기업단체 중앙회로부터

600만 엔의 보조금을 지급받을 때 임의단체인 '내고장가꾸기', '친구만들기교류회'는 지급 대상에서 제외되었다. 그래서 사카모토는 그 고장 상점가의 진흥회나 상공회의소에 형식적으로 보조금 창구 역할을 해달라고 요청했다. 그러나 포장마차에 대한 이해를 얻지 못해 문전박대를 당했다.

따로 의지할 조직은 없다. 여기서 포기하면 흐름이 끊어질 가능성이 있다. 사카모토는 직접 상공회의소 부회장의 집으로 찾아가서 사정을 호소하고 찬동하게 만듦으로써 상황을 완전히 바꾸었다. 처음에 1인당 1만 엔씩 총액 40만 엔이었던 자금이 600만 엔으로 자릿수가 올라간 것은 독자적인 해외 시찰을 통해 만든 사진 자료집이 홋카이도 경제산업국 담당자의 공감을 불러일으켰던 덕분이었다. 거기에 상공회의소 부회장과의 협상을 통한 간접지원으로 벽을 허물 수 있었던 것도 빼놓을 수 없다. '좋은 일'을 실현하기 위해서는 넓은 도량을 갖춘 정치력이나 좋은 의미에서 수단을 가리지 않는, 기발한 마키아벨리적 지혜도 구사하는 이노베이터의 행동원리를 여기서 볼 수 있다.

● **이상주의적 실용주의 4**
인간의 본질을 이해하는 시나리오

그같은 행동원리가 대박을 터뜨린 예는 수없이 많다. 예를 들면, 야마하의 히트상품으로 〈빛나는 기타〉라는 전기기타가 있다. 형태는 전기기타지만, 현판에 줄이 없는 대신 미세하게 빛나는 스위치가 부착되어 있다. 내장된 곡을 고르면 스위치가 코드 진행을 빛으로 가르쳐주어서 그곳을 왼쪽 손가락으로 누르기만 하면 된다. 또 누르지 않아도 기타가 자동적으로 코드에 따라 소리를 내는 모드도 있기 때문에, 왼손은 누르는 척만 하고 오른손으로 기타줄을 치면 된다. 이 상품은 중년층의 인기를 끌어 기타업계에서 획기적인 히트상품이 되었다.

이 빛나는 기타는 학생 시절 기타를 쳐본 적이 있는 한 40대 개발 담당자가 고안했다. '젊었을 때 폼잡고 인기를 얻고 싶은 마음에서 기타를 잡았으나 도중에 좌절한 아버지세대'의 추억을 스스로에게 클로즈업시켜 '연습하지 않고도 다시 한 번 폼나게 치고 싶다는 오직 그 마음만으로' 기획한 것이었으며, '이런 악기가 있어도 좋지 않은가?'라고 자기 나름대로 발견한 악기의 새로운 가능성이기도 했다.

그런데 영업 부문으로부터 '이런 것은 기타가 아니다.', '우리가 취급할 상품이 아니다.'라는 커다란 저항에 부딪혔다. "그렇다면 저도 제 뜻대로 하겠습니다."라고 큰소리를 쳤지만, 영업 부문이 움직여주지 않으면 출구는 없었다. 그래서 개발 담당자는 회사 밖의 목소리를 자기 편으로 끌어들이려는 궁리를 했다. 기업이 자사의 상품 기획에 관해 사용자들의 아이디어나 지혜를 모집하는 인터넷 사이트에 그의 기획안을 공개하고 투고를 요청했던 것이다. 개발중의 상품 정보를 외부에 노출시키는 것은 어떤 의미에서는 '규정 파괴'였지만, '영업 부문에서 무시당했기 때문에 더 이상 무서울 것이 없고 단단히 각오도 되어 있었다.'라고 개발 담당자는 말했다. 이것이 인터넷 사용자들 사이에 큰 관심을 불러일으켜 회사 내부에서도 주목을 받게 되었다.

그는 그런 사내외의 분위기를 타고 제품화 기획서를 상사인 사업부장에게 제출했다. 그러나 상사도 예전에 없었던 상품이었으므로 좀처럼 수긍해주지 않았다. 다만 표정에서 '반대하고 있는 것 같지는 않다.'라고 판단한 개발 담당자는 '이렇게 하면 위험도 적고 상사도 승인할 수밖에 없을 것이다.'라며 모니터 요원 모집과 함께 200대의 샘플을 생산할 모니터 판매안을 제시하였다. 생산에 필요한 금형을 만드는 데에는 200대든 2만 대든 다를 바 없다는 사실을 알고 있는 상태에서 제안한 것으로, 상사로부터 '묵시적인 승인'을 얻어내기 위한 작전이었다. 그 모니터 요원 모집에 응모자가 쇄도함으로써 영업 부문도 무거운 발걸음을 떼지 않을 수 없게 되었고, 마침내 제품화가 결정되어 발매하기에 이르렀다.

개발 담당자는 제품화를 목표로 개인적인 사내 인맥을 최대한 동원했다. 영업 부문에서 기획서가 거부되어 궁지에 빠졌을 때, 아군으로 인터넷 사이트를 소개해준 사람은 그의 아이디어를 이해한 사내 동지였다. 200대의 샘플 생산도 그가 속한 사업부가 아니라 다른 사업부가 관할하는 공장에서 했다. 더욱이 당시 10월 시점에서 크리스마스까지 생산한다는 것은 상식적으로 불가능한 일정이었지만, 그는 선후배 사이라는 인연에 의지하여 대만에 있는 공장의 톱매니지먼트를 직접 만나 "어떻게든 크리스마스 시즌에 맞추고 싶다."라는 생각을 전하고 총동원 태세로 제작하게끔 만들었다.

인맥을 잘 활용하는 사람은 이렇게 이야기하면 상대가 이렇게 응해줄 것이라는 '인간의 본질'을 이해하고 있다. 빛나는 기타의 개발 담당자도 인간의 본질을 알고 있었다. 그래서 개발중의 기획안을 일부러 회사 외부에 공개하여 사용자들을 아군으로 끌어들임으로써 회사 내부를 움직이거나, 모니터 판매안처럼 상사도 승인하기 쉬운 안을 내어 최종적으로 기획안을 정당화해가는 정치력을 구사할 수 있었다. 인간의 본질을 알고 있는 사람은 자신의 생각이나 목적을 실현할 시나리오를 쓸 수 있는 사람일 것이다.

제1장에서 소개한 산토리의 DAKARA 사례에서도, 인간의 본질을 알고 있는 개발 리더의 정치적인 판단이 프로젝트에 큰 전기를 마련해주었다. 개발을 개시하여 2년이 지난 후에 도출해낸 컨셉을 그들 자신이 납득할 수 없어서 리더는 납기 연기를 결단했다. 이미 회사는 발매일을 결정하여 영업 부문으로부터 조기 투입을 강력하게 요구받고 있었다. 연기를 하게 되면 단기적으로는 손실이 발생하고, 리더의 사회적인 입장도 악화된다. 그러나 그는 납득할 수 없는 상태에서 프로젝트를 속행했을 경우, 개발팀의 동기 부여에 끼칠 영향과 만드는 쪽도 납득하지 못하는 상품에 대한 고객의 반응 등 인간의 본질을 알고 있었다. 단기적인 손익이나 비난을 초월하는 차원에서 연기를 결단하고, 그들 자신이 납득할 수 있는 상품을 만들려고 한 리더의 정치적인 판단에서 배울 점이 많다.

이노베이터가 수시로 도량이 큰 정치력이나 마키아벨리적인 지혜를 구사하는 상황은 앞으로 소개할 여러 사례에서도 나타난다.

● 이상주의적 실용주의 5
여유를 통한 사고의 유연성

이야기를 기타노 포장마차로 돌려보자. 사카모토는 목적을 실현하기 위한 방법에 관해 마술을 예로 들고 있다. 추구하는 목적은 한 가지라도 목적에 도달하는 방법은 여러 길이 있다. 산 정상은 하나라도 등산 방법은 얼마든지 있듯이.

몇 번이나 식품위생법의 벽에 부딪혀도 포기하지 않았으며, 다시 하카타 현장으로 발을 옮겨 간과했던 것을 재발견하고 남들이 생각지도 못할 독창적인 발상으로 상황을 역전시켰다. 그 사고의 유연성과 창조성은 자원의 여유로부터 생겨나는 것이 아닌가 생각된다.

사카모토는 건물임대업이라는 본업을 별도로 갖고 있었기 때문에 물리적, 시간적, 정신적인 여유가 생겨났다. 출발점이 자원봉사의 일환이고, 지역 활성화 활동이라는 특성상 담당자에게 여유가 없으면 성립하기 어려운 면이 있는 것은 사실이다. 기타노 포장마차의 경우, 다양한 면에서 여유가 있는 조직 기반이 지식의 인큐베이터로 작용했다.

이 점은 기타노 포장마차를 모방했다가 실패한 다른 포장마차촌들과 비교해보면 분명해진다. 그들은 기타노 포장마차와 마찬가지로 지역 활성화라는 목적을 갖고 있었지만, 눈앞의 경제적인 수익에만 몰두하고 객석은 많을수록 좋다는 식으로 단순하게 생각하여 여타의 점포와 다를 바 없게 되어버렸다. 화장실은 비용이 들기만 할 뿐 수익과 상관없다고 생각하여 새롭게 설치하지 않는 등, 물심양면의 여유가 없어서 포장마차가 지닌 매력을 충분히 살려내지 못했다.

반면에 기타노 포장마차는 좁은 공간이 포장마차의 매력을 살려낸다는 것, 깨끗한 화장실을 통해 전체 공간이 살아난다는 것, 전체적으로 포장마차촌을 매니지먼트해야 할 필요가 있다는 것을 알고 있었다. 또한 고생 끝에 합법적인 포장마차를 운영할 수 있게 되었어도 굳이 서두르지 않고 1년 간 전략적인 홍보 기간을 두면서 개업 시기를 저울

질했다. 이런 것들은 단기적인 수익을 바라지 않는 물심양면의 여유가 있음으로써 지닐 수 있었던 발상이다. 기업 조직에서도 이 여유의 의의를 재인식해야만 한다.

단적인 예로, 소니가 어느 때부터인가 소니다운 히트상품을 낳지 못하게 된 것도 여유의 소실에 한 원인이 있다고 생각된다. 예전의 소니에는 '새로운 상품개발은 묵묵히 하라. 실패했다면 조용히 묻어두라!'라는 가치기준의 불문율이 있었다. 그래서 성공할지 못할지도 모르는 채 진행하는 몰래연구가 일상적으로 이루어졌으며, 현장의 상사도 그것을 묵인하고 재량껏 사용할 수 있는 예산으로 티나지 않게 지원하는 일이 자주 있었다. 그렇게 (상품개발의) 지하세계를 허용하는 풍토로부터 수많은 히트상품이 쏟아져나왔다. 플레이스테이션의 원청 기술도 현장의 독단전횡에 의해 살아남은 것이었다. 그 곳에는 물심양면으로 다양한 여유가 있어서 소니다움을 지원했다.

그런데 전 회장 이데이 노부유키에 의해 도입된 미국식 재무관리 방식에 따라 개발현장의 모든 자금에 통제가 가해졌다. 자금이 어떤 가치를 만들어낼지 명확히 나타내야 한다는 요구를 받게 됨에 따라 현장에 여유가 없어졌고, 소니의 DNA가 약해져갔다고 한다. 만들고 싶은 것을 만든다는 이상을 좇아 그것을 실현하기 위한 독창적인 발상이나 지식의 조합은 여유가 있는 곳에서 생겨난다는 것을 소니의 성쇠가 말해준다.

미국의 창조적 기업인 3M에는 인내의 자금Patient Money이라는 개념이 있다. 누구나 반대하더라도 장래성 있는 아이디어, 기술, 제품에 인내를 갖고 장기투자하는 자금을 말한다. 그리고 3M의 연구개발 부문은 '15% 규칙'에 따라 엔지니어가 주어진 일을 소화하는데, 이것은 그의 근무시간 중 15%까지는 흥미를 느끼는 연구에 자유롭게 써도 된다는 불문율이다. 역사적인 히트상품인 포스트잇을 비롯하여 이 묵시적인 규칙에 의해 생겨난 신제품은 셀 수 없이 많다. 상사에게는 비밀로 사내 동지를 규합하여 회사의 연구비로 연구개발을 할 수 있는, '밀주제조bootlegging'라고도 불리는 암묵적인 제도다. 이런 것들은 모두 조직으로부터 여유가 고갈되는 것을 방지하고, 사고의 유연성이나 창조성을 환기시켜가는 시도라고 할 수 있을 것이다.

이상을 추구하기 위해서는 때로는 넓은 도량을 가진 정치력이나 마키아벨리적인 방법론도 구사하는 것은, 그것이 목적 달성을 저지하는 장애물을 타파하기 위해 생각할 수 있는 최선의 방법이기 때문이다.

그러면 추구하는 것을 실현시키는 방법 그 자체를 알 수 없을 때는 어떻게 하면 좋은가? 만들어야 할 제품은 분명한데 기술적인 과제가 크고 해결법이 좀처럼 발견되지 않는다거나, 혹은 자사가 열세인 지역이나 분야에서 점유율을 단번에 만회하는 따위의, 목표는 명확하지만 어떻게 달성해야 할지 방법을 알 수 없는 경우 말이다. 이런 경우들은 상대가 자연의 섭리나 혹은 만드는 쪽과 파는 쪽의 생각대로 움직여주지 않는 현대의 시장이기 때문에 간단하게 해결할 수 없다.

다음에 다룰 사례도 사람이 상대가 아니다. 그런 만큼 정치력이나 수완도 통하지 않는 곤란하기 그지없는 과제를 실현해가기 위한 방법론이 아주 잘 나타나 있다. 이야기는 일본 혼슈 최남단의 바다를 배경으로 시작된다.

30년 연구 끝에 성공한
긴키대학의 완전양식 흑참치

  혁 신 이 야 기

　와카야마 현 구시모토에 있는 긴키대학 수산연구소 오시마실험장. 기이 반도 최남단의 시오곶과 마주한 오시마에 둘러싸여 있으며, 육지 쪽으로 들어간 형태로 떠 있는 직경 30m의 활어조망(바다에 물고기를 얼마 동안 가두어 기르는 시설-역주) 속을 참치가 무리지어 헤엄친다. 이 참치들이 '인공적으로 키운' 것이라고는 도무지 믿기 어려울 정도다.

　불가능을 가능하게 한 사례. 최근 몇 년 동안 일본에서 일어난 많은 이노베이션 중에서도 난이도가 가장 높은 것을 고른다면 2002년 6월에 긴키대학 수산연구소가 세계 최초로 성공한 참치 완전양식일 것이다. 2004년 겨울에는 2년생 참치로 성장하여 몸의 9할을 토로(참치 살 중 지방이 많고 가장 비싼 부분 – 역주)가 차지하는 '긴키대학 참치'가 처음 출하되었는데, 상점에서 100그램당 1,800엔으로 천연산보다 50퍼센트 가까이 싼 가격이 붙었다. 양산화가 앞으로의 과제지만, 가격과 인기 모두 최고 등급인 '바다의 다이아몬드' 참치의 토로를 싼 값에 먹을 수 있는 날이 곧 찾아올 것임을 예감하게 했다.

완전양식과 보통양식은 어떻게 다른가? 현재 일본의 식탁에 오르는 천연참치 외의 참치에는 지중해 등에서 행해지는 축양(잡아둔 성어를 시장가격이 오를 때까지 바다 속에서 사육), 일본 각지에서 흔하게 행해지는 양식(잡은 어린 고기를 사육), 호주에서 시작된 반양식 반축양(잡은 어린 성어를 좀더 자랄 때까지 사육)의 3가지 사육 패턴이 있는데 모두 '양식'이라 불리고 있다. 어느 것이든지 인공적으로 기르기는 하지만 천연자원을 잡는다는 점에서 차이가 없다. 완전양식이 결정적으로 다른 점은 이 부분이다. 세계 최초의 쾌거를 달성한 긴키대학 수산연구소의 구마이 히데미 소장은 완전양식을 다음과 같이 설명한다.

"일단 천연에서 잡은 어린 참치를 활어조에서 길러 어른참치가 되면 산란시킵니다. 이 알을 부화시켜 다시 활어조에서 길러 어른참치로 만들어요. 대양을 모르고 인공적으로 태어나 자란 2대째의 부모가 낳은 알을 다시 부화시키면, 3대 이후로는 천연의 세계를 전혀 접하지 않고 전과정이 인공적으로 만들어진 참치가 되지요. 이것이 완전양식입니다. 여기서부터 더 나아가 저의 꿈이기는 합니다만, 인공부화시킨 참치를 바다의 회유 루트에 방류하는 것이 가능하다면 태평양이 갖는 생산력을 활용하여 자원을 늘리는 길도 열리게 되겠죠."

'잡는' 것에서 '기르고 늘리는' 것으로. 불가능하다고 여겨졌던 참치의 완전양식을 구마이 일행이 목표로 삼은 배경에는 일본 해산어 양식의 선구자로서의 집념이 있었다. 그런 까닭에 연구에 착수하여 32년에 이르는 고난의 역사를 참아낼 수 있었다. 실제로 연구는 거듭된 실패의 연속을 겪으며 성공에 이르기까지 곤란에 곤란을 더해갔다.

1935년생인 구마이는 올해 70세를 넘겼으나 당당한 풍채와 좋은 혈색이 나이를 느끼지 못하게 한다. 서글서글한 성품은 자연에 둘러싸인 일상 때문이기도 할 것이다. 현지에 정착한 지 50년 가까이 된다. 우리는 그의 연구 인생의 태반을 쏟아넣은 숙원 달성의 길을 돌아보고자 한다.

● **혁신 포인트** 1
따가운 눈총을 극복하다

긴키대학 수산연구소는 2차대전이 끝나고 얼마 지나지 않은 1949년, 식량난의 시대에 식량 증산을 위해 '광대한 바다 경작'을 목표로 설립되었다. 구마이가 히로시마대학 수축산학부를 졸업하고 입소한 1958년 당시는 아직 초창기로 소규모였다. 입소 2년째에 구마이는 선배와 단둘이 새로운 실험장의 설립을 맡게 되어, 젊은 나이에 연구와 조직 구성의 양쪽에서 책임 있는 일에 종사하게 되었다.

이후 연구소는 해양에 활어조망을 설치하여 사육하는 — 그 후 세계적으로 보급된 — 방법을 개발하여 참돔, 잿방어, 전갱이, 광어 등 유용한 어류의 완전양식을 차례차례 성공해갔다. 그리고 마지막으로 남은 것이 참치였다. 대양을 헤엄쳐 다니는 참치를 양식할 수 있을까? 큰 관심을 가지고 있으면서도 과제가 과제인지라 쉽사리 손대지 못하고 있었다.

1970년에 기회가 찾아왔다. 세계를 석권한 일본의 원양 참치어업에 대한 비난이 높아질 무렵, 당시의 수산청이 참치의 양식 연구 프로젝트를 발족시켜 긴키대학 수산연구소도 그 위탁 연구에 참가하게 되었다. 대상 어류는 맛이 가장 좋지만 어획량이 적어 바다의 다이아몬드라고 불리는 참치가 선정되었는데, 연구를 개시하자마자 높은 벽에 부딪쳤다.

구마이의 말이다.

"처음에는 요코와(어린 참치를 교토 등의 관서지방에서는 요코와라고 부름-역주)라고 불리는 몸길이 20~30센티미터의 어린 참치를 기르는데서부터 시작하려고 생각했지요. 그런데 그 고장 어부들에게 물으니 절대 무리라는 거예요. 그야말로 이상한 사람 취급을 당했습니다. 다만 한 사람은 정치망에 걸린 요코와를 활어조에 넣으면 빙빙 돌더라는 이야기를 해주었어요. 그 어부의 말 한마디만 믿고 시작한 것이죠. 어째서 이상한 사람 취급을 당했는지 그 이유는 금세 알게 되었습니다. 잡은 요코와를 새끼방어용 활어조에서 키워보았지만 얼마 안 가 전멸해버렸어요. 원인은 산소 결핍이었습니다."

참치는 산소요구량이 매우 높은 어류이기 때문에 태어나서부터 죽을 때까지 계속 헤엄을 쳐야 하며 한 군데 머물러 있을 수 없다. 게다가 아가미 덮개가 고정되어 있어서 입을 크게 벌려 새 물을 받아들이지 않으면 안 된다. 또 조금이라도 오염된 물이 들어가면 생명이 위험해진다. 요코와를 기른 활어조는 먹다 남은 먹이를 박테리아가 분해할 때 산소가 소비되어 저산소 상태가 되어버렸던 것이다.

사육의 어려움은 거기서 멈추지 않았다. 요코와는 피부가 아주 약해 손으로 잡기만 해도 상처가 나거나 죽어버렸다. 빛에도 극도로 민감하여 갑자기 불을 비추면 공포를 느껴 서로 부딪치다가 죽는 일도 있었다. 번개나 불꽃놀이의 빛에도 예민하게 반응했다. 다른 물고기와는 비교할 수 없을 정도로 특출한 성격이었다.

결국 요코와는 1970년부터 4년 연속 전멸했다. 수산청의 프로젝트가 종료되자, 참가했던 다른 대학이나 지방자치단체의 연구기관은 그 어려움으로부터 하나같이 손을 뗐다. 그러나 구마이 일행에게 참치는 이제 겨우 도달한 마지막 목표였으며 간단히 그만둘 수 없었다. 고심 끝에 독자적으로 속행할 것을 결단했다.

1974년, 정치망보다 상처를 덜 나게 하는 낚시로 요코와 포획법을 바꿈으로써 드디어 사육에 성공했다. 그 살아남은 참치가 다섯 살로 성장한 1979년에 활어조 내에서 알을 낳았다. 세계 최초의 쾌거였다. 다음에는 알을 부화시켜 2대째의 유어를 사육하는 단계로 접어들었으나 또다시 벽에 부딪혔다.

"본래 헤엄쳐 다니는 참치를 활어조 속에서 산란시키는 것 자체가 난제였는데, 부화시켜 사육한다는 것은 아무도 해본 적이 없었을 뿐더러 참고로 삼을 만한 것이 전혀 없었습니다. 첫 해에는 부화 후 47일 만에 전멸했어요. 이듬해인 1980년에도 실패. 1981년에는 산란부터 실패. 1982년에는 소량 산란하여 부화 후 58일째 몸길이 10센티미터까지 살았지만 전멸. 1983년 이후 11년 간은 단 한 개의 알도 낳지 않게 되었어요."

어째서 산란하지 않는 것인지 도무지 원인을 알 수 없었다. 같은 만 내의 가까운 곳에서 도미 양식이 활발해져 환경이 악화된 것인가? 좀 더 앞바다 쪽으로 가져가거나 성장촉진호르몬을 투여하면 어떨까? 생각할 수 있는 모든 방법을 시도해보았으나 성과로 연결되지 않았다. 수온이 원인이라는 것을 알게 된 것은 나중의 일이었다.

● **혁신 포인트 ②**
학계의 맹공격을 이겨내다

설상가상으로 학계 내부에서도 날선 비판의 소리가 흘러나왔다. 양식 연구에는 비용이 많이 들었다. 특히 몸체가 큰 참치는 날고등어 등의 먹이에 드는 비용이 단위가 달라질 정도로 불어났다. 연구소에서는 설립 초의 자금난 시대부터 '자급자족'을 원칙으로 삼고 양식한 어류를 시장에 내놓아 자금이나 건설비를 충당해왔다.

연구의 방향도 식량 증산을 위해 '광대한 바다를 경작한다'라는 설립 취지나 긴키대학의 '실학 중시' 학풍으로부터 '산업으로 연결되는 연구'에 주안점을 두어왔다. 실제로 수산업계에서 산업 규모의 시설을 정비하고 산업과 강한 연계를 가진 연구기관은 달리 예가 없었고, 그렇기 때문에 유용한 어류의 완전양식이나 품종 개량을 위한 교잡종 개발(참돔과 감성돔을 교배시킨 것, 방어와 부시리를 교배시킨 것)에서 세계 최초의 성과를 얻을 수 있었다. 이같은 현실노선에 대해 '그런 것은 학문이나 연구가 아니라 단순한 기술이다.', '학회상 중에서 긴키대학 수산연구소가 받을 수 있는 것은 고작해야 기술상 정도에 그칠 것이다.' 등 뒷말이 무성했다.

더욱이 불행이 겹쳐 연구소의 지주였던 선대 소장 하라다 데루오가 1991년 뇌경색으로 쓰러져 급사하고 말았다. 학계 내부의 중상모략에 흔들림 없이 연구에 매진할 수 있었던 것은 하라다 소장이 항상 다음과 같이 모두를 격려해주었기 때문이었다.

"논문은 언제라도 쓸 수 있다. 양식에 성공하는 것이 먼저다. 수산은 이론만으로는 아무 도움도 되지 않는다. 직접 몸을 움직여 새로운 양식법을 이루어낼 수 있는 인재가 되는 것이 중요하다."

젊은 시절 하라다와 함께 새로운 실험장을 설립하고 역 앞 여관에 투숙하면서 숙식을 함께 했던 구마이가 말했다.

"물고기를 보고 배워라. 물고기에게서 배워라. 하라다 씨가 항상 이야기했던 것입니다. 상대는 살아 있는 생물이고, 인간의 일방적 생각이나 결정은 통하지 않는다. 그러니 물고기를 보고 배울 것. 그것은 우리의 일관된 자세였습니다."

하라다의 유지를 잇는다. 후임으로 결정된 구마이에게 새로운 사명이 부과되었다. 실적을 중시하고 완전양식 참치를 만들어 하라다가 쓰지 못했던 논문을 완성하자. 그토록 강한 각오가 있었던 까닭에 11년간의 공백을 깰 날이 이윽고 도래했다. 1994년, 천연의 요코와를 채집하여 사육했다. 일곱 살짜리로 성장한 어른참치가 7월부터 8월에 걸쳐 8,400만 개의 알을 낳은 것이다.

인공부화에도 성공했다. 처음에는 뭍의 물탱크에서 길러 몸길이

7cm 정도로 자란 1,700마리의 치어를 앞바다의 활어조망으로 옮겼다. 그러나 거기까지였다. 다음날 아침에 살펴보니 거의 다 죽어 있었다. 죽은 치어의 X선 사진을 찍어보자 모두 목 근처의 뼈가 부러져 있었다. 활어조의 그물에 부딪쳤음을 나타내고 있었다. 다시 한 번 물고기를 보고 배우는 나날이 시작되었다.

이듬해인 1995년, 활어조망을 사방 6m의 사각형에서 대변 길이가 12m인 팔각형으로 확장했더니 그해에는 6마리, 이어서 1996년에는 14마리가 살아남아 성장하게 되었다. 그 후 직경 30m의 대형 원형 활어조로 바꾸었더니 생존한 숫자가 크게 늘어났다. 그리고 2002년 6월 23일, 인공부화로 태어나고 자라서 부모(2대째)가 된 1995~1996년생의 6~7살짜리 참치 20마리가 헤엄쳐 다니던 활어조에서 드디어 5,000개의 산란이 확인되었다. 누구나가 불가능하다고 생각했던 참치의 완전양식에 성공한 순간이었다.

구마이는 그해 학회상 중에서도 최고 영예인 공적상을 수상했다.

2년 후인 2004년 9월 3일에는 몸길이 약 1m, 무게 약 20kg까지 성장한 완전양식 참치가 첫 출하되었다. 고장에서 열린 시식회에서는 중토로(지방이 중간 정도 붙은 살코기 부분)가 몸의 6할, 대토로(지방이 가장 많이 붙은 살코기 부분)가 3할을 차지하는 토로로 꽉 찬 참치에 전문가들도 눈을 크게 뜨고 입맛을 다셨다.

'겸허함'과 '열린 사고'로 가능성을 열다

참치의 완전양식은 현재 다른 연구기관이나 기업도 시험연구를 하고 있지만, 생각만큼 잘 진전되지 않고 있다. 물고기 양식은 사료 종류, 사료 주는 법, 활어조의 크기, 수온 등 수백 가지 요소의 조합 중에서 정답을 찾아나가는 과정이다. 특히 참치는 한층 더 어렵다. 어째서 긴키대학 수산연구소만이 성공했을까?

"양식 연구는 물고기를 만들어내지 않고서는 시작되지 못합니다. 일단은 만들 것. 실천이 먼저고, 이론은 나중이지요. 머리 좋은 사람이라면 하나의 실험으로 열 개의 이론을 쓰지만, 저희들은 열 개의 실험을 해서 하나의 논문밖에는 쓰지 않았어요. 그 대신 성과 면에서는 세계 최초를 연속적으로 달성했지요."

이처럼 이론보다 실천을 중시하는 마인드는 여러 차례 논리의 벽을 돌파했다. 예를 들면, 구마이는 성장이 빠른 참돔을 색이 선명한 붉은돔과 교배시킨 교잡종을 만드는 데 성공했다. 그러나 참돔의 생식시기는 봄이고 붉은돔은 가을로, 교잡이 논리적으로는 성립될 수 없었다. 다만 비슷한 종인 돌돔 중 1년 내내 정자를 내는 '별난 녀석'이 있는 것을 알고 있었던 구마이가 '혹시 붉은돔의 수컷 중에도 별난 녀석이 있을지 모른다.'라며 조사해본 결과 적중했다. 곧바로 교잡종을 만들어 학회에 발표했으나 '그런 것은 요행일 뿐'이라며 비판을 받았다. 그러나 요행이라고 해도 가능성이 보였다는 점에서 도전이 시작되었고, 그 후 정자의 동결보존법을 개발해 교배를 성공시켰다.

"만약 머릿속으로만 생각하고 있었다면, 안 된다고 단념하여 입구에도 들어가지 못했겠죠. 예외적이라고 해도 실천해보는 데서 출구가 보이게 됩니다. 나 자신이 어류에 대한 지식을 충분히 가지고 있다고 착각하면, 참돔과 붉은돔의 교잡은 불가능하다는 고정관념이 생겨나겠죠. 그러나 인간의 지식이란 별것 아닙니다. 사실은 아무것도 모른다고 생각하면, 하나하나 실천에 의해 쌓아올릴 수 있어요. 중요한 것은 사고의 겸손함입니다. 물고기로부터 배우는 일이 가능했던 것도 겸허함을 잊지 않았기 때문이죠."

오만함은 사고를 닫아버리지만 겸손함은 사고를 개방한다. 참치의 완전양식에서도 이 겸손함이 긴 연구 기간을 지탱했다고 구마이는 말한다.

"겸허하면 물고기의 입장에서 생각할 수 있어요. 자주 발생한 전멸이라는 절망적인 사태는 사람의 입장에서 보면 분명히 '실패'이며, 그 실패의 연속은 의욕의 상실로 이어지게 될지도 모릅니다. 그러나 연구원들은 이것을 말을 할 수 없는 참치들이 인간에게 죽음으로써 항의하는 것이라고 마음에 새겼죠. 그리고 조그마한 변화도 놓치지 않겠다고 매일같이 참치들을 계속 관찰했어요."

구마이는 연구소에 갓 입사했던 시절 이런 경험을 한 적이 있었다. 매일 아침 일찍부터 어두워질 때까지 계속 먹이를 주면 물고기들은 탐욕스럽게 먹어치우며 눈에 보이게 성장해갔다. 그러나 어느 시점부터 갑자기 죽기 시작했다. 먹이를 계속 공급하는 편이 잘 크리라고 생각했던 것은 인간의 엉터리 고정관념이라고 물고기들이 경고한 것이었다. 그날 이후 사료를 1주일에 한 번은 주지 않는 편이 오히려 생존 효율이 좋다는 것이 실증되었고, 이론적으로도 뒷받침되었다. 물고기들에게서 배운다는 의미를 이때 실감했다고 한다.

대학의 연구소라도 이론보다 실천에 철저하며 겸손함을 가지고 열린 사고를 행할 것. 이 자세를 일관되게 유지할 수 있었던 것도 '우리는 무엇을 위해 존재하는가?'라는 이념이 확실히 뿌리를 내리고 있었기 때문이라고 구마이는 말한다.

"광대한 바다를 경작한다는 연구소의 이념은 지금도 변함이 없어요. 그래서 아무리 비판을 받아도 방법을 바꾸지 않았죠. 그 결과, 수많은 유용한 어류의 완전양식을 달성하고 그 성과를 쌓아올려 마침내 손이 닿게 된 것이 제일 큰 난관이었던 참치였습니다. 바탕이 있고 그 성과의 정점에 참치가 있다. 그래서 여간한 일로는 우리가 뒤집어지지 않아요. 하지만 참치만을 연구하는 곳은 머리만 비대해지고 발 밑이 흔들리면 조그만 일로도 무너져버립니다. 여기에 큰 차이가 있어요."

수산연구소의 연구원들은 자신의 전공에만 파고들지 않으며, 다양한 어종에 손을 대어 사료를 분석하고 시장으로 출하하기까지 혼자서 여러 가지 역할을 수행한다. 보는 각도를 바꾸면 어류 쪽에서도 '가르칠 상대'를 골라내는 것인지도 모르겠다. 그들은 실험장 바로 옆에 살면서 '우리 물고기는 얼굴만 보면 안다'고 할 정도로 물고기의 세계에 푹 빠진 날들을 보냈다. 그러면서 조금씩 기초를 쌓아올려 새로운 것에 계속 도전했기 때문에 더욱 가르칠 만한 상대로 물고기들에게서 선택받았을 것이다.

● 혁신 포인트 ④
모든 수완을 발휘하다

'나는 행운아'라고 구마이는 말했다. 그도 그럴 것이 30년 이상 걸린 숙원의 목표 달성이 68세의 정년에 아슬아슬하게 맞아떨어졌다. 그 업적 덕분에 세계적인 연구교육 거점을 중점적으로 지원하는 문부성의 '21세기 COE 프로그램'에 선정되어 정년이 늘어났고, 첫 출하에까지 관여할 수 있었다. 스스로 운을 불러들인 셈이다. 작은 인연이나 계기를 기회로 연결시킨다. 구마이의 인생을 보면 그런 특징을 읽어낼 수 있다.

수산연구소에 입사한 것도 그러했다. 사실은 다른 취직 자리가 정해져 있었지만, 이력서를 맡겨둔 대학의 학부장이 우연한 기회에 수산연구소의 초대 소장과 동석하게 되어 '누군가 파수꾼 역할을 해줄 사람은 없겠는가?'라는 이야기를 들은 것이 인연으로 굳어졌다. 2년 후의 새 실험실 설립 때도 25세의 젊은 나이였으나 '달리 갈 사람이 없다'는 이유로 담당자가 되었다.

산란이 11년 간 멈춘 공백기에도 이런 일이 있었다. 대학 창립자(수산연구소의 설립자이기도 하다)의 뒤를 이은 아들인 2대 총장으로부터 수산연구소 근처에 있는 대학 부속고교의 교장 취임을 직접 부탁받았다. 그 고등학교는 부속고교이면서도 긴키대학에 한 명도 진학시키지 못하고 있었고, 정원 300명 중 학생이 150명밖에 안 될 정도로 침체 상태에서 헤매고 있었다. 원인은 교육의 질에 있었다. 교사에게서 가르치려는 의욕을 찾아볼 수 없었다. 휴식 시간이 되면 공중전화로 증권회사에 전화를 걸어 주식을 매매하는 교사도 있었다.

구마이는 연구소장과 고교 교장을 겸임하며 학교의 개혁을 위해 정면에서부터 손을 댔다. 교육의 질을 높이기 위해 총장과 담판하여 교사의 3분의 2를 우수한 인재로 새로 충원했다. 여자고등학교였던 것을 남녀공학으로 바꾸고, 진학에 힘을 기울이는 특별진학반을 개설했다. 개혁에 반신반의하던 지역 중학교들과도 직접 만나 협력을 요청했다. 그러자 중학교들이 특별진학반 30명 정원을 넘는 학생을 보내왔는데, 그는 안이하게 대처하지 않고 수준에 도달한 15명만을 합격시켰다. 그것이 호평을 불러 더욱 성적이 우수한 학생들이 모여들었고, 특별진학반을 설치한 이듬해에는 도쿄대학 자연계에 합격자를 배출할 정도로 단숨에 수준을 끌어올렸다. 중학교도 병설했다. 각 반마다 담임과 부담임 외에 생활 상담을 맡는 상담자를 도입했다. 학부모들과도 터놓고 의견을 나누었다. 본업인 양식 연구 쪽이 힘든 상태에 있었는데도 어떻게 그 정도로 열성을 발휘할 수 있었을까?

구마이의 말이다.

"제 성격상 일을 맡은 이상 무언가 남기지 않으면 안 된다고 생각했던 것이죠. 처음에는 1년만 하고 그만두어도 된다고 했지만, 1년 간 학교를 돌아보니 이대로는 안 되겠다 싶은 부분이 점점 눈에 띄더군요. 그래서 수준을 올리려면 어떻게 해야 할지 생각했고, 이 방법밖에는 없다고 여겨지는 것들을 실천했어요. 저는 학교 교육 분야는 전혀 몰랐지만, 오히려 어설프게 아는 것조차 없는 초보여서 이해관계 따위에 얽매이는 일 없이 일할 수 있었던 것인지도 모르겠어요."

수산연구소 소장에 취임하기 위해 교장 자리를 물러날 때에는, '구마이 교장이 있어서 아이를 입학시켰는데 그만두면 곤란하다.'라며 학부모들로부터 반대의 목소리가 터져나올 정도였다.

어떤 일이든 있는 그대로 받아들이고 전력으로 대처한다. 그런 리더를 받아들인 조직이었기 때문에 물고기에게서 배우는 일이 가능했는지도 모른다.

● 혁신 포인트 ⑤
참치의 '가어화家魚化'를 목표하다

참치의 완전양식에 성공했으나 '그래도 참치는 특히 까다로운 어종으로 그들의 생태에 대해 아직 모르는 것 투성이'라고 한다. 부화되어 먹이를 먹지 않는 동안 어째서인지 해면에 떠올라 10일째면 1할이 줄어버린다. 2주가 지나면 격심하게 서로 잡아먹기 시작한다. 치어는 가슴이나 배의 지느러미 성장이 늦어 그만큼 활발하게 헤엄쳐야 하는데, 활어조를 넓게 만들어도 충돌해 죽어버리는 것들이 많다. 같은 양식이라도 참돔은 알 100개에서 60마리가 살아남지만, 참치는 소수점 이하에 0이 몇 개나 늘어설 정도로 압도적으로 생존율이 낮다. 이것을 어떻게 높일 것인가?

구마이의 말이다.

"다음 목표는 참치의 '가어화'입니다. 가축이라는 단어 같은 가어 말이죠. 전갱이의 치어도 피부가 약하고, 손으로 잡으면 손가락 자국이 나며 썩어들어가요. 그랬던 것이 양식을 시작하면서 비교적 피부가 강해진 적응력 높은 것들을 골라 세대를 몇 대씩 넘겨온 결과, 지금은 손으로 잡아도 멀쩡합니다. 선발도태라 하여 '키우기 어려운 어종'이 '키우기 쉬운 어종'으로 바뀐 것이죠. 참치도 기대할 수 있습니다."

가어화는 수산연구소의 차세대 연구원들이 맡게 된다. 구마이와의 인터뷰가 끝난 후, 소형 어선으로 사료를 주기 위해 활어조로 향하는 조교수 사와다 요시후미와 동승했다. 흔들리며 나아가기를 10분. 두 개가 나란히 있는 활어조에 도착했다. 한 쪽은 알을 낳게 할 참치고, 다른 한 쪽은 출하를 기다리는 참치다. 작은 것들부터 출하시키고, 성장이 빠른 큰 것들은 남겨두어 부모로 만든다.

"신경질적이지 않고 사람과 익숙해지기 쉬운 것, 피부가 마찰에 강한 것 등 양식에 적합한 녀석들을 남기면서 선발도태를 해나갑니다. 다른 하나의 과제는 먹이 문제입니다. 지금은 먹이로 천연자원을 사용하고 있어서 고등어 등 값싼 다획 품종의 단백질을 참치라는 고급 어종의 단백질로 바꾸고 있을 뿐이죠. 이것을 배합사료로 바꾸어도 육질이 변하지 않는 품종을 만들어나가야 해요. 참치는 다른 어종과 비교할 수 없을 정도로 어려워 오히려 노력을 기울일 가치가 있어요. 목표는 산업화입니다."

이렇게 말하는 사와다에게 완전양식 달성은 어디까지나 '출발점'이라고 한다. 사와다는 입소 10년 차인 45세. 천연 채집한 어른참치가 활어조 내에서 처음으로 산란했을 때의 구마이와 같은 나이이다. 그는 부지 내에 살면서 '물고기의 파수꾼' 역할을 잇게 된다. 사와다 역시 참치에게서 선택받은 사람으로 존속하는 한 가어화한 참치의 등장도 그렇게 먼 일은 아닐 것이다.

긴키대학 수산연구소에서 배울 점 : 지적 운동가의 표본

● 지적 운동가의 표본 [1]
주관적이며 실천적인 접근

일의 추진 방법에는 논리실증주의에 기초한 객관적이고 과학적이며 논리분석적인 접근법과, 비전이나 강한 사고에 바탕을 둔 주관적이며 실천적인 접근법이 있다. 이론인가 실천인가? 논리분석인가 직관인가? 객관인가 주관인가? 이런 대비는 이 책의 여러 상황에서 등장하는 과제다. 이 사례도 하나의 문제제기를 하고 있다.

참치의 완전양식은 무엇이 옳은 방법인지, 그것이 언제 실현될지, 과연 실현 가능한 것인지 불확실성이 매우 높은 연구 주제였다. 아마도 참치들은 옳은 방법을 본성적으로 알고 있을지 모르지만, 참치가 그것을 의식하는 일은 당연히 없으며 대화로 알아낼 수도 없다.

그런데도 긴키대학 수산연구소는 어떻게 30년이나 줄곧 목표를 추구하여 달성할 수 있었는가? 만일 그들이 논리분석적인 접근법만을 취하고 있었다면, 실패의 연속으로 연구는 오래 전에 좌초되고 말았을 것이다. 수산청의 프로젝트 종료와 함께 손을 뗀 다른 연구기관들은 논리분석적으로 실현 가능성이 낮다는 결론을 도출했다. 그러나 미래를 향한 불확실성이 높을 때에 현재 및 과거의 데이터만 분석해서는 미래를 예견할 수 없다.

긴키대학 수산연구소에는 천연자원에 손을 대지 않고, 참치를 양식하여 산업화하는 기술을 일본으로부터 전세계로 퍼져나가게 하겠다는 그들만의 비전과 강한 신념, 즉 절대가치의 추구가 있었기에 미래의 가능성을 발견할 수 있었다. 이상의 추구란 지극히 주관적인 것인데, 그 주관적 접근법을 중요시한 것이 산란이 끊어졌던 11년의 공백에도 불구하고 지속력을 만들어냈다. 물론 과학인 만큼 분석적 접근법도 사용하지만, 주관적 접근법을 통해 미래의 가능성을 계속 바라봄으로써 같은 분석데이터라고 할지라도 의미를 발견해내고 활용할 수 있었다는 점을 우선 주목할 필요가 있다('주관력'에 관해서는 제6장에서 자세히 다루겠다).

그러면 추구하는 이상을 어떻게 실현시켜야 하는가? 최대의 과제는 실현하는 방법을 좀처럼 알 수 없다는 점에 있었다. 그것을 어떻게 발견해갈 것인가? 여기서 우리는 '지적 운동가'라고 부르는 지식의 실천법에 관해 살펴보고자 한다.

● **지적 운동가의 표본 2**
먼저 실천하는 것이 '지적 운동가'의 원칙

이 사례를 통한 지적 방법론의 가장 큰 특징은 현장주의에 철저하며, 상당히 실천을 중시하고 있는 점에 있다. 실천부터 시작한 뒤 지속적으로 경험적 지식이나 신체적 지식 같은 암묵적 지식을 축적해가는 과정에서 가설을 세우고 이론화하여 형식적 지식을 만들어간다. 현장에서의 실천을 중시하고 직접경험을 축적해가는 능력과 그것을 개념으로 전환해가는 능력을 동시에 지닌 사람을 특히 '지적 운동가intellectual muscle'라고 부른다.

이 지적 운동가의 특징은 현장에서 실천을 하는 방식에 있다. 그들은 어떤 상황에 대해서도 '겸허함'을 지님으로써 사고를 개방시켜둔다. 이 겸허함이야말로 지적 운동가의 본질이며, 풍부한 지식의 축적을 가능하게 한다. 다시 한 번 구마이의 말에 귀를 기울여보자.

"겸허하면 물고기의 입장에서 생각할 수 있어요. 자주 발생한 전멸이라는 절망적인 사태는 사람의 입장에서 보면 분명히 '실패'이며, 그 '실패의 연속'은 의욕의 상실로 이어지게 될지도 모르죠. 그러나 연구원들은 이것을 말을 할 수 없는 참치들이 인간에게 죽음으로써 항의하는 것이라고 마음에 새겼죠. 그리고 조그마한 변화도 놓치지 않겠다고 매일같이 참치들을 계속 관찰했어요."

자신의 가설에 반하는 사건에 부딪혔을 때, 많은 경우 '나의 가설은 틀리지 않아.'라는 잘못된 생각에 얽매여 본질적이지도 않은 무언가 특수한 요인을 찾으려들곤 한다. 자신의 가설에 자신감을 가진 사람에게 특히 이런 경향이 강하다. 그리고 마침내 틀린 것이 확실해지면 '내가 틀렸어'라고 모든 것을 부정함으로써 의욕을 잃어버리고 만다. 어느 쪽도 사고의 정체라는 함정에 빠지는 경계해야 할 태도이다.

반면에 실천하면서 겸허하게 사고를 개방하면, 가설에 반하는 현실에 직면하더라도 자신의 생각에만 얽매이지 않는다. 모든 것을 부정하려들지 않으며, 아무것에도 집착하지 않고 있는 그대로 받아들이면 조금이라도 진실이 보이게 된다. 그리고 그것을 바탕으로 한 단계 높은 가설로 발전시킬 수 있다.

미국 MIT의 저명한 경영학자이자 철학자이며 교육학에도 지대한 영향을 끼친 도널드 숀 교수는 저서 《전문가의 지혜 — 반성적 실천가는 행동하면서 생각한다》에서 새로운 프로페셔널 상으로 '반성적 실천가reflective practitioner'라는 개념을 제시했다. 복잡하고 불확실성이 높은 현실에 대해 기존의 이론이나 기술을 도구적으로 적용하여 문제를 해결하는 '기술적 합리성'이나 그에 바탕을 둔 '기술적 숙련자'가 아니라, '행동하면서 성찰reflecting in action'할 수 있는 반성적 실천가로의 전환을 설명하며 실천과 겸허함으로 사고를 개방하는 태도의 중요성을 전하고 있다.

구마이의 경우 실천부터 시작하는 현장주의를 통해 물고기에게서 겸허하게 배워 얻은 지식이 나선형으로 쌓여 올라갔고, 그 정점에 참치 양식 연구가 자리하게 되었다. 정점이 점점 높아져감과 동시에 저변도 넓어졌으며, 어느 날 불가능의 벽이 돌파되었다. 이 지식의 축적을 지탱하는 것이 비전이고 높은 신념이며, 여기에 역동적인 지식 창조체로서의 모습이 떠오른다.

비전이나 이념을 내거는 것은 누구나 할 수 있다. 그것이 그림의 떡으로 끝나지 않고 현장에서 매일의 실천과 맞물려 당사자들의 높은 공헌을 이끌어낼 수 있었던 것은, 비전과 이념과 실천을 교묘하게 엮어낸 리더 구마이의 존재에 크게 의존한 것이다.

겸허함은 대화와도 밀접한 관계가 있다. 팀을 구성하여 새로운 지식을 창조해갈 때 실천과 함께 중요한 의미를 지니는 것이 대화다. 대화의 중요성에 관해서는 앞으로 자주 다루겠지만, 대화가 성립하기 위해 필요한 것은 겸허함이다. 자신만이 옳다는 생각에 얽매이지 않으며,

그렇다고 해서 자신이 틀렸다고 전부 부정해버리는 일도 없이 사고를 개방하고 대화하면서 상대의 지식도 끌어들인다. '겸허하면 물고기의 입장에서 생각할 수 있다.'라는 구마이의 말처럼, 겸허하면 상대의 입장에서 생각할 수도 있다. 최근에는 조직 내에서도 서로 다른 세대간의 대화 부족이 자주 지적되고 있는데, 이것도 서로의 겸허함이 부족한 데서 기인하는 것은 아닐까? 대화를 통한 상호작용으로 지식을 부풀려가기 위해서도 겸허함은 불가결한 지식의 창조법이라고 할 수 있을 것이다.

지적 운동가의 다른 한 가지 특징은 현장에서 실천을 쌓아가는 과정에서 심신 양면에 전장戰場 체험이 자주 포함된다는 것이다. 전장 체험을 쌓으면 쌓을수록 경험적 지식은 팽창한다. 긴키대학 수산연구소의 경우, 고생하여 부화시키고 성장시킨 참치가 전멸하는 쓰디쓴 전장 체험의 연속이었다. 물고기를 어디까지나 분석의 대상으로 보는 방관자적 입장에 서 있었다면, 전장 체험을 견디지 못해 연구를 지속할 수 없었을 것이다.

긴키대학 수산연구소의 연구원들은 전멸이라는 절망적 사태에도 불구하고, 그 사건을 그들이 좇는 비전 가운데 어떻게 자리매김시켜 자신의 일과 연결시킬 것인지 알았다. 그것이 가능했기 때문에 경험을 바탕으로 문제를 논리적으로 분석하고 해결책을 생각하여 다음 실천으로 연결시켜나갈 수 있었다. 전장 체험을 뚫고나갈 수 있는 강인함과 개념 구축 능력을 동시에 지니는 측면에 지적 운동가의 진면목이 있다.

우리는 불확실성이 높은 상황에 놓이면 하나같이 조사연구 따위에 의존하기 쉽다. 그러나 시장의 평균치를 파악하는 조사결과는 어떤 식으로도 해석할 수 있으므로 자신의 가설이나 생각을 고집하는 사람은 시장의 진실을 잘못 파악할 위험이 있다. 혹은 해결해야 할 문제에 부딪히면 문제점을 파고들어 해결법을 논리적으로 도출하려고 한다. 물론 문제점 분석도 중요하지만, 해결법으로 연결되는 논리 가운데 '논리적으로는 이렇게 될 것이다.', '그것은 논리적으로는 있을 수 없다.'라는 생각이나 기존의 이론에 대한 과신이 포함될 가능성이 있다.

시장의 진실을 알고 싶거나 혹은 문제의 배후에 있는 본질을 파악하고 싶다면, 조사연구나 기존의 이론 등에 만족하지 말고 현장으로 걸음을 옮겨 실천부터 시작할 일이다. 현장에서 실천할 때는 아무 준비 없이 뛰어들어서는 곤란하며, 자기 나름대로의 가설이나 문제의식을 갖고 동시에 겸허함을 지녀야 비로소 진실과 본질이 보이게 된다. 실천에는 수많은 어려움과 씁쓸한 실패도 동반되지만, 심신 양면으로 어려운 전장 체험을 할수록 경험적 지식은 부풀게 된다. 이러한 직접경험을 바탕에 둘 때 비로소 문제를 논리적으로 분석하고 해결책을 강구하는 능력을 얻게 된다. 그것이 지적 운동가이다.

32년 동안 한결같이 지적인 겸허함을 잃지 않고 물고기에게 지속적으로 배우며 전장 체험을 뚫고나온 긴키대학 수산연구소 연구원들의 모습은 불확실성 시대의 시장을 상대하는 모든 비즈니스맨이 지녀야 할 모습을 시사한다.

다가오는 것을 막지 않는 '문맥 연쇄 능력'

여기서 등장인물에 눈을 돌려보자. 구마이의 행동 패턴은 연구의 성공에 크게 공헌하고 있다. 예를 들면, 그는 부속고교의 교장 취임을 받아들이고 있다. 학교 경영은 성가신 일이며, 대개 이름만 빌려주고 깊이 관여하지 않는 게 보통이다. 그것을 구마이는 명물 교장이 될 정도로 정면으로 대응했다. 이 경험을 통해 또다시 본업의 매니지먼트에도 성숙함이 더해졌을 것이다.

성가신 일이라도 정면승부를 할 수 있었던 것은, 스스로 움직여 부딪힌 것들뿐 아니라 외부에서 날아온 것도 모두 받아들여 자신 속에 하나의 문맥으로 짜넣는 문맥 연쇄 능력이 뛰어났기 때문이다. 어떤 일에도 방관자로 있을 수 없다. 상대를 대상화하고 주체와 객체를 분리하여 객관적으로 바라보는 것이 아니라, 객체로부터 날아온 것도 주체화시켜 주객이 분리되지 않은 세계로 들어간다. 그리고 통상적으로 토막토막 잘려질 문맥을 하나로 연결하여 자신 속에 나선형으로 상승시켜간다. 그럼으로써 다른 사람들이 잡지 못하는 승기勝氣도 자기 것으로 만들 수 있었다.

그런 긍정적이며 미래 지향적인 자세가 연구원들의 사고방식과 행동에도 영향을 미쳐, 우연조차 운과 연결시켜 공백과 같은 불운도 역전시켜간다. 그것을 스스로는 '행운아'로 부르고 있다. 그곳에 있는 것은 직관적으로 재미있다고 생각하여 뛰어드는 암묵적 지식의 행동이며, 이것은 분석적인 사고로부터는 나오지 않는 것이다. 불확실성이 높은 시대를 위한 하나의 리더 상을 체현하고 있다고 할 수 있다.

완전한 우연으로부터 중대한 발명이나 발견이 초래된다는, 즉 우연한 행운과 조우하는 능력을 '세런디퍼티serendipity(뜻밖의 발견을 얻는 능력-역주)'라고 부른다. 하지만 우연한 행운에 이르기까지는 다가오는 것을 거부하지 않고 전향적으로 대응해가는 거듭되는 노력이 있어야 한다. 그런 의미에서 문맥 연쇄 능력에 뛰어난 사람들일수록 세런디퍼티가 풍부하다고 할 수 있다.

구마이의 세런디퍼티에는 그가 놓인 환경도 큰 역할을 하고 있다. 아무리 실패가 계속되어도 대학의 경영진은 실학 중시의 비전을 내걸고 동요하지 않았으며, 장기적 관점에서 연구를 지원했다. 좀처럼 성과가 나오지 않아도 불평하지 않았다. 경영진의 그런 마음가짐도 문맥이며, 그것이 세런디퍼티를 초래하는 환경을 마련했다. 논리분석에만 사고가 고정되고 단기적 시각에 눈을 빼앗기기 쉬운 많은 기업 경영에 아주 교훈적이다.

또한 긴키대학 수산연구소는 학계로부터 냉소적인 눈총을 받아도 그들이 양식한 참치를 시장에서 팔아 자금과 건설 비용에 충당하고 자급자족을 원칙으로 삼아왔다. 2003년에는 비즈니스로서의 위치를 명확히 하기 위해 대학 내의 벤처인 '아마린긴키대(구마이가 사장을 겸임)'를 발족시켰다. 기타노 포장마차에서 지적한, 이상을 추구할 때 자원 면에서의 여유의 중요성이 여기서도 나타나고 있다.

이 장에서는 실현력의 두 가지 패턴을 보였다.

이상을 추구하면서도 실현에 방해가 되는 장벽을 뛰어넘기 위해서는 때로 배짱 있는 정치력이나 수완의 마키아벨리적 지혜를 구사하는 이상주의적 실용주의가 필요하다는 것.

이상을 추구하는 가운데 목표나 목적은 명확하더라도 실현 방법을 알 수 없을 때, 현장으로 나가서 우선 실천부터 시작하고 직면한 현실에 대해 겸허하게 사고를 개방함으로써 진실을 직관하고 개념화해 보다 차원 높은 가설로 발전시키면서 실현 방법을 발견해간다. 실천의 과정에서는 갖가지 어려움이나 실패와도 조우한다. 겸허함과 전장 체험을 견디는 강인함을 지니고 직접경험과 논리분석을 늘 나선상으로 회전시켜가는 지적 운동가의 바람직한 모습을 익히는 것.

이상주의적 실용주의든 지적 운동가든 이상과 현실, 직접경험과 논리분석이라는 서로 모순되는 요인을 통합하는 균형감각은 큰 열쇠가된다. 이 균형감각이야말로 궁극적인 암묵적 지식이라는 사실도 앞으로 이 책에서 밝혀가겠다.

제3장
대박으로 연결된
무대 생성 능력

Think Innovation

이노베이터에게 요구되는 또 하나의 조건인 무대를 만드는 능력, 즉 사람들의 공감을 부르는 문맥을 만들어내고 공유해가는 능력을 검토해보자. 제1장에서는 무대의 생성에 관해 크게 두 가지 측면을 살펴보았다. 그 하나는 개발팀 구성원간의 무대의 생성이다. 컨셉 여행을 한 3대째 로드스타 프로젝트 팀원이나, 녹차의 발상지를 함께 여행한 이에몬 팀은 공동체험을 거듭함으로써 추구해야 할 이상과 이념을 공유했다.

다른 한 가지는 고객과의 사이에 무대를 생성하는 것이다. 컨셉을 만들기 위한 녹차 발상지로의 여행도, 모두 스스로 완전히 한 명의 사용자가 됨으로써 주체(자신)와 객체(고객)가 일체화하여 주객을 분리하지 않은 상태에서 시장의 암묵적 지식을 체감하려 한 노력이었다. 그리고 이에몬 개발에서는 정보 기술을 역이용하여 모니터들의 녹차에 대한 잠재적인 의식을 파고들어 고객과의 사이에 문맥을 공유하려고 했다. 로드스타와 이에몬의 성공은 바로 그 성과물이다.

이 장에서는 무대 만들기의 두 가지 측면을 각각의 사례를 통해 심화시켜보겠다. 〈신요코하마 라면박물관〉의 사례는 성공의 요인이 내부의 유명 라면브랜드라는 사물이 아니라 고객과의 문맥 공유라는 사실을 말해준다. KDDI의 〈au디자인 프로젝트〉에서는 프로젝트에 참가한 사람들을 공감시켜 무대로 불러내려면 어떤 능력이 요구되는지, 무대를 만드는 능력의 실체에 다가가본다. 우선 수십 년 전의 회고적인 풍경에서 신요코하마 라면박물관의 탄생 이야기로 들어가보도록 하자.

라면의 붐을 대대적으로 일으킨
신요코하마 라면박물관

신요코하마 라면박물관(통칭 라하쿠)은 전국 각지의 유명 라면브랜드를 한자리에 모아 라면 붐에 불을 지핀 것으로 알려져 있다. 1994년에 '세계 최초의 식도락단지Food Amusement Park'로 개장한 이래 15년이 된 지금도 라면가게 앞에 명물을 찾아 줄지어 늘어선 행렬이 끊이지 않고, 방문객 수도 연간 150만 명으로 개장 당시와 다름없는 수준을 유지하고 있다. 그 성공의 비밀은 어디에 있는가?

그동안 라면가게가 적절히 교체되거나 상설가게들 외에 기간한정

점포들이 설치되었고, 명물 라면이 없는 지역을 위해 '신新 내고장라면'을 제안하는 식으로 새로운 기획을 창출해낸 변화들이 대박을 지속시킨 추진력이 된 것은 틀림없다. 단, 라하쿠라는 말을 들으면 일본인들은 누구나 '음식'을 연상하지만, 만약 단순히 유명 라면브랜드점들이 입주해 모여 있는 상가에 지나지 않는 시설이었다면 이만한 성공은 없었을 것이다.

먼저 방문객의 눈높이에서 시설을 둘러보자. JR신요코하마역(고속열차인 신칸센으로 도쿄역에서 약 15분 거리에 있는 요코하마 북쪽의 전철역－역주)에서 도보 5분 거리. 창구에서 입장권(어른 300엔, 아이 100엔)을 산다. 1층은 라면전시관이다. 일본에서 최초로 만들어진 라면이라고 전해지는 '미토고몬(도쿠가와 막부의 전설적인 인물인 도쿠가와 미쓰구니의 별명, TBS드라마로 유명)'이 먹었다는 라면의 복제품, 도쿄라면의 원조로 알려져 있는 '아사쿠사 라이라이켄'의 외관을 재현한 것, 즉석라면의 개발 발자취 등 박물관적인 전시품들이 있다. 여기까지가 현실의 세계다. 2층 이상은 주차장이며 방문객은 지하로 내려간다. 벽에 바늘이 반대 방향으로 돌아가는 시계나 수십 년 전의 회고적인 포스터가 걸려 있지 않다면 단순히 오래된 통로로밖에 여겨지지 않을 계단을 내려가면, 갑자기 눈앞에 1958년의 공간이 나타나 방문객은 단숨에 과거로 시간이동을 하게 된다.

"방문객은 그곳에 라면가게가 몰려 있을 것으로 생각하며 지하로 내려가지만, 이 공간을 보고 예상치 못했던 놀라움을 느낄 것입니다. 제가 라하쿠의 구상을 시작했을 때, 제일 먼저 생각한 것은 라면브랜드 상점가가 아니라 여기에 1950년대의 온기가 남아 있는 공간을 재현하는 것이었어요. 사실 라면은 나중에 더해진 것입니다."

이렇게 말하는 사람은 주위의 반대를 무릅쓰고 백지 상태에서 시작하여 라하쿠 개관을 이루어낸 이와오카 요지 관장이다. 최초의 구상으로부터 5년이 걸려 완성한, 방문객을 놀라게 만드는 공간이란 도대체 어떤 것인가? 라하쿠의 생명이라고 할 세계로 들어가보자.

● 혁신 포인트 ①
1950년대의 마을을 재현하다

계단을 내려가면 지하 1층인데, '나리토바시'라는 역의 개찰구로 되어 있다. 눈앞에 열린 공간이 전개되는 지하 2층은 마을의 광장이다. 시각은 저녁 무렵. 천정에 그려져 있는 하늘은 황혼에 붉게 물들어 있다. 입장객이 하루의 일과를 마치고 개찰구를 나와 우리 동네로 돌아온다는 시나리오다.

공간을 복도처럼 둘러싼 통로를 오른쪽으로 돌면 주택가다. 2층 건물로 된 집, 목욕탕, 목조 아파트, 여관, 주산학원 등이 양쪽에 어깨를 나란히 하고 있다. 널려진 세탁물, 닭장, 빛이 바래 곧 벗겨질 듯한 전신주의 광고지, 발밑의 도랑 덮개 등 치밀한 재현을 보며 무심결에 입이 딱 벌어진다.

개찰구의 왼쪽 복도에는 '마이트가'라고 불리는 유흥가가 있다. 바, 클럽, 카바레 같은 화려한 간판이 이목을 끌며 주택가와는 상당히 다른 밤거리의 분위기로 빠져들게 한다.

역의 개찰구로 돌아와서 지하 2층으로 내려간다. 중앙의 광장을 중심으로 2~3층짜리 상점들이 늘어서 있다. 제과점, 미용실, 레스토랑, 약국, 이발소, 양품점의 위쪽에는 출판사와 법률사무소, 파친코가게와 탐정사무소도 있다. 옥상에는 영화 간판이 있다. 〈폭풍을 부르는 남자〉, 〈기쁨도 슬픔도 세월 따라〉, 〈나리몬비첩〉 등 모두 1957~1958년에 히트한 영화들이다. 상영중인 영화는 〈지구방위군〉이다. 찻집에서 흘러나오는 음악, 라디오뉴스, 〈아카도 스즈노스케(신출귀몰의 소년무사 스즈노스케의 활약상을 그린 시대활극-역주)〉의 주제가, 민속현악기 소리, 아기 울음소리, 까마귀 소리 등 다양한 소리가 귀에 날아든다.

이토록 훌륭하게 재현된 마을 여기저기에 유명 라면브랜드점 8개가 들어서 있는데, 가게 앞에 줄지어 늘어선 입장객은 저마다 주택가, 유흥가, 상점가의 풍경 속에서 순서를 기다리는 것이다.

어째서 1950년대인가? 그곳에는 신요코하마의 발자취와 거기에서 태어나고 자란 이와오카의 추억이 깊이 관련되어 있다. 신요코하마 주변은 원래 농업지대였다. 이와오카의 집도 대대로 농사를 지어왔는데, 1959년에 그가 태어났을 때 아버지는 부동산업에 종사하고 있었다. 1964년에 신칸센이 개통되고 신요코하마역이 새롭게 만들어졌다. 그러나 지역은 발전하지 못했고, 그 한산함은 지방의 작은 신칸센 역들과 별로 다를 바가 없을 정도였다. 1975년에 토지구획 정리사업이 끝나 상업지역으로 바뀌었어도 건물은 별로 들어서지 않았다. 아직 10대이던 이와오카는 화가 치밀었다고 한다.

대학 졸업 후 회사에 취직했으나 26세 때 집으로 돌아와서 가업을 돕게 되었다. 부친은 지역의 지도자였다. 주변 사람들이 "이와오카씨네 아들이지."라는 식으로 말해 늘 아버지와 비교되는 것에 반발하여

"반항심에 아버지에게 늘 버릇없는 말투로 대했다"고 한다. 그럴 즈음 신요코하마에서 음식점 사업에 도전했던 지인이 실패했다.

"그걸 보고 아무것도 하지 않는 인간들이 거봐라는 식으로 바보 취급했어요. 그것을 보고 나도 다를 바 없지, 아무것도 하지 못하는 주제에 아버지에게 불평만 늘어놓았다는 것을 깨닫고 몹시 놀랐어요. 그때부터였어요. 아버지 소유의 땅을 유익하게 사용하여 고장을 부흥시켜보자고 생각이 바뀌었습니다."

그 시대는 거품경제가 한창이던 때였다. 신요코하마도 신흥 비즈니스지역으로 주목을 받아 땅주인들에게는 기업들이 '건물을 세우라'며 끊임없이 찾아왔다. 역 주변에는 근대적인 사무용 건물들이 들어섰다. 그 무렵부터 마을 분위기가 변하기 시작했다. 평일은 북적대지만 주말과 일요일은 텅비었다. 발전하기는 했지만 '비정한 도시'가 되었고 이와오카는 냉랭해진 마을에 마음이 아팠다.

'효율만을 우선하는 정사각형 건물은 내가 할 일이 아니다. 지금 신요코하마에 없는 것을 만들어 주말과 일요일에도 사람을 불러들이는 마을로 바꾸고 싶다.'

그렇게 생각했을 때 제일 먼저 떠오른 것이 '누구나 편안한 느낌을 가질 온기 넘치는 공간'을 만들어내자는 발상이었다.

● **혁신 포인트 ②**
어릴 적 경험했던 세계를 구현하다

누구나 편안한 느낌을 가질 온기 넘치는 공간. 그것은 이와오카 자신이 어릴 적에 체험한 광경이었다. 아버지는 2차대전 후 미군의 불하를 받아 두 개 동이 연결된 주택을 집 근처에 여러 채 세워 싸게 빌려주는 임대사업을 하고 있었다. 저녁때 작업복을 입은 아버지 일행이 일을 끝내고 돌아올 무렵이면, 밖에서 놀고 있는 아이들을 부르는 어머니들의 목소리가 들려오기 시작했다. 부모와 아이들이 손을 잡고 공중목욕탕으로 향했다. 어디에선가 바람에 실려 오는 밥을 짓는 냄새와 그리운 거리 풍경. 생활은 지금처럼 풍요롭지 못했으나 활기로 가득차 있었다.

향수를 불러일으키는 추억의 세계를 재현하고 그곳에 음식을 조합해보자. 어떤 음식이 어울릴까? 당시 세계 각국의 민속요리가 붐을 일으키고 있었지만, 잘 알지도 못하면서 '폼만 잡는다'는 생각이 들었다. 좀더 직접적으로 욕구를 끌어낼 수 있는 음식은 없을까? 그렇게 생각하니 선반에 늘 즉석라면이 있었고, 형제끼리 서로 먹으려고 다투곤 했던 기억이 떠올랐다.

'역시 라면이지!'

이와오카는 조사를 위해 전국 각지를 돌아다니며 유명한 라면가게를 방문했다. 라면에는 그 지방 특유의 지역성이 있어서 '고장의 맛' 같은 것이 느껴졌다.

이와오카의 말이다.

"왕복 5만 엔을 들여 삿포로로 700엔짜리 된장라면을 먹으러 간 적도 있었죠. 전국 각지의 유명한 라면을 이곳에 모은다면 한 그릇에 5만 700엔의 가치를 낼 수 있을 것 같았어요. 재현할 공간도 그 시대를 즉석라면이 발명된 1958년으로 설정해보았더니, 그 해는 나가시마

선수의 자이언츠(이승엽이 활약하고 있는 프로야구팀-역주) 데뷔, 황태자
비로 미치코 씨가 결정된 일, 도쿄타워 완성 등 시대를 상징하는 화제
가 많아 안성맞춤이라고 생각했죠."

그는 시대성을 충분히 재현하기 위해 철저한 사실감을 추구했다. 생
활감을 어디까지 나타낼 수 있을까? 가상의 마을 주민대장을 작성하
는 것을 시작으로 가상의 주민 성명, 생년월일, 가족 구성, 취미 등도
상세히 설정하여 그것을 바탕으로 한 채 한 채 주택과 가게를 완성해
갔다. 전기미터기나 간판은 당시의 물건을 구할 수 없어 새롭게 금형
을 떠서 제작했다.

특히 신경을 쓴 것은 저녁 무렵 황혼을 쳐다보았을 때의 하늘 높이
였다. 천정을 높게 하려면 지하를 깊게 파야 한다. 총공사비 35억 엔
중 하늘을 3미터 높이는 데에 억 단위의 비용이 들었지만, '하늘 높이
가 별로 중요하지 않을지 몰라도 그렇게 하지 않으면 전체가 죽어버린
다.'라는 생각에 주저하지 않았다. 그토록 철저히 한 것은 대학시절의
체험과도 관계가 있었다.

"저는 럭비부에 소속되어 있었는데, 백 명 정도 되는 부원 중 15명
만 정규 선수로 뽑혔어요. 정규 선수와 비정규 선수의 능력은 종이 한
장 차이였으나 그 종이 한 장 차이로 승부가 갈렸죠. 일의 성공과 실패
도 마찬가지입니다. 어딘가 미심쩍은 곳이 있지만 스스로와 타협한 뒤
나중에 '그 부분을 소홀히 하지 않았더라면' 하고 후회하고 싶지 않았
어요. 종이 한 장 차이기 때문에 타협하지 않는 것입니다."

타협을 모르는 이와오카의 신념은 조금씩 결실로 나타나 신요코하
마의 지하공간에 새로운 마을이 완성되어갔다.

끈질긴 근성으로 돌파하다

정말 힘들었던 것은 라면가게들의 유치였다. 단순히 맛이 있고 없고
는 취향의 문제이므로 얼마든지 해명할 수 있었다. 그러나 그렇게는
하고 싶지 않았다. '누구나 편안한 느낌을 가질 온기 넘치는 공간'에
유치할 가게는, 역사를 지니고 있고 그 지방의 호응을 얻으며 향토색
이 풍부하고 특별한 라면 만들기에 공헌한 훌륭한 가게 중의 가게가
아니면 의미가 없었다. 그런 가게들이 전국 구석구석에 1,000개가 넘
었는데, 이와오카 혼자서만 500개가 넘는 가게를 방문하여 시식했다.
가게의 번성을 눈으로 직접 확인하고, 현지 사람들의 평판을 들어 후
보를 고르느라 바쁘게 돌아다녔다.

그러나 지역에 뿌리를 내린 명품 가게일수록 주인이 완고하여 "왜
외부로 나가지 않으면 안 되는가?"라며 문전박대를 했다. 그럴지라도
월 1회씩은 꼭 들렀고 틈틈이 편지를 썼다. "와도 소용없어."라고 해
도 "그저 얼굴만이라도……"라며 손님 자격으로 들어가서 "오늘 밤 시
간 없으신지요?"라는 식으로 약속을 받아냈다. 한결같이 끈기 있게 설
득하는 날들이 이어졌다.

"가게 주인들은 장인 기질이 있고 자기 나름대로의 세계를 가졌죠.
처음부터 돈 이야기 따위를 꺼냈다가는 그것만으로도 미움을 삽니다.
꼼짝 않고 이야기를 들어주어서, 이 친구라면 내 이야기를 충분히 이
해해줄 것 같다는 생각이 들도록 만들었어요. 끈기 있게 설득하는 수
밖에 없었어요."

이와오카의 제안에 동의하여 신요코하마로 와서는 토요일과 일요일에 사람이 없는 거리를 보고 얼굴색이 변해버린 사람도 있었다. "그렇게 성실한 것처럼 보이는 녀석이 제일 위험한 법이야."라며 사기꾼 취급을 받은 적도 있었다.

그래도 열의가 결실을 맺어 개관 1년을 앞두고 7개 가게의 사인을 받을 수 있었지만, 마지막 한 곳이 남아 있었다. 삿포로 된장라면의 최고 인기 가게인 '스미레'였다. 그 맛의 비결은 '초超'라는 접두어가 붙을 정도로 진한 국물과 표면에 뚜껑을 덮은 듯한 돼지기름 층에 있었다. 돼지기름 층이 열기를 달아나지 못하게 함으로써 끝까지 따뜻하게 먹을 수 있는 라면이었다. 그 열기에도 붙지 않는 굵은 면을 젓가락으로 집어올리면 김이 모락모락 피어올랐다. 가게 주인의 어머니가 '더 진하고 몸이 따뜻해지는 된장라면을 만들고 싶다.'며 독학으로 만들어내어 북쪽 지방을 대표하는 일품이 되었으며, 모자 사이에만 전통의 맛이 계승되고 있었다.

이와오카가 3년 간 50회 이상 방문하며 설득했으나 박물관 개관을 반년 앞두고도 결정이 내려지지 않았다. '삿포로는 스미레 이외의 것은 생각할 수 없다.'라는 생각으로 마지막에는 모험을 했다. "가게를 만들어놓고 기다리겠습니다."라며 인테리어 공사를 해버렸다. "멋대로 해!"라고 외쳤던 가게 주인의 승낙을 받은 것은 개관 3개월 전의 일이었다. 스미레는 2004년 10월에 라면박물관을 '졸업'하기까지 10년 간 제공한 그릇 수가 누계 250만 개에 이르렀다.

개관 당시에는 거절당했던 다른 가게에 대해서도 포기하지 않고 설득을 계속했다. 2차대전 후 도쿄라면의 초석이 된, 오기쿠보에 있는

오래된 점포 '하루키야' 등은 12년에 걸친 설득이 열매를 맺어 입점이
실현되었다.

이와오카의 말이다.

"기준을 낮추면 고생할 필요가 없죠. 입점하기를 원하는 곳도 많았
으나 절대로 낮추지 않았어요. 만일 타협한다면 신요코하마의 부흥을
추구하면서 온기 넘치는 공간 만들기를 비롯하여 신념을 관철시킨 프
로젝트들이 거기서 끝나버릴 것으로 생각되었기 때문이죠."

● **혁신 포인트 4**
마음의 공복감을 채워주다

유사한 시설들이 차례로 등장했다가 사라지는 가운데 라하쿠는 어
떻게 성공을 지속할 수 있었는가? 방문객은 20~30대가 중심이다. 대
부분은 맨 처음에 이미 정해둔 라면가게를 찾아 지하로 내려간다. 그
리고 눈앞에 펼쳐진 1960년 전후의 세계에 놀라면서 무엇인가를 느끼
기 시작한다. 그 당시에는 태어나지도 않았던 이와오카가 '지금 여기
(신요코하마)에 없는 것'을 만들려고 했듯이, '지금 그들의 시대에 없는
것'이 그곳에는 있다는 것을 직관한다.

"지금은 모두 개인 중심으로 생활하게 되어, 서로 부담없이 교류하
면서도 어딘가 냉랭하고 외롭다는 느낌이 사람마다의 마음 깊은 곳에
있죠. 옛날에는 집들이 다닥다닥 붙은 동네가 집단으로 힘을 합쳐 살
던 세계가 있었습니다. 제가 어렸을 때 동네 사람들은 큰 어른인 아버
지에게는 머리를 숙이면서도 제가 장난하면 야단을 쳤죠. 그런 어른과

아이를 잇는 끈이 존재했어요. 당시의 아이들은 모두 배가 고팠으나 마음만은 풍요로웠어요. 그것을 지금 젊은이들도 그리워하는 것이 아닐까요?"

입장객은 어딘가 회고적인 마을을 찾은 동일한 정서를 추구하는 방문객끼리 잠시 유대를 맺으면서 같은 공기를 들이마신다. 혹은 가상의 마을, 가상의 주민이 된 기분을 한때나마 공유한다. 그리고 각 지방의 사람들에게서 사랑을 받아온 일품 라면을 그 공간에서 먹음으로써 한층 가치가 있음을 알게 된다. 누구나 가슴 깊숙한 곳에 넣어두었던 '마음의 공복감'을 채워주는 시공간이 그곳에 있는 것이다.

라하쿠가 제공하는 신기한 시공간은 사람들의 공감을 일으키는 상업시설의 바람직한 모습을 보여줌과 동시에, 많은 것을 얻으면서도 무언가를 잃어버린 오늘이라는 시대를 초월하는 실마리도 우리에게 전하고 있다.

신요코하마 라면박물관에서 배울 점 : 탁월한 무대 구축 능력

● **탁월한 무대 구축 능력** 1
암묵적 지식이 공명되는 무대 만들기

신요코하마 라면박물관이 대중매체에 소개될 때, 대개 행렬이 줄지어 선 유명 라면가게의 장면이 클로즈업되어 한 곳에 모인 명품 라면의 다양성과 그 맛에 성공의 요인이 있는 것처럼 여겨지곤 한다. 하지만 그것은 한 가지 측면에 지나지 않는다.

신요코하마 라면박물관 같은 상업시설의 성공 여부는 고객이 그곳에 들어서자마자 얼마나 공감과 공명을 느끼는지, 얼마나 자신의 암묵적 지식과 무대에 스며들어 있는 암묵적 지식을 공진시킬 수 있는지에 달려 있다. 그것은 의심할 여지 없이 고객과의 사이에 공감을 일으키는 무대가 성립하는가의 문제이다.

무대란 물리적인 공간 그 자체가 아니다. 고객이 그 속에 들어가는 것만으로는 단순한 물리적 장소에 지나지 않는다. 의미나 문맥이 공유되면서 비로소 성립되는 의미공간, 그것이 진정한 의미의 무대이다. 라하쿠가 개관 이래 줄곧 높은 인기를 얻고 있는 것은, 단순히 유명 라면을 먹는 장소가 아니라 고객이 서로 감정과 가치관을 공명시킬 수 있는 무대가 생성되어 있기 때문이다. 라하쿠의 본질적인 성공의 비밀은 여기에 있다. 그것은 이와오카 관장이 어떻게 시설을 만들려고 했는지를 보면 분명해진다.

세계적인 지휘자 오자와 세이지는 '나는 인간관계를 지휘한다'라는 제목의 인터뷰에서 다음과 같이 말하고 있다.

"지휘자인 나와 연주자와 관객이 같은 장소에 있고 같은 공기를 마십니다. '함께 음악을 하는 사람이 있다'든지, '같은 지평에 서서 함께 즐겁게 살고 있다'든지, 그런 확고한 실감을 맛볼 수 있는 기쁨 말이죠. '공생감'이라는 것은 그런 거예요. 음악은 인간관계의 역학 속에서 만들어지는 것이죠."(《하버드 비즈니스 리뷰》 2004년 12월호)

음악홀에서 연주되는 앙상블은 악기에 의해서가 아니라, 지휘자와 연주자와 청중이 서로 공명하며 공생감을 나누는 무대가 생성됨으로써 비로소 생생하게 만들어진다. 지휘자는 그 인간관계를 지휘한다. 이에 비해 스튜디오에서의 레코딩은 기술의 향상에 의해 부분들을 연결하여 합치는 방법으로 이루어지기 때문에 '음악의 열기'가 솟아나지 않아 공감할 수 있는 연주를 하기 어렵다고 한다.

인간은 새로운 개념을 만들어낼 때, 하나의 이상형이나 원형이라는 순수개념을 그리려고 한다. 이와오카도 '냉랭한 마을'로 변한 신요코하마의 부흥을 위해 '누구나 편안한 느낌을 가질 온기 넘치는 공간을 만들고 싶다'고 결심했을 때 이상적인 이미지를 어떻게 그릴 것인지부터 생각했다. 그리고 '황혼', '엄마가 부르는 소리', '집들이 늘어선 풍경' 등 수많은 은유를 실마리로 삼아 1950년대의 시공간을 원형으로 떠올렸다. 그리하여 구상이 단번에 전개되어 하늘을 바라보는 눈높이로부터 도랑 덮개 한 장까지 완전한 현실에 접근하려고 했다. 철저하게 현실에 집착할수록 그곳에는 만드는 사람의 암묵적 지식이 스며들어간다. 그것은 당시에 태어나지 않았던 젊은이도 공명할 수 있는 것이며, 그곳에 인간 공통의 무대가 생겨난다.

라하쿠도 만드는 사람의 꿈이 없었다면 이상적인 이미지를 그릴 수는 없었을 것이다. 아울러 단순히 맛있는 라면가게가 늘어선 시설이 되었다면 형식적, 물리적 공간은 성립하더라도, (혁신의) 무대가 생겨나거나 공생감을 서로 나누는 일은 없었을 것이다.

이와오카는 라면에 관해서도 이상적인 이미지를 추구했다. 맛있거나 맛없다는 개인의 취향이 아니라, 오랫동안 지역 발전에 공헌하고 그 지방 사람들로부터 줄곧 사랑을 받아온 가게를 직접 방문하여 완고한 가게 주인을 끈질기게 설득했다. 그저 유명한 가게라서가 아니었다. 이와오카의 꿈에 반응한 주인이 제공하는 라면이야말로 고객에게 제공되었을 때 의미가 살아나며 무대의 성립에 공헌한다.

그리고 고객은 만든 사람이나 가게 주인들의 암묵적 지식이 스며든 무대에서, 그들 속에 간직하고 있는 편안한 공간과 라면 맛에 녹아 있는 암묵적 지식을 교차시키면서 그들 나름의 이야기에 빠져든다. 그것이 라하쿠의 본질적인 모습이 아닐까?

더욱이 흥미로운 것은 '1958년의 세계'라는 '불변의 부분'과 함께 가게들을 적절히 교체하는 등 '변하는 부분'도 지속적으로 시도하고 있다는 점이다. 당초 입점한 8개의 가게 중 7곳이 기간을 만료하고 새로운 가게와 교체되었다. 새로운 얼굴로 아사히가와라면의 '하치야 (2004년 1월)' 등 아사히가와, 와카야마, 도쿄같이 지역성과 역사성을 지닌 강점이 더해짐으로써 무대의 의미가 유동적으로 움직여간다. 이처럼 역동적인 의미공간이기도 하다는 점이 지속적으로 사람들을 끌어들이는 매력일 것이다.

모든 지식의 원천은 암묵적 지식에 있다. 만드는 쪽의 깊은 암묵적 지식이 관련된 사람들의 암묵적 지식까지 끌어들이고 마침내 고객도 그 속으로 끌려들어간다. 이노베이터로서 무대 생성 능력을 높여가기 위해서는 자신의 암묵적 지식을 보다 풍요롭게 만들어가는 것이 중요하며, 그 암묵적 지식은 역시 자신의 이상적 이미지를 그려봄으로써 자신 속에서 눈뜨게 된다는 것을 이 사례는 보여주고 있다.

● 탁월한 무대 구축 능력 2
단순한 '물건 만들기'가 아닌 '이벤트 만들기'

이 사례에서 우리가 배워야 할 다른 한 가지 사실은 지식사회 시대에 필요한 '만드는 일'의 바람직한 모습이다. 피터 드러커가 그의 저서 《자본주의 이후의 사회》에서 지적한 바와 같이 '지식이 유일한 의의를 지닌 자원이 되는' 것이 지식사회이다. 이 경우의 지식은 단순한 데이터나 정보의 집계가 아니라 사색이나 실천을 통해 자신의 것이 되어 있는 지식이며, 그 원천에는 인간으로서의 신념과 생각이 있다. 그런 지식을 만들어내는 지적 자본으로서의 인간의 능력이야말로 기업의 경쟁력의 원천이 되는 가장 가치 있는 자산이라고 여기는 것이 지식사회이다.

지식사회에서는 '만드는 일'의 바람직한 모습도 바뀐다. 요구되는 것은 '양'으로 측정할 수 있는 사물 자체가 아니라 '질'을 따지는 지식이 얼마나 그 속에 녹아 있는가 하는 점이다. 그 '질'은 만드는 쪽이 만들어낸 문맥(의미)에 의해 좌우된다. 구매하는 쪽은 그 문맥에 공감했을 때 가치를 느낀다. 지식사회에서의 '만드는 일'은 단순히 '사물을 만드는 일'이 아니라 스토리를 지닌 '이벤트 만들기'가 요구되고 있다고 할 수 있다.

마쓰다자동차의 초대 로드스타 개발에서 인마일체의 컨셉을 내걸고, 그것을 피쉬 본 차트로 명세화하며 구현해간 것도 이벤트 만들기를 위해서였다. 만일 단순한 사물 만들기였다면 그저 속도나 힘을 추구했을 것이다. 3대째 로드스타 개발에서 컨셉 여행을 반복하고, 《컨셉 카탈로그》를 바이블처럼 여기며 모든 팀원이 소유한 것도 앞으로 닥칠 온갖 역경에 대비하여 그들이 추구하는 이벤트 만들기를 잊지 않기 위함이었다.

반면에 산토리의 이에몬 개발 리더가 숙차 개발에 실패한 것은 푸얼차라는 상품에 지나치게 치우쳤기 때문이었다. 단순한 물건 만들기가 된 결과, 컨셉의 배후에 고객과 공유할 수 있는 스토리가 생겨나지 않아 평범한 상품개발에 그쳤다는 것은 앞에서 말한 대로다.

DAKARA 개발에서 처음 2년 동안 도출한 컨셉에 납득할 수 없어서 납기를 연기했던 것도, 그곳에 고객의 공감을 부르는 스토리가 없었던 점을 알아차렸기 때문이었다. 이후 '간호사', '학교의 보건실', '구급상자' 같은 은유를 실마리로 삼아 진정으로 의미 있는 이벤트 만들기를 모색해나갔다.

오비히로의 기타노 포장마차는 포장마차촌을 통한 지역 활성화 붐의 불쏘시개 역할을 했다. 그것을 본떠 전국 각지에 만들어진 포장마차촌 대부분이 성공하지 못한 것 역시 이벤트 만들기가 중요하다는 점까지 꿰뚫어보지 못했던 탓이었다. 객석이 좁은 것보다 넓은 것이 좋다고 생각하여 넓게 만들어 실패한 것은 포장마차를 단순한 물리적 공간으로만 파악했기 때문이었다. 기타노 포장마차는 좁은 데서 오는 불편함이 사람과 사람 사이의 의사소통을 낳는다는 스토리성을 중시함으로써 그곳에 고객의 공감을 부르는 의미공간을 만들 수 있었다.

주인공인 사카모토의 말에 따르면 "인간은 처음 만난 사람과는 흉기에 찔리지 않는 70센티미터의 간격을 유지하려고 하지만, 어깨와 어깨가 부딪치는 상황에 놓이면 거꾸로 뇌가 이 사람은 친구라는 인식을 갖게 된다."는 것이다. 조립식 포장마차의 가설무대 같은 비일상적 공간에서 일상적 인간관계의 연장이 아니라 어디에서 온 누군지도 모르는 '친구'와 이야기꽃을 피우고, 가게를 나서면 다시 모르는 사람이 되는 익명성의 대화를 즐기는 것. 기타노 포장마차는 만난 그 자리에서의 즉석대화라는 이벤트 만들기가 멋지게 연출된 의미공간이었다.

지식사회에서는 문맥의 차이가 질을 좌우한다. 보통사람이 생각지도 못하는 이벤트 만들기(문맥 만들기, 스토리 창조)를 얼마만큼 할 수 있는지, 이벤트 만들기를 통해 어떻게 고객과 문맥을 공유할지, 그곳에 이노베이터의 지적 자본으로서의 능력이 시험된다.

보다 질 높은 이벤트 만들기를 추진하려면 회사 내의 개발팀뿐 아니라 회사 밖의 다양한 일에 종사하는 사람들을 이벤트 창조의 무대로 불러들여 능력을 결집시켜야 한다. 이때 끌어들이는 능력은 어디에서 유래하는가? 조직의 벽이나 경계를 초월한 무대의 생성력이란 무엇인지 다음 사례를 통해 생각해보고자 한다.

6

만년 1위를 제치고 최고가 된
KDDI의 휴대폰 인포바

●**혁신 포인트 1**

충격적 디자인으로 업계를 뒤흔들다

휴대폰 업계의 일본 내 세력 판도를 살펴보면, 예전에는 NTT 도코모의 독주가 계속되었다. 그러나 최근 들어서는 KDDI au의 추격이 가속되고 있다. 신규계약 건수에서 해약 건수를 뺀 연간 순증가 수에서 2003년은 도코모와 비슷했고, 2004년에는 마침내 수위에 올랐으며

2005년에도 정상의 자리를 지켰다.

숨막히는 휴대폰 전국시대를 말해주는 역전극은 한 남자가 KDDI에 스카우트될 때부터 시작되었다. 그의 이름은 고무타 요시히로. au의 상품기획본부에서 프로젝트 디자인 디렉터를 맡기 전에는, 10년 간 카시오계산기 디자인센터에서 수많은 걸작을 쏟아내며 명성을 떨친 공업디자이너였다.

2001년 2월에 KDDI로 이적한 고무타는 다음달 곧바로 사장을 비롯한 중역들 앞에서 발표할 기회를 얻었다. 기존 휴대폰의 개념을 파괴하는 컨셉 모델에 대해서였다.

"우리 회사에서도 이런 것이 가능하단 말인가?"

그 자리에 있던 모든 사람의 눈이 빛났으며 감격의 표정을 감추지 못했다.

그로부터 2년 반이 지난 2003년 10월, 컨셉 모델을 바탕으로 한 업계 최초의 디자인 휴대폰 INFOBAR(인포바)가 au에서 발매되었다. 둘로 접는 폴더 방식이 시장을 석권하고 있었던 시점에서, 두께가 불과 11mm(당시에는 획기적인 것이었음-역주)에 불과한 가느다란 직선 몸체도 주목받았거니와, 특히 시선을 끈 것은 사각 타일 형태의 키보드와 그 색상의 다양함이었다. 선연한 붉은 몸체에 붉은색, 흰색, 담청색의 3색을 배치한 통칭 '비단잉어', 흑백 버튼을 배치한 '이치마쓰', 짙고 옅은 빛깔의 은색 버튼을 배치한 '빌딩'. 이 세 기종은 도무지 휴대폰이라고는 생각할 수 없는 혁신적 디자인으로 젊은 층의 인기를 얻어 au 약진의 엄청난 원동력이 되었다.

개발의 견인차 역할을 한 고무타의 말이다.

"제가 KDDI로 이적했을 때의 휴대폰은 기능 측면만 강조되고, 소형화 경쟁과 함께 폴더 방식이냐 슬라이더 방식이냐라는 지극히 근시안적인 논쟁들뿐이었어요. 사람들과의 교류는 그렇게 단순한 것이 아니지 않은가? 좀더 사람들에게 가까이 다가가서 감정적이며 감동적인 것을 제공하고 싶다. 그렇게 생각한 것이 인포바였어요."

기능 일변도였던 휴대폰 단말기에 최초로 디자인의 개념을 적용한 인포바는 휴대폰 업계에 이노베이션을 일으켰다. 그런데 고무타 자신은 이적을 계기로 직접 디자인하는 일에서는 손을 떼려고 마음먹고 있었다. 실제로 인포바 디자인은 저명한 공업디자이너 후카사와 나오토에게 의뢰했다.

자신은 디자이너가 아니라 '개발전문가'로서 개발에 전념하며 바람직한 디자인을 추구하기 위해서였다. 인포바 개발에서 특기할 만한 것은 단순히 유명 디자이너를 기용하여 참신한 디자인을 채용한 것뿐 아니라, 상품의 개발 과정에서 자주 대립되는 '디자인 vs 기능', '디자인 vs 설계', '디자인 vs 제조' 같은 문제들에서 양쪽을 모두 살려 '고객에 대한 이상'을 철저히 실현하려고 한 점에 있었다. 그것은 디자인의 힘과 개발 깊숙한 곳에 있는 내용들을 두루 아는 고무타가 아니면 할 수 없었다.

KDDI로의 전직 의사를 굳히기 전날, 고무타는 밤새 '내가 정말 디자인 일을 버릴 수 있을 것인가?'라며 고민했다. 누구보다 남편을 잘 아는 아내는 디자인 일을 그만두겠다는 의향에 대해 "정말 그래도 돼요?"라며 몇 번이나 말렸다고 한다. 그만큼 디자인에 대한 고무타의 애착은 남달랐다. 그러던 디자인을 버리고 개발전문가로 변신했다. 고무타의 의식의 변화를 따라가면서 인포바를 비롯한 au디자인 프로젝트의 성공 과정을 말하려면, 이야기를 카시오 시대로 거슬러 올라가지 않으면 안 된다.

● **혁신 포인트 ②**
'디자인 vs 설계'라는 대립을 극복하다

미술대학을 졸업한 후 카시오에 입사한 고무타는 처음으로 디자인한 전자수첩이 히트하여 멋지게 데뷔했다. 그러나 점점 고급 업무를 맡게 되면서 그는 어떤 스트레스를 받게 되었다. 진짜 품질이 향상되고 고객이 기뻐할 제품을 만들려면 디자이너가 갖고 있는 재료만으로는 한계가 있었다. 진지하게 고민에 빠졌던 고무타는 디자인의 영역을 넘어 설계에까지 관여하며 아이디어를 짜냈으나 채택되는 일이 없었다. 디자인 자체도 설계상의 제약 때문에 자주 타협할 수밖에 없었다. 디자이너에게는 그 점을 이해하고 약삭빠르게 행동할 것이 요구되었다. 분명히 이상과 현실은 다르다고 해도 고객은 이상적인 것을 갖고 싶어하지 않겠는가? 고무타는 행동을 개시했다.

설계자도 동지로 만들어버리자. 디자인과 설계는 '물과 기름의 관계'로 여겨지고 있었다. 그러나 고무타는 설계부서가 있는 사업소에 자주 드나들며 자신이 하고 싶은 것을 이야기하고 어떻게 실현할 수 있는지 물었다. 상대가 휴일에 출근하면 자신도 출근했다. 귀찮아해도 맥주와 안주를 들고 찾아갔다. 그런 일이 반복되자 마침내 설계자들도 "고무짱(애칭)에게는 두 손 들었어!"라며 중요한 기술을 가르쳐주었다. 디자인과 직접적인 관계가 없는 소재업체도 방문했다. 그러자 "카시오 디자이너가 일부러 찾아주셨으니까요."라며 통상적으로는 잘 사용되지 않는 숨겨놓은 기술을 꺼내주었다.

고무타의 말이다.

"디자인센터에는 결재권이 없고, 저 역시 권한 따위는 전혀 주어지지 않았습니다. 그러나 제가 할 수 있는 범위 내의 일을 하고 무언가 결과를 내면 되지 않겠는가라고 생각하여 주저없이 밀고나갔어요. 제쪽에서 하고 싶은 일을 있는 그대로 이야기하여 설계부서도 가지고 있는 기술을 토해내게 만들자. 서로 뜻을 모으고 부족한 점을 메우면서 아이디어를 나누는 관계를 구축하자. 그러기 위해서는 인간적인 매력을 지녀야 한다고 생각했고, 저의 내면을 단련하기 위해 가라테 도장에도 다니기 시작했어요."

그렇게 개인용컴퓨터나 디지털카메라 같은 인기상품 개발에 참여하면서 개발의 맛에 눈뜨고 있던 고무타는 마침내 새로운 활약의 무대를 찾아내게 되었다. KDDI로부터 스카우트 제의를 받게 된 것이다.

"우리 회사로 와서 휴대폰 디자인을 향상시켜주시지 않겠습니까?"

휴대폰을 만드는 업체들 중 au의 단말기는 특히 디자인에 대한 평판이 좋지 않았다. 그래서 디자인의 중요성을 다시 인식하게 되었다는 설명이었다. 한 번은 거절했으나 거듭되는 부탁에 마음이 움직였다.

이적하자마자 고무타는 곧바로 평소에 존경했던 디자이너 후카사와 나오토를 찾아가 '지금까지와는 다른 휴대폰을 만들고 싶다'는 뜻을 전달했다. 이런저런 (디자인) 조건을 다는 것은 의뢰하는 쪽이 실패의 불안에서 도망치기 위한 것이며, 그것이 디자인을 조잡하게 만드는 원인이 된다는 것을 경험을 통해 알고 있었다. 상대에게 자유로이 능력을 발휘하도록 해주고 싶다. 그 기대에 부응하여 후카사와가 디자인한 컨셉 모델은 다음달의 중역회의에서 절찬을 받았다.

고무타는 휴대폰 단말기 제조업체들이 만들고 있는 정규 상품에도 "디자인은 기존의 개념에 사로잡히지 않고 마음대로 해주세요."라고 부추겨 수준 향상을 꾀했다. 제조업체의 디자이너들은 물을 만난 물고기처럼 원색을 사용한 색조나 새로운 질감에 도전해갔다.

'au, 최근 활력이 넘친다.', '디자인이 좋아지고 있다.' 그런 평판이 퍼지기 시작하며 실적에도 반영되었다. 마침내 통신 중심 회사인 KDDI가 독자 브랜드로 디자인 중심의 휴대폰을 만들겠다는 선언이 발표되었다. 'au디자인 프로젝트' 제1탄은 인포바의 상품화였다. 그러나 그것은 가라테로 단련된 고무타의 건강을 해칠 만큼 고군분투의 시작이기도 했다.

● **혁신 포인트** ③
온몸을 다 바치다

"무리입니다. 절대로 불가능해요."
"기술적으로나 채산상으로나 맞지 않습니다."
인포바의 OEM(주문자상표부착)을 위탁생산하는 산요전기주식회사는 난색을 표시했다. 얇은 몸체는 마그네슘합금을 사용하지 않으면 강도를 유지할 수 없다. 그 몸체 제조조차 어려운데, 마그네슘합금에 선명한 붉은 도색을 한다는 것은 불가능에 가까운 일이었다. 큰 타일 형태의 키보드도 보통 토대로는 곧바로 벌어지게 되어 고도의 기술을 필요로 했다.

더욱 곤란했던 것은 두께 11mm 몸체 속에 플래시 부착 카메라, 동영상, GPS(위성위치확인시스템) 등 '생각할 수 있는 모든 기능'을 넣으려고 한 점이었다. 디자인뿐만 아니라 기능까지 고집한 이유를 고무타는 다음과 같이 말했다.

"기능 한 가지를 뺀다면 그만큼 작게 만들 수 있겠죠. 그러나 고객이 느끼는 매력도 사라지게 돼요. 디자인이 좋으면 기능이 희생될 수밖에 없고, 기능에 충실하면 디자인이 희생된다? 어느 쪽도 정답이 아니에요. 상품의 진정한 질은 디자인과 기능의 전체적인 균형에 있어요. 양쪽을 모두 만족시키기가 어려운 줄은 충분히 알고 있었으나 어쨌든 그것을 고집하고 싶었던 것입니다."

au측 개발팀에 산요전기 담당 프로젝트 매니저를 리더로 하여 디자인, 마케팅, 영업기획, 홍보선전 등 각각의 담당자들이 모였다. 고무타는 디자인 담당자로서 산요전기주식회사는 물론 오사카, 히로시마, 교토 등 각 지역에 산재해 있는 소재부품 제조업체들을 자주 방문하여 "이번에야말로 완벽하다고 할 수 있는 기술을 적용해주세요.", "고객은 여러분의 노력을 알아줄 것입니다.", "여러분의 고생은 반드시 보답을 받습니다."라는 설득과 함께 사기를 북돋웠다.

특히 신경을 쓴 것은 투명감 넘치는 도색과 타일 형태의 키보드, 몸체의 미묘한 곡선이었다. 그것이 합쳐져 '어딘가 안정감을 주는 부드러운 면'이 생겨나도록 만들고 싶었다.

"엔지니어들이 능력을 발휘하기만 하면 몸체를 더 얇게 만드는 것이 불가능하지는 않았어요. 그러나 단순히 얇은 것만 추구하면 매력까지 깎아버리게 되죠. 부드러운 면을 내기 위해 일부러 영점 몇 밀리미터 정도 두껍게 만들기도 합니다. 그것은 공식으로 알아낼 수 있는 답이 아니고, 이론으로 이해할 수 있는 것도 아니죠. 오직 감각으로 알 수 있는 것이었어요."

그 감각은 직접 눈으로 보면서 알 수 있기 때문에 고무타는 오늘은 돗토리, 내일은 히로시마로 뛰어다니며 매일 밤 베개가 바뀌는 생활을 계속했다. 맡은 일에 대한 흥분 상태가 지속되어 밤에도 좀처럼 잠을 이루지 못했다. 깜박 잠이 들어도 선명함을 고집하는 비단잉어의 붉은색 도장이 떠올라 온통 새빨갛게 물든 꿈을 꾸었다. 만성적인 수면 부족과 과로가 계속되었다. 수면제와 자양음료의 양이 늘어가던 어느 날, 고무타는 하네다공항에 도착하여 좌석에서 일어서려고 한 순간 쓰러지고 말았다. 눈앞은 칠흑 같은 어둠이었다. 동료들의 부축을 받아 그대로 병원으로 향했다. 체력이 한계에 달해 있었다.

● 혁신 포인트 ④
인생을 거는 각오로 추구하다

눈을 부릅뜨고 일에 열중하는 모습은 제조업체 쪽의 엔지니어들도 마찬가지였다.

"어렵지만 반드시 실현시키도록 하겠습니다."

그렇게 대답한 제조업체의 엔지니어들도 일요일 밤에 집을 나서 각

지역에 흩어진 소재부품 제조업체들을 순회하며 일했고, 토요일 아침에야 귀가했다. 고무타처럼 과로로 쓰러지는 사람도 여러 명 있었다. 가장 신뢰를 보여준 주임 엔지니어도 격무로 점점 몸이 말라갔다.

"주임만은 쓰러지지 않기를 바라네."

그렇게 서로 격려하면서 마침내 발표에 이르게 된 인포바는, 니시키고이(비단잉어라는 뜻의 상품명－역주)를 갖는 것이 젊은 여성들의 유행이 될 정도로 붐을 일으켰다.

고무타에게는 자신의 컨셉 모델을 상품화한다는 큰 목적이 있었지만, OEM업체나 소재부품 제조업체의 직원들은 무슨 동기에서 고무타의 요구에 응해 헌신적으로 노력했는가? 발주처와 제조업체라는 역학관계 때문일까? 고무타는 au측 팀의 디자인 담당자 중 한 사람에 지나지 않았으며 어떤 권한을 지니고 있는 것도 아니었다.

"고무타 씨와 함께 일하면 상당히 힘들지만 재미있다."

어느 OEM업체의 엔지니어는 그렇게 말했다.

au디자인 프로젝트는 제1탄의 성공에 이어 동일한 인물인 후카사와 디자인의 제2탄, 호주인 디자이너 마크 뉴손을 기용한 제3탄으로 이어졌다. 2005년 2월에 발매한 제4탄 'PENCK(펭크)'의 개발 역시 불가능에의 도전이었다. 국제적인 디자이너 사이토 마고토가 디자인한 것은 전혀 각진 곳이 없는 타원형 몸체였다. 금속 계통의 표면은 조금의 왜곡된 부분도 없이 윤기를 내고 있었다. 이것이 실현되면 세계 최초로 휴대폰에 전면 금속도금이 적용되고, 더구나 도금이 전파를 막지 않는 획기적인 상품이 등장하게 되는 셈이었다.

"형광등 불빛 아래서도 전혀 찌그러진 데가 없는 완벽한 도금면을 만들고 싶다."

통상적으로 전면 금속도금조차 쉽지 않은데, 고무타가 요구한 조건은 상식을 훨씬 뛰어넘고 있었다. OEM업체(카시오와 히타치제작소의 합병회사)의 엔지니어가 찾아낸 도장업체는 그 조건을 듣자 "진짜 할 거요?"라며 몇 번이나 확인하고는 "이것이 한계입니다."라고 샘플을 내놓았다. 특수한 도금공법을 갖고 있는 회사인 만큼 기술은 확실했으나 납득할 수 있는 수준은 아니었다. 수없이 의견을 교환한 후, 고무타는 중국에 있는 공장까지 직접 가서 일본인 책임자와 중국인 종업원들 앞에 자기 생각을 털어놓았다.

"여러분이 만들려고 하는 것은 전세계의 모든 디자이너들이 갖고 싶어할 정도로 가치 있는 것입니다. 이왕 할 바에는 남들이 흉내낼 생각조차 못하고 두 번 다시 접근해오지 못할 정도의, 세계 최고이며 이것이 처음이자 마지막일 정도의 높은 품질을 목표로 삼읍시다. 그 뜻은 반드시 고객에게 전달됩니다."

현장은 딜레마와 싸우고 있었다. 도금 기술의 수준이 높아지고 표면에 빛이 날수록 도금면의 조그만 일그러짐도 두드러져 보였다. 특히 어려운 것은 한가운데 편평한 쪽의 면이었다. 계속 물결 같은 요철면이 생겼다. 만들어진 시제품은 수십 차례나 불합격되었다. 그러나 어려움이 따라도 세계 최고 수준을 실현한다는 자부심이 현장에 있었다. 그러한 자부심은 타협을 모르는 남자의 생각으로부터 더욱 자극을 받아 개발은 '논리를 초월한 박자'로 가속되어갔다.

"이번이 마지막이 될지도 몰라."

다시 방문한 중국 공장에서의 일이었다. 시제품을 건네받은 고무타의 눈이 휘둥그레졌다.

"완벽합니다! 이걸 교재로 사용하게 해주세요. 정말 고맙습니다."

고무타는 진심으로 감사 인사를 했다. 그날의 일을 고무타는 이렇게 회고했다.

"저녁때 완성을 기념하는 파티석상에서 현장책임자가 이렇게 고백하더군요. '고무타 씨의 말에 감동해서 장인 인생을 바칠 각오로 노력했어요.' 저는 머리를 숙인 채 거의 울 뻔했습니다."

● **혁신 포인트 5**
긍정적 '기운'을 한곳으로 모으다

발매된 펭크는 '궁극의 타원형'이 충격을 던졌다. 단 한 점의 왜곡된 면이 없는 표면은 도장, 도료, 성형, 금형, 설계의 모든 공정이 완벽하지 않으면 나올 수 없는 것이었다. 그것을 고무타는 가라테에 비유하여 "모든 사람들이 긍정적 기운을 내뿜기 시작하면 인지를 초월한 매력이 방출된다."라고 표현했다.

조직을 초월한 지력의 결집. 무엇이 그것을 가능하게 했는가? 고무타는 프로젝트 리더도 아니고, 부품업체나 도장업체와 직접적인 거래가 있는 사이도 아니었다. 그저 30대 중반의 일개 디자인 담당자에 지나지 않았다. 그런데도 누구나 고무타를 위해 자신의 능력을 토해내려고 했다.

고무타의 생각과 행동이 가져다준 파문은 휴대폰 단말기 개발에 그치지 않았다. au디자인 프로젝트는 au의 브랜드 이미지를 일변시켰으며, 더욱이 기업 전체의 경영에 큰 영향을 끼쳤다. 일련의 히트를 계기로 KDDI는 '디자이너즈 KDDI'라는 카피와 함께 '전세계를 디자인한다'라는 컨셉을 내건 프로모션을 개시했다. 사내적으로도 활성화가 초래되고 기업평가도 높아져갔다.

조직은 무엇에 의해 변하는가? 톱매니지먼트의 교체, 기업변혁, 제도개혁…… 수많은 기업에서 모색이 계속되고 있지만, 강한 신념의 소유자가 참가하고 그 '흡인력'이 기폭제가 되어 사람들의 '기운'을 일깨우는 것이 아닐까?

"회사는 애당초 밑져야 본전이라는 식으로 제 마음대로 하게 해주었어요. 실적을 낸 지금도 똑같이 마음대로 할 수 있게 해주고 있죠. 환경에 만족하고 있습니다."

고무타의 이 말은 조직 가운데서 사람이 발휘할 수 있는 가능성을 실감하게 한다.

KDDI에서의 5년에 걸친 au디자인 프로젝트의 성과를 낸 후, 고무타는 2006년에 독립하여 디자인컨설팅회사를 설립했다. 새로운 무대에서의 활약이 기대되는 바이다.

KDDI에서 배울 점 : 무대 생성 의지

● **무대 생성 의지 ①**
일체감에서 오는 '동일력同一力'으로 무대 생성

프로젝트 담당 디렉터였던 고무타는 개발 리더가 아니라서 조직상으로 특별히 큰 권한은 갖고 있지 않았다. 그 고무타가 어떻게 프로젝트에서 주도적인 역할을 담당하며 사람들의 능력을 이끌어낼 수 있었던가? 가장 먼저 주목해야 할 것은 이 점에 있다. 일반적으로 타인에 대해 통제력이나 영향력을 발휘할 때 능력의 바탕에는 다음과 같은 것들이 있다.

- 합법력(조직으로부터 공식적으로 부여받은 권한에서 나오는 힘)
- 보상력(보수를 주는 능력에서 나오는 힘)
- 강제력(처벌할 수 있는 능력에서 나오는 힘)
- 전문력(전문적 지식에서 나오는 힘)
- 동일력(일체감에서 나오는 힘)

이 중에서 가장 넓은 범위에 힘이 미치는 힘이 동일력이다. 고무타의 리더십의 바탕에 있는 것도 바로 이 동일력이다.

사람은 상대와 일체감을 느끼면 상대의 목표가 자기 목표와 동일화하고, 달성을 향해 강한 동기부여가 주어짐과 동시에 서로 자발적인 자기통제가 작용한다. 그것은 동일력에 따른 자기통제이기 때문에 아무도 다른 사람으로부터 통제받는다고는 생각하지 않는다. 조직에서 인간통제의 가장 이상적인 형태이다. 팀원 상호간의 강한 통제력이 작용하는 집단은 생산성도 높아진다는 것이 실증되어 있다.

인재는 권한이 부여됨으로써 성장한다고 여겨지지만, 오히려 권한 없이 동일력을 바탕으로 하는 편이 더 성장하게 만든다는 것을 이 사례는 단적으로 보여주고 있다.

고무타는 어떻게 동일력을 원천으로 지니게 되었던 것인가? 그것이 보통의 노력으로는 얻어질 수 없다는 것은 그의 움직임을 보면 분명해진다. 고무타는 설계자들도 머리가 숙여질 정도로 전문지식을 탐욕적으로 흡수하려는 의욕이 강했다. 그래서 현장의 엔지니어들과 대화하면서 철저히 고집을 부릴 수 있었다. 그런 의미에서는 전문력도 하나의 힘이 되고 있다고 할 수 있다.

그 고집이란 바로 최고점을 향한 지칠 줄 모르는 추구였다. 문제는 그 최고점을 어디에서 발견하는가 하는 것이다. 모든 현실에는 2항대립이 동반된다. 개발상의 디자인과 기능도 양립시키기 어렵다. 펜크 개발에서 조그만 구부러짐도 없는 완벽한 표면을 목표로 했을 때, 도금 기술의 수준이 높아지고 표면의 빛이 날수록 도금면의 일그러짐을 동반하는 문제를 함께 해결하기 어려운 2항대립이 존재했다.

그러나 어느 한 쪽만 만족시켜 타협하는 것이 아니라, 무한한 완성도를 향해 한결같이 균형점을 좇으며 모두가 힘을 토해내도록 요구했다. 최고점이나 평균점은 아무에게나 보이는 것이 아니며, 고무타의 경우처럼 건강을 해칠 정도로 목숨을 건 집중력 가운데서 보이게 되는 것이다.

몸을 망칠 정도로 사심 없는 이상의 추구가 큰 인간적 매력이 되어 상대를 끌어들이고 일체감을 만들어냈다. 여기에서 최고점과 평균점을 공유하는 무대가 생성된다. 누구나 더 이상 방관자로 있을 수 없게 되며 상대와 같은 시각을 지니게 되는 것이다. 주체(자신)와 객체(상대)의 각각의 시각과 생각이 하나가 된 주객미분화의 세계. 그것이 동일력에 바탕을 둔 자발적인 자기통제의 세계이며, 여기에서 폭발적인 힘이 생겨나 불가능이 가능한 것으로 바뀌어간다.

고무타는 '자신을 향상시키기' 위해 가라테를 배우기 시작했다. 그 궁극적인 기술의 하나인 촌지寸止(가라테에서 상대를 공격했는지 어떤지 구별하기 어려운 경계점에서 멈추는 기술-역주)는 한 걸음 내딛으면 상대에게 죽음을 초래할 수도 있는 아슬아슬한 한계, 생과 사의 균형점까지 힘을 사용하는 것이다. 일의 모습과 관련된 은유가 생활 속에 있는 것도 매우 흥미롭다. 신요코하마 라면박물관을 완성한 이와오카가 타협을 배제하는 삶의 자세를 학생 시절의 럭비에서 체득하고 있는 것도 이와 비슷하다.

● 무대 생성 의지 ②
경계를 초월한 '스몰월드 네트워크'의 활용

이 사례에서 한 가지 더 주목해야 할 것은 고무타가 가는 곳마다 다양한 만남이 생겨나고 있다는 점이다. 설계자를 만나고, 사내외의 디자이너들을 만나고, OEM업체의 엔지니어들을 만나고, 부품업체에도 직접 찾아가서 만난 사람들을 무대로 끌어들였다.

스몰월드 네트워크

세상은 넓은 것 같으나 '친구의 친구는 모두 친구'라는 식으로 접근해가면 세상은 좁다. 스몰월드 네트워크적인 인맥의 연쇄를 통해 지식의 링크가 연결되어 새로운 지식을 만들어간다. 그중에서도 많은 지인, 친구의 링크를 지닌 사람이 허브적인 존재로서 중요한 역할을 수행한다.

여기서 떠오르는 것이 '스몰월드 네트워크'라고 불리는 인맥의 연쇄다. 처음 만난 사람인데도 알고보니 공통의 지인과 친구관계에 있어서 '세상은 좁구나'라며 놀란 경험이 누구에게나 있을 것이다. 전혀 연결점이 없는 것 같은 사람들끼리도 공통의 지인이나 친구를 짚어가다 보면 반드시 연결되어 있다. 세상은 넓은 것 같으나 '친구의 친구는 모두 친구'라는 식으로 접근해가면 세상은 좁다. 이것이 스몰월드 네트워크 원리이다.

미국의 연구자가 실험을 해본 결과, '임의의 두 사람은 통상 여섯 단계 정도의 친구나 지인의 연쇄로 연결되어 있다'는 결과를 얻었다.

즉, 친구나 지인을 여섯 단계만 따라가보면 세상의 누구와도 연결되어 있는 것이다. 이것이 스몰월드 네트워크이고, 이 사례에서도 그런 인맥의 연쇄가 보인다.

예를 들면, 고무타와 특수한 도금 기술을 지닌 도장업체의 중국 공장 현장책임자 사이에는 그때까지 전혀 연결점이 드러나지 않았을 것이다. 국제적인 디자이너 사이토 마코토가 조그만 굴곡도 없는 금속 표면의 타원형 몸체를 디자인한 것을 통해, OEM업체의 엔지니어가 아는 사람들을 찾아가는 가운데 네크워크의 링크가 차례차례 떠오르고 연결점이 드러나게 되었다. 그런 연결은 점점 두텁고 강한 것이 되어 마지막에는 함께 눈물을 흘리면서 서로의 공로를 칭찬하는 강한 유대가 생겨났다.

이런 네크워크 구축을 일본의 스몰월드 네크워크 연구의 제1인자 니시구치 도시히로 히도쓰바시대학 이노베이션연구센터 교수는 '정보 전달 경로의 재연결'을 위한 '방향성을 지닌 탐색', '예상을 통한 압축'이라 부르고 있다.

스몰월드 네트워크의 특징은 그 가운데 연결핀 역할을 하는 사람이 있다는 점이다. 다른 사람과 비교하여 많은 지인과 친구의 링크를 갖고 있는 허브적인 존재 말이다. 고무타는 개발의 이상을 현실로 만들려면 최종적으로는 사람을 따르게 만들어 손발을 움직이도록 하지 않는 한 불가능하다는 것을 카시오의 디자이너 시절에 배웠다. 그는 스스로 허브 역할을 맡아 주변에 제안과 행동을 하면서 동시에 각 방면의 허브 인맥의 지원을 받아 목표로 삼은 최고점을 실현해갔다.

고무타가 일으킨 au디자인 프로젝트가 회사 전체의 경영에도 영향을 끼쳐 조직을 활성화한 것 역시 스몰월드 네트워크의 힘으로 추측된다. 조직 내에서 종횡의 교차하는 부분에 있는 허브적인 인재가 KDDI가 나아갈 방향성을 눈뜨게 하고, 그 움직임을 통해 활력이 전사적으로 생겨났다. 고무타는 "모든 사람들이 플러스 기운을 보내기 시작하면 인지를 초월한 매력을 방출한다."라고 말한다. 그처럼 따로따로 움직이던 힘이 스몰월드 네트워크로 연결되자, 불가능했던 것도 가능하게 되어 이노베이션이 실현될 수 있다는 것을 KDDI의 사례는 이야기해주고 있다.

고무타가 차례차례 새로운 만남을 만들어갈 때, 조직의 경계를 초월한 그런 행동을 막지 않았던 카시오. 그때까지 사내에 존재하지 않았던 디자이너 출신이라는 이색적인 인재의 발표에 최고경영자가 순순히 감동하고, 이후에도 '하고 싶은 대로 놓아두는 상태'의 환경을 제공한 KDDI. 그런 기업에는 동일력에 바탕을 둔 자기통제가 생겨나기 쉬울 것이다.

그리고 고무타 자신은 디자이너 업무를 버릴 결단을 함으로써 새로운 만남을 확보해갔다. 사람은 하나의 영역에 머무르고 있는 것이 편안하지만, 고무타는 일부러 삶의 경계를 초월하여 자신의 운명을 개척했다. 그 결단 또한 멋지다. 자신의 주변 모든 방면에 경계를 만들지 않고 스몰월드 네트워크로 사람과 사람의 링크를 만들고 넓혀갔다. 이것 역시 이노베이터의 특징적인 행동원리이다.

●무대 생성 의지 ③
결실을 거둔 '몰래연구'

간혹 획기적인 신제품이나 세계 최초의 기술 개발 등이 애초에는 정
규적으로 인정받지 못하는 실험적인 '몰래연구'의 산물이라는 사례가
적지 않다. 그것이 마침내 햇빛을 보는 과정에는 동일력이 작용함으로
써 개발자에 대한 주변 사람들의 지원이 큰 디딤돌이 되는 경우가 많
다. 일례로 후지쓰의 연구자가 세계 최초로 플라즈마 디스플레이 패널
(이하 PDP) 컬러화에 성공하는 과정에서의 이야기도 그렇다.

그 연구자도 처음에는 상사에게 비밀로 하고 매일 업무가 종료된 후
부터 심야까지의 시간을 사용하여 몰래연구를 실시했다. 지금부터 30
여 년 전인 1979년의 일이다. 3개월 후 작은 시제품은 빛을 발해 연구
소의 정식 개발 주제로 인정을 받았다. 그런데 너무 몸을 혹사시키면
서 몰두한 나머지 연구자는 간염을 일으켰다. 입원과 퇴원을 반복하는
동안 그 개발 주제는 소멸되어버렸다. 그는 의사로부터 '평생 이런 상
태일지 모른다.'라는 통고를 받고 절망 속에서 '나는 무엇을 위해 사는
가?'라는 자문을 거듭했다.

'나에게는 이 길밖에 없다.'

마침내 해답을 얻은 연구자는 불굴의 정신으로 생활요법으로 병을
극복하고 2년 후 복귀하기에 이르렀다. 연구소가 이미 이전해버려 연
구자는 제조현장의 지원을 담당하는 부서에 전속되었다. 컬러 PDP 개
발을 포기하지 않았던 연구자는 상사를 만나 "PDP를 개발하게 해주
세요."라고 강하게 호소했다. 오랜 투병생활 뒤에도 회사가 중지시킨

주제를 포기하지 않는 그 모습을 보고, 상사는 사람이 부족하고 적자가 계속되는 가난한 부서임에도 불구하고 연구자를 부서 고유 업무에서 빼주며 빈약한 예산에서 150만 엔을 마련해주었다.

그러나 정식 연구 주제가 아니라서 지원해줄 사람도 설비도 없었다. 혼자서는 시제품도 만들 수 없었다. 그 때 숨은 협력자가 나타났다. 어느 날, 연구자는 타고난 사교성의 발휘로 친해진 제조현장의 젊은이들을 술집에 모아놓고 "나는 장래 벽걸이 TV를 만들고 싶네."라며 자신의 꿈을 뜨겁게 이야기했다. 그의 뜻을 이해한 한 젊은이는 몰래 시제품제작기를 제조라인에 올려주었다. 발각된다면 어떠한 처분도 각오한 협력이었다. 연구자가 협력을 부탁한 어느 작은 외주회사도 "우리도 힘든데 꿈 같은 일을 도와달라는 말이오?"라고 정색했으나 마침내 "당신의 정열에 졌습니다."라며 재료비만 받고 도움을 베풀어주었다. 그렇게 공감해주는 사람들을 확보해가는 한편, 독자적인 아이디어들로 난관들을 돌파하는 동안 연구자는 기술을 점차 확립해갔다. 그동안 비밀이 새어나가 본사로부터 중지 명령을 받기도 했지만, "세계 최초의 기술이 곧 완성됩니다."라며 상사가 중역들 앞에서 필사적으로 감싸주었다.

몇 년 후, 경기호황과 함께 주가 표시용 3색 디스플레이 주문이 들어오면서 개발은 사업부 차원의 업무로 발전했다. 3년에 걸쳐 난해한 과제를 해결하고 제품화 단계까지 이르렀다. 마침내 완전 컬러화의 꿈이 눈앞에 다가왔지만, 연구자는 3색 디스플레이 제조 쪽에도 힘을 쏟아야 했으므로 개발은 암초에 부닥쳤다. 이때 다시 협력자가 나타났다. "(3색 디스플레이) 제조는 내가 맡겠네. 자네는 필요한 인원들을 데리고 연구실로 들어가게."라며 신임 상사가 도와주었다. 적자 상태에서 벗어나기 위해 이상 추구보다는 수입을 올릴 기술을 찾으라며 연구자와 자주 대립했던 상사였다. 그러나 실제로는 그의 연구를 이해해주는 사람이었으며, 한정된 예산에서 상당액을 컬러 PDP 연구를 위해 떼어주고 남은 돈으로 어렵게 부서를 운영했다는 사실을 나중에야 알게 되었다.

2년 후인 1992년, 마침내 세계 최초의 기술이 완성되었다. 그 후 여러 업체가 뛰어들며 초박형 TV 시대가 도래한 것은 주지하는 바대로다.(후지쓰의 PDP사업은 그 뒤 히타치제작소의 같은 부서와 통합되어 히타치에 흡수되었다.)

이노베이션은 획기적일수록 단독으로 달성할 수 있는 것이 아니며, 다양한 네트워크를 통한 지원을 받아 생겨난다. 후지쓰의 연구자도 대부분의 상황에서 아무런 권한을 갖고 있지 못했으나 동일력을 통해 곤란을 극복해냈다. 네트워크를 통한 지원은 그곳에 동일력이 작용할수록 강한 것이 된다.

소니도 몰래연구나 실험적 연구가 왕성했을 때는 다양한 곳에서 사람 대 사람의 동일력에 바탕을 둔 이노베이터 지원 네트워크가 암암리에 존재했을 것이다. 그런데 소니에는 언제부터인지 몰래연구의 풍토와 함께 동일력이 작용하는 풍토도 희미해졌다. 남은 불씨가 있다면 그 풍토를 되찾을 수 있을지 어떨지는 KDDI의 고무타나 후지쓰의 연구자 같은 이노베이터들의 부활에 달려 있다고 할 수 있을 것이다.

제4장
시장을 석권한 지식의 링크

Think Innovation

앞 장에서 등장한 신요코하마 라면박물관의 이와오카 관장은 지하공간의 석양을 연출하는 천정 높이를 3미터 높게 만들기 위해 총공사비 35억 엔 중 억 단위의 비용을 들였다. 천정 높이라는 미시세계의 배후에 있는 본질을 직관하고, '누구나 편안한 느낌을 가질 온기 넘치는 공간'이라는 보편성을 지닌 거시세계의 구상과 결부시켜 그것만으로도 자금을 투자할 의의가 있다고 판단했기 때문이다.

그리고 이와오카는 그 공간과 조합시킬 품목으로 라면을 직관적으로 선택했으며, 각 지역에 뿌리를 내린 유명 가게들을 일일이 찾아다니며 가게 주인들에게 자신의 생각을 털어놓고 참가하도록 설득했다. 라하쿠는 단순한 상업시설이 아니라 하나의 이념으로 연결된 지식의 공연 공간이기 때문에 입장객은 가슴이 설레게 된다.

거시세계와 미시세계를 수직으로 왕복하면서 수평으로 전개하고 종횡으로 지식의 링크를 연결한다. 이 링크를 연결하는 방식을 통해 스토리가 생겨나, 단순한 시설을 만드는 것이 아니라 이벤트를 만들게 되었다. 그리고 보통사람들은 떠올리지 못하는 독자성과 창조성이 용솟음쳐 절대적인 경쟁력이 생겨났다. 로드스타나 이에몬, 기타노 포장마차도 종횡으로 링크된 지식의 신경회로의 연쇄가 이노베이션을 초래했다고 할 수 있다. 앞으로 소개하는 두 가지 사례 역시 지식의 링크 없이는 아무것도 생겨나지 않았을 것이다.

7

세계 최초의 물로 굽는 오븐
샤프의 헤르시오

"수분으로 굽는다고? 그게 가능할까?"

샤프의 워터오븐 〈헤르시오〉가 2004년 9월에 등장했을 때, 누구나 처음에는 그 선전문구에 의문을 가졌다. 그러다가 점차 '수분으로 구우니까 기름도 빠지고, 염분도 줄며, 비타민C도 보존할 수 있겠구나.'라며 서서히 납득하게 되었고, 중장년층의 큰 호응을 얻게 되었다.

10만 엔 이상의 고가 오븐레인지의 판매대수는 그때까지 업계 전체로 따져도 연간 3만 대 정도에 불과했다. 그러나 헤르시오(희망소매가

12만 엔)는 발매 후 1년 만에 10만 대를 돌파하여 백색가전의 새로운 시장을 창출한 획기적인 상품이 되었다. 이 제품의 선진성은 경제산업성省이 주는 최우수상을 비롯하여 많은 수상 기록들로 빛났으며, 2005년부터는 타사에서도 연달아 경합 기종을 내놓으며 추격에 합류했다.

"바라보는 곳이 남다른 점이 바로 샤프입니다."라는 기획 슬로건을 그대로 따라간 헤르시오의 개발 과정은 크게 두 가지로 나누어진다. 하나는 기초기술을 확립하고 원리모델을 만들어내기까지의 기초개발 단계이며, 다른 하나는 그것을 받아들여 상품으로 완성시킨 사업화 단계이다. 헤르시오는 양쪽이 적절히 조화를 이룬 성공이지만, 여기서는 특히 첫 번째 단계에 주목하고자 한다. 새로운 기술의 종자를 발견하여 길러내기까지의 단계야말로 위대한 혁신의 드라마가 있고 많은 것을 배울 수 있기 때문이다.

● **혁신 포인트 1**
핵심 기술을 찾아 전국을 누비다

헤르시오의 핵심 기술은 사실 샤프 내부에는 없었다. 바깥세계에서 다른 형태로 사용되고 있었던 것인데, '보물'을 찾느라 일본 각지를 돌아다녔던 한 '보물탐험가'가 찾아낸 것이었다. 그의 후각은 사회에 묻혀 있었던 지식 자산과 시장의 잠재적 필요를 훌륭하게 연결시켰다. 그 보물은 어떻게 발굴되었을까? 한 지방 연구기관의 특정 장면에서부터 이야기를 시작해보자.

장소는 야마구치 현 우베 시에 있는 산업기술센터. 샤프의 백색가전용 신기술 연구를 담당하는 가전상품 개발센터의 이노우에 다카시 제 2개발실장은 유명한 해산물을 어떤 특별한 기술을 이용하여 건어물로 만드는 건조시스템 연구가 행해지고 있다는 소문을 들었다. 그는 자신의 눈과 혀로 직접 확인하고자 그곳으로 떠났다. "드셔보시겠습니까?"라는 권유로 하룻밤 말려 불에 구운 복어를 먹은 이노우에는 그 조리법의 높은 완성도에 눈이 휘둥그레졌다.

"복어의 바깥쪽은 노릇노릇하게 구워져 있었으나 안쪽은 무척 촉촉했어요. 굽는 강도의 조절이 아주 잘 되어 있다는 점에 놀랐습니다."

이노우에는 그때의 인상을 이렇게 말한다. 이것이 과열수증기와의 만남이었으며, 여기서부터 모든 것이 시작되었다.

백색가전의 세계에서 기초기술 연구의 외길을 30년 동안 걸어온 이노우에가 가전상품 개발센터가 있는 오사카 야오 시에서부터 우베 시까지 찾아간 것은 큰 위기감 때문이었다. 백색가전은 전형적인 사양산업이었다. 경기침체에다 해외로부터 저가격 상품까지 밀려들고 있었다. 업계를 둘러싼 심각한 상황에서 샤프도 예외는 아니어서 1990년대 중반부터 매출과 수익 모두 하강곡선을 그리고 있었다. 이대로 간다면 장래에 사업으로 성립될 수 없게 되는 사태마저 예상되었다.

이렇게 악화된 상황을 맞이한 가운데 국가 차원에서 21세기를 위한 사회적 니즈로 '환경', '건강', '안전', '안심'이라는 방향성이 모색되었다. 백색가전도 이 흐름에 맞추어 생각한다면 새로운 가능성을 찾아낼 수 있지 않을까? 샤프 내부에서도 진지한 논의가 거듭되면서 하나의 전략이 입안되었다. '편리한 가전'에서 '환경건강가전'으로 전환한다. 그중에서도 조리가전은 음식과 직접 관련되기 때문에 '건강조리기'라는 컨셉을 잡았다.

그렇다면 그것은 어떤 기능을 가지고 어떤 가치를 낳는 상품이어야 하는가? 새로운 컨셉에 걸맞은 핵심적 신기술이 긴급히 요구되었다.

이노우에의 말이다.

"기존의 상품을 개선하는 것이라면, 고객의 요망을 반영하는 사용자 중심의 방법으로도 충분하겠죠. 그러나 방향을 180도 바꾸어 수요 창조형 상품을 만들어내고자 한다면, 사고방식이 전혀 다른 기술을 사용한 기술지향적인 개발을 해야 합니다. 그 기술이 회사에 있었다면 벌써 검토가 시작되었겠죠. 회사 내부에 없다면 외부로 발견하러 나갈 수밖에 없죠. 그래서 기술탐사를 행하는 전문팀이 개발센터 내부에 생겨난 것입니다."

이노우에도 그 팀의 일원이 되어 사외의 다양한 연구기관을 방문하는 나날이 시작되었다. 의외로 대학은 기술의 씨앗의 보고였다. 다만 학자들은 그것을 어떻게 활용해야 하는지를 모르고 있었다.

어떤 국립대학의 교수는 항산화작용이 있는 비타민C와 유지를 화학적으로 결합시킨 물질을 만들어, 기름의 산화를 막으면서 비타민C도 체내에서 섭취 가능한 구조를 연구하고 있었다. 여기서 이노우에는 조리기도 단순히 식품을 가열하는 것만이 아니라, 방법에 따라서는 몸에 좋은 성분으로 바꾸어나가는 반응을 일으키는 것도 가능하지 않을까라는 아이디어를 얻었다.

머릿속에서 막연하기만 했던 건강조리기의 윤곽이 조금씩 보이기 시작했을 때, 과열수증기라고 불리는 기술을 몇 개의 기관이 연구하고 있다는 것을 문헌을 통해 알게 되었다. 강한 흥미에 이끌려 방문한 곳이 야마구치 현의 산업기술센터였다. 이노우에는 수증기라는 단어가 지닌 이미지에서 '눅눅한 느낌'을 예상하고 있었지만, 바깥은 바삭바삭하고 안쪽은 부드러운 훌륭한 완성도를 보면서 자신의 선입견이 즐거운 오해라는 사실을 알게 되었다.

● **혁신 포인트 2**
'회사 내 고객'이 관문이 되다

어떻게 물로 굽는가? 물은 100℃까지 가열하면 기화하여 수증기가 된다. 그 수증기를 더욱 가열하면 온도는 점점 상승한다. 이것이 과열 수증기다. 조리에 사용할 경우에는 300℃ 정도까지 높인다.

이 과열수증기가 식품에 닿으면 닿는 부분의 수증기는 온도가 급속히 떨어진다. 100℃ 이하가 되면 액화하여 물로 돌아간다. 이것을 응축이라고 한다. 물은 기화할 때는 열을 빼앗아가지만 응축할 때는 거꾸로 열을 방출한다. 이 응축열은 열풍의 약 8배의 열량으로 식품을 가열할 수 있다. 기존의 열풍식 오븐은 식품 속의 수분을 열로 빼앗으면서 서서히 가열하지만, 과열수증기는 반대로 식품에 수분을 공급하면서 단시간에 온도를 상승시킬 수 있다. 여기에 큰 특징이 있다.

식품 온도가 상승하여 100℃를 넘기면 표면이 건조해져 타거나 그을린 부분이 보이기 시작한다. 이렇게 하여 바깥쪽은 바삭바삭하고 안쪽은 촉촉하게 조리되는 것이다.

과열수증기를 사용한 조리는 이미 업무용으로는 쓰이고 있었다. 대량으로 균일하게 가열할 수 있어서 호텔이나 대형 음식점에서 도미를 통째로 구울 때 사용되고 있었다. 다만 공장 설비 같은 매우 큰 규모의 장치를 필요로 했다.

"가정용으로 만들 수 있다면 재미있지 않을까?"

이노우에는 그 가능성을 직시했다.

모교인 오사카부립대학을 방문하여 교류가 있었던 공학부 교수에게 새로운 조리법에 대해 의견을 구했다. 그에게서 나온 것도 "과열수증기라면 어떻겠나?"라는 말이었다. 그 교수는 농학부 교수와 함께 쓰레기를 소각할 때 나오는 유해물질을 과열수증기로 분해하는 환경기술 연구를 진행하고 있었다. 가전에 응용시키면 과열수증기에 대한 인지도나 주목도는 단번에 높아질 것이다. 교수들도 가정용 상품에 응용한다는 아이디어를 강력하게 지지해주었다.

이노우에의 말이다.

"과열수증기는 가열 메커니즘이 종래의 조리기와는 전혀 달라서 미지의 가능성을 지니고 있었어요. 무엇보다 열매체가 물이라는 점이 건강이나 환경이라는 컨셉과도 어울렸죠. 가전회사로서 이 기술을 어떻게 해서든 손대볼 필요가 있다. 그렇게 결정했을 때 최종적으로는 회사 전체를 끌어들이게 될 개발이 시작된 것이죠."

이노우에는 모교의 두 교수에게 공동연구를 제안하는 한편, 사내의 기초개발팀을 이끌고 가전에의 응용이 가능할지 검증하는 원리모델 만들기에 들어갔다. 실험이 계속되면서 과열수증기로 구웠을 때의 효과도 확실해져갔다. 식품의 온도가 단시간에 상승하므로 지방분이 재빨리 녹기 시작하고 표면에 부착된 응축 수분에 씻겨 쓸데없는 지방이 제거되는 '탈유' 효과, 여분의 염분 역시 같은 원리로 응축 수분과 함

께 떨어지게 되는 '감염' 효과, 또 오븐 내부가 과열수증기로 가득 참
으로써 산소농도가 급격히 저하되어 비타민C의 산화분해가 억제된다
는 것도 확인되었다. 그리고 필수조건인 조리 기능이나 맛에 있어서도
꽤 다양한 요리가 가능하며 게다가 지금까지 없었던 맛을 낼 수 있겠
다는 전망이 나왔다.

그러나 그들이 찾아낸 기술을 사용하여 완전히 새로운 조리기를 소
비자에게 전달한다는 기초개발팀의 희망을 이루려면 큰 관문이 남아
있었다. 같은 가전사업본부 내에서 상품화를 담당하는 조리시스템사
업부가 이 기획을 받아들일까 하는 것이 난제였다. 샤프는 전자레인지
국산 1호를 개발한 이래, 여러 차례 세계 최초의 기술을 개발하여 전
세계 시장점유율도 1위 자리를 유지하고 있었다. 사업부에는 그들만
의 자체적 기술에 대한 자부심과 자존심이 있어서 새로운 기술에 저항
이 예상되었다.

기초개발팀과 사업부는 정기적으로 기술개발회의를 열고 있었다.
그 자리에서 꺼낸 제안에 대해 사업부측은 예상대로 관심을 나타내지
않았다. 당시의 상황을 이노우에는 이렇게 말한다.

"'수분으로 굽는다고? 뭔가 수상쩍은데……'라고 비아냥거리는 것
같았습니다."

●혁신 포인트 ③
사업부가 나서서 공감이 퍼져나가다

과열수증기 기술은 과거 수십 년에 걸쳐 사내에 축적된 지식노하우

와는 전혀 다른 것이었다. 그것을 상품화하려면 하드웨어와 소프트웨어 모두를 새롭게 개발해야 한다. 사업부측의 승낙을 받으려면 충분히 납득시키지 않으면 안 된다. 사외의 고객보다 먼저 '사내 고객'을 만족시키기 위한 노력의 나날이 이어졌다.

매월 열리는 사업부와의 회의에서는 자료뿐만 아니라 실제로 요리를 하여 눈과 혀로 실감하게끔 만들었다. 준비를 위해 어제는 생선, 오늘은 육류, 내일은 빵과 야채라는 식으로 방대한 재료를 사들여서 다양한 요리를 시험하고 데어터를 측정해나갔다. 샤프에는 조리소프트웨어를 개발하는 하이쿠킹 레이디라고 불리는 여성 전문팀이 있는데, 그들과도 조언을 얻기 위해 계속 교류했다.

회의를 반복하는 동안 사업부측에서도 '그렇다면 이번에는 이런 조리가 가능할지 실험해주었으면 좋겠다.', '이런 실험은 가능한가?'라며 점차 흥미를 나타냈다. 기초개발팀은 그런 요구들을 하나씩 대응해가며 실적을 쌓아나갔다. 논의는 반년 이상 이어졌다.

"이거 아주 재미있네요! 꼭 상품화해봅시다."

사업부가 드디어 기초개발팀의 제안을 받아들여 프로젝트를 짠 것은, 하룻밤 말려 구운 복어를 통해 과열수증기를 알게 된 때로부터 3년 정도 지난 2003년 4월의 일이었다.

이노우에의 말이다.

"사업부로서도 큰 결단이었으리라 생각합니다. 그 배경에는 회사가 처한 위기감과 절박감이 있었죠. 세계시장에서 전자레인지가 시장점유율 1위를 지키고 있기는 했어요. 그러나 전자파를 발생시키는 마그네트론이라는 주요 부품이 외제라서, 상부로부터 계속 '마그네트론을 사용하지 않는 조리기를 만들어보라.'라는 주문이 내려오고 있었죠. 브라운관을 자체 제작하지 않았던 것이 액정 TV로의 이동을 촉진하게 된 것과 비슷한 판단이 조리기에서도 행해졌던 것입니다."

'불을 쓰지 않는 20세기 꿈의 조리기'로서 전자레인지를 개발해냈던 샤프가 40년 만에 '물로 굽는 21세기 꿈의 건강조리기'를 내놓고 세상의 평가를 기다렸다. 프로젝트가 진행되면서 이노우에의 생각이 전파된 듯 각종 부서를 끌어들인 전사적 개발이 열기를 더해갔다.

사업부 내 기술부와 상품기획부로 이루어진 혼성팀은 가정용으로 얼마나 작게 만들 수 있는가라는 어려운 과제에 계속 도전했다. 수증기를 가열하는 히터는 아무리 노력해도 대형 구조를 갖게 되어 있었다. 업무용은 200볼트 전원을 사용하는데, 가정용의 100볼트로는 출력에도 한계가 있었다. 이 문제는 전자레인지 개발에서 단련된 기술력으로 대처해나갔다.

메뉴별로 적절한 온도와 수증기의 양을 측정했고, 가열 시간을 프로그래밍하는 조리소프트웨어를 만드는 데는 쿠킹레이디들과 엔지니어들이 약 130개나 되는 메뉴 하나하나마다 수십 번씩 시행하는 테스트의 반복 작업이 있었다.

디자인 부문에서는 획기적인 상품이라는 점을 호소하기 위해 기존의 조리기에는 없었던 좌우대칭 외관을 생각해냈고, 색상 면에서도 상식을 깨는 붉은색을 준비했다. 이것이 결과적으로는 관심을 증폭시키는 요인이 되었다.

홍보부는 상품명에도 신경을 써서 단순하게 컨셉을 표현할 수 있는 '헤르시오'라는 이름을 내놓았다.

광고 담당도 정말 물로 구울 수 있는지, 어떤 효과와 효능이 있는지 강조하기 위해 저명한 조리사학교에서 매스컴 발표를 하고, 오사카부립대학의 교수에게 출연을 부탁하는 등 지혜를 짜냈다.

영업부는 전국 1,000개 점포에 이르는 가전양판점에서 요리 이벤트를 실시했고, 순회홍보단을 편성하는 등 전례 없는 대규모 대처 방안을 기획했다. 그리고 이노우에의 기초개발팀은 공동연구처의 협력으로 정교한 자료를 제시하여 효과와 효능에 대한 신뢰도를 높이고 고객에게 선보이는 '아카데믹 마케팅'을 통해 후방 지원을 했다.

이노우에는 이렇게 회상한다.

"샤프에서 각 부문 모두 그토록 열성을 갖고 참여한 상품은 과거에 없었습니다. 모든 부서가 이 상품의 뛰어난 점에 공감해주었기 때문이죠. 관련된 사람들이 공감한 상품은 시장에 내놓았을 때 사용자도 역시 공감해줍니다. 공감의 연쇄죠. 그것이 헤르시오 개발에서 제가 얻은 최대의 발견이었어요."

마침내 '거실에 아쿠오스(액정TV)라면 부엌에는 헤르시오'를 캐치프레이즈로 하여 헤르시오가 샤프의 새로운 최고 상품으로 세상에 모습을 드러냈고, 많은 사용자의 공감을 불러일으켰다.

● 혁신 포인트 4
긍정적 사고로 기술의 씨앗을 찾다

과열수증기 기술 자체는 100년 전부터 존재했다. 업무용으로는 조리에도 활용되고 있었다. 대학이나 연구기관에서는 이미 다양한 응용법이 연구중이다. 그러나 한 보물탐험가가 없었다면 조리가전 역사에 새로운 한 페이지를 새길 상품은 태어나지 못했을 것이다. 어떻게 이 노우에게 그것이 가능했을까?

지금도 한 주일의 절반은 기술탐사에 나서는 이노우에는 "항상 20개쯤 되는 과제의식을 확실히 갖고 돌아보기 때문에 무언가를 건질 확률이 높아집니다."라고 말한다. 냉장고, 에어컨, 세탁기, 조리기의 4대 사업부를 사내 고객으로 두고, 주요 상품의 과제들을 전부 장악할 수 있는 위치에 있어서 가능했는지도 모른다. 그렇다고 누구나 보물을 찾아낼 수 있는 것은 아니며, '기술탐사 업무에는 맞는 사람과 맞지 않는 사람'이 있다고 다음과 같이 말했다.

"아무리 머리가 좋아도, 자신의 사고나 지식의 범위와 거리가 먼 것은 이론적으로 이상하다며 부정적인 자세로 대하고 제외시켜버리는 사람은 적합하지 않죠. 요즘 젊은이들에게서는 그런 유형이 많이 눈에 띕니다. 중요한 것은 자신이 모르는 기술이라도 현장에서 실제로 그 물건을 보고 만지며 재미를 느끼고 긍정적으로 접근하는 플러스적인 사고방식이죠."

과열수증기 기술과의 만남은 하나의 우연이었다. 그러나 "모방될 만한 상품을 만들라."라고 늘 사원들에게 말해온 창업자 하야카와 도쿠지(샤프연필의 발명가로도 알려져 있음 - 역주)의 정신을 이어 세계 최초의 계산기나 액정디스플레이의 상품화 등 '넘버 원보다는 온리 원'을 추구하는 기업 DNA가 이노우에 같은 인재를 키운 것이기도 했다. 그렇다면 헤르시오의 성공을 가져오게 한 과열수증기와의 만남 역시 '약속된 우연'이었을지도 모르겠다.

샤프에서 배울 점 : 지식의 링크화

● **지식의 링크화** ①

거시와 미시의 연결

'물로 굽는다'는 새로운 기술을 이용한 가정용 조리기는 어떻게 탄생했는가? 그곳에 나타난 수직적 사고와 수평적 전개라는 종횡의 역동적인 지식의 링크에 관해 다시 생각해보고자 한다.

샤프의 백색가전 사업은 '환경', '건강', '안전', '안심'이라는 사회적인 거시적 조류를 파악하고 '환경건강가전'이나 '건강조리기'라는 개발의 방향성을 나타내는 컨셉을 도출했다. 이것은 연역적 사고이다. 전제가 되는 명제로부터 논리적으로 다음 명제를 이끌어내는 연역적 사고는 누구라도 어느 정도는 가능하다. 어려운 것은 그 다음 단계인데, 구체적인 상품이라는 보다 미세한 차원을 어떻게 만들어갈 것인가가 문제이다.

일반적으로 연역적 추론의 방법만으로는 거시적 조류는 알 수 있으나 미시세계는 보이지 않는 경우가 많다. 연역적 추론은 논리적으로 올바른지 어떤지 진위 여부가 시험대에 오르게 된다. '건강조리기' 컨셉에서 연역적으로 구체적인 상품을 만들더라도, 그것은 제조업체에는 '올바르고 틀림없는 상품'일지 모르나 고객에게도 '최선의 상품'이라고 할 수는 없다.

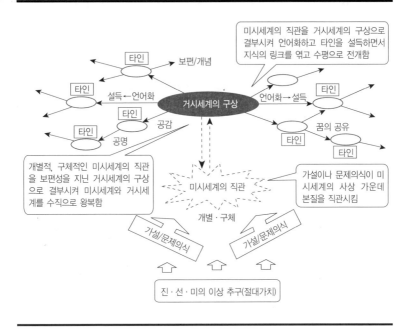

지식의 링크를 수직/수평으로 엮음

미시세계의 직관을 거시세계의 구상으로 결부시켜 언어화하고 타인을 설득하면서 지식의 링크를 엮고 수평으로 전개함

개별적, 구체적인 미시세계의 직관을 보편성을 지닌 거시세계의 구상으로 결부시켜 미시세계와 거시세계를 수직으로 왕복함

가설이나 문제의식이 미시세계의 사상 가운데 본질을 직관시킴

타인　보편/개념　타인
설득←언어화　거시세계의 구상　언어화→설득
타인　공감　꿈의 공유
타인　공명　타인

미시세계의 직관

개별·구체

가설/문제의식　가설/문제의식

진·선·미의 이상 추구(절대가치)

　이노우에는 거대한 거시적인 흐름을 흡수하면서도, 동시에 새로운 기술의 씨앗을 찾아 현장으로 걸음을 옮겨 현물을 보고 접하는 미시세계를 철저하게 파고들었다. 그는 현장에서 보편성을 지닌 상품 모델을 발견해내려는 시각을 지니고 있었다. 이는 귀납적 사고이다. 단, 구체적으로 경험한 것으로부터 보편성을 이끌어내는 귀납적 추론 방식만으로는 목표로 삼은 거시 컨셉에 결부되지 못하는 경우가 많은 것도 사실이다. 이노우에가 "자신의 사고나 지식의 범위와 거리가 먼 것은 이론적으로 이상하다며 부정적인 자세로 대하고 제외시켜버리는 사람

은 아무리 머리가 좋아도 (기술탐사에) 적합하지 않다."라고 말한 것처럼, 무엇이든 논리분석적으로 생각하는 분석파에 속하는 사람은 자기가 논리적으로 설명할 수 없는 것은 부정하거나 배제하여 좀처럼 거시적인 것을 미시적으로 결부시킬 수 없다.

과열수증기 기술의 경우도 이미 업무용 조리기가 존재하고 있었다. 그러나 설비가 너무 커지는 점, 고압 전원을 필요로 하는 점 등은 가정용으로 응용하기 어렵다고 논리적으로 판단하여 새로운 가능성을 검토하지 않았을 것이다.

거시와 미시, 연역과 귀납을 어떻게 링크시킬 것인가? 여기에 수직적 사고가 필요하다.

중요한 것은 미시세계의 사상에 직면하여 어떤 가능성을 발견하고 '흥미롭다', '이것은 중요하다'고 긍정하며 '가능성을 발견하는 능력'이다. 본질인 직관이란 이같은 '발견'으로 나타나는 경우가 많다. 이 '발견'은 논리를 초월하여 가설을 생성하는 발상력에서 생겨난다. 가설생성력은 연역이나 귀납과도 다른 것이며, 상품을 개발할 때 그렇게 생각하는 것이 논리적으로 올바른가 하는 것보다 고객에게 최선인가 그렇지 않은가가 중요한 질문이 된다.

우리는 일상생활 속의 여러 상황마다 연역이나 귀납을 사용하여 판단하고 있는 것은 아니다. 연역이나 귀납은 주어진 전제로부터 명제의 진위를 따질 뿐이다. 보다 실천적인 추론은 우선 무엇을 하고 싶은가라는 목표와 목적을 지니고 그것을 실현하는 수단을 검토한다. 그때 어떤 수단이 목적을 실현할 수 있을지는 어디까지나 가설의 영역을 벗어나지 못한다. 가설생성력은 어느 것이 보다 나은 설명을 해줄 것인지 서로 비교하는 방법이며, '최선의 설명'을 찾아 집요하게 추론을 계속할 때 생겨난다. 그리고 그 결론으로 행위를 일으키는 것이다.

이노우에는 과열수증기 기술을 접하고 가전에 이용하는 것은 논리적으로 아주 곤란할 것이라는 점을 예상했다. 그러나 가열 메커니즘이 종래의 온풍식 조리기와 전혀 다르다는 것, 열매체로 물을 사용하는 것이 건강이나 환경 컨셉과 결부된다는 점에서 '과열수증기를 사용한다면 샤프가 조리기 역사를 다시 쓸 수 있을 것이며, 사용자에게도 획기적인 건강조리기를 만들 수 있다.'라는 가설을 떠올렸다. 여기에 미시세계의 직관적인 '발견'과 거시세계의 보편적인 '개념'이 연결되었다. 이 '발견'은 논리로부터는 생겨나지 않는다.

가설을 만들어내는 것은 자나깨나 뇌리로부터 떠나지 않는 강한 문제의식이며, 그 문제의식의 바탕이 되는 것은 심신에 새겨져 있던 '좋은 것'을 추구하는 마음이다. 이노우에의 경우, 논리를 갖고 노는 바보가 아니라 각종 가전 아이템을 접하고 입체적인 경험을 쌓는 가운데 '무엇이 좋은 것인가'를 줄곧 생각하는 삶이 배양되었던 것이다.

● **지식의 링크화 ②**
흡인력 있는 '조용한' 리더십

거시와 미시, 연역과 귀납을 수직으로 링크시켜 핵심 기술을 찾아낸 이노우에는, 상품화 단계가 되자 이번에는 수평 전개로 옮겨갔다. 우선 야마구치 현에서 새로운 핵심 기술을 발견하고 그것에서 큰 가능성을 포착했다. 그러나 사내에는 아무런 기술적인 축적이 없었으므로,

모교의 연구진을 끌어들여 가정용으로 응용하는 일의 실현 가능성을 검증하면서 원리모델을 완성했다.

특히 주목해야 할 점은 원리모델을 입수한 후의 전개에 있다. 과열수증기 도입은 상품화를 담당하는 사업부로서는 일본산 최초의 전자레인지 개발 이래 배양되어온 지식노하우가 일단 부정되는 셈이 된다. 이노우에는 상대측의 저항이나 주저를 충분히 예견했으나 매월 끈기 있게 설득을 계속해갔다. 그리고 과열수증기의 흥미로운 요소들을 납득시켜 개발에 동참하도록 했다.

그 결과, 사업부가 지닌 잠재적 능력과 하이쿠킹 레이디팀에 축적되어 있던 경험적 지식이 유감없이 발휘되어 단시간에 상품화가 달성되었다. 그리고 최종적으로는 디자인 부문, 홍보 부문, 영업 부문으로 링크가 확대되어 전사적인 프로젝트로 발전시켜갔다.

프로젝트를 수평으로 전개하여 지식의 링크를 펼 수 있는 인재와 제대로 링크를 펴지 못하는 인재의 차이는 어디에 있는가? 지식의 링크가 펼쳐져 있는 곳에 무대가 생겨난다.

그 무대에서 보다 뛰어난 지식을 만들어내려면, 개별 지식의 담당자 한 사람 한 사람마다 혹은 각각의 부문이 '개체'로서 빛남과 동시에 프로젝트가 '전체'로서도 빛나지 않으면 안 된다. 여기에 개체와 전체의 절묘한 균형이 생겨나 상승적인 지식의 창조력이 솟아나게 된다. 이 균형을 교묘하게 조종할 수 있는 리더의 조건은 무엇인가?

일본을 대표하는 철학자 니시다 이쿠타로가 제창한 철학, 이른바 니시다철학 가운데 '주어논리'와 '술어논리'의 대비가 있다. 주어논리는 주어인 '나'가 전면에 나서 전체(타인)를 지배하려고 한다. 서구에서는 주어논리형 리더의 이미지가 높이 평가되는 경향이 강하다.

반면에 무대라는 개념을 중시하면 완전히 대조적인 세계가 보이게 된다. 무대는 관계성이고 '나'도 전체의 관계성 중의 일원으로 지배되기 때문에 술어논리적이 된다. 무대에서는 전체가 개체에 영향을 끼칠 뿐 아니라 개체도 전체에 영향을 끼친다. 즉, 한 사람 한 사람이 주어적임과 동시에 술어적이기도 하다.

'나'와 '우리'의 균형 있는 상태, 즉 '일즉다-다즉일'의 균형을 이룬 관계성이 무대에서는 성립된다. 서양에도 'One for all, all for one'이라는 비슷한 개념이 있다. 이는 알렉상드르 뒤마의 명작 《삼총사》 중 총사들이 우정을 맺는 장면에 등장한 표어에서 유래하는 것이므로, 일즉다-다즉일 같은 균형이 원래부터 보편성을 지닌 개념이었을지도 모르겠다.

그러면 각자가 개체로서 빛남과 동시에 전체도 빛나는 무대를 만들어낼 수 있는 리더란 어떤 인재인가? 이노우에는 소위 카리스마형 리더와는 다르다. '나'가 전면에 등장하여 타인을 지배하는 주어논리형 리더는 일즉다-다즉일의 절묘한 균형을 만들어내는 것이 아주 어렵다. 급성장한 IT벤처 경영자 등에서 이런 경향이 왕왕 보인다. 라이브도어 사(주식 매수를 통한 IT기업 합병으로 급성장한 벤처기업-역주)를 둘러싼 일련의 혼란은 지적 자본이 아니라 금전 자본을 사용한 타인지배의 파탄을 의미한다.

하버드 경영대학원의 저명한 경영학자 조셉 바다라코 교수는, 그의 저서 《조용한 리더십》에서 종래에 칭찬을 받아온 위대한 카리스마형 이미지와는 다른 '조용한' 리더십의 중요성을 제창했다. 조용한 리더십이란 스스로 올바르다고 생각하는 일에 대해 강한 신념을 작은 행위로 표현하고, 작은 노력을 하나하나 강한 인내력으로 쌓아가는 리더십이다. 그럼으로써 세심하고 사려 깊으며 일상적인 가운데 진정한 변혁을 이끌어낸다.

이노우에도 조용한 리더십이 느껴진다. 과열수증기 기술을 접하고 백색가전의 새로운 가능성을 직관하자, 시간을 들여 착실히 사업부를 설득하고 일일이 증거를 제시하면서 무대로 끌어들이는 흡인력을 지닌 리더십을 발휘했으므로 폭넓은 수평 전개가 가능하게 되었다. 그는 헤르시오 개발 후에도 한 주일의 절반은 기술탐사에 바쳤다. 대수롭지 않은 정보라도 얻으면 대학 등의 연구기관을 고생을 마다 않고 일일이 방문했다. 그 모습은 21세기 가전의 개척자를 상기시킨다.

지방의 연구기관에서 대학의 연구실, 자신의 기초개발팀, 그리고 사업부와 사내의 다양한 전문집단으로 연결해가는 역동적인 지식의 링크는 이노우에 같은 조용한 리더가 있었기 때문에 실현되었다. 마침내는 개별 기업을 초월하여 사회의 지식까지 끌어들여 이노베이션을 일으킨 사회적 지식창조Social Knowledge Creation를 여기서 볼 수 있다.

이노우에가 실감했듯이 기업 외부에 있는 대학 등의 연구기관에는 막대한 지식이 잠자고 있으며, 연구자들은 그 지식의 사용법을 모른다. 그 점을 기업측도 별로 알아차리고 있지 못하다. 그러나 수직적 사고와 수평적 전개라는 지식의 링크를 균형 있게 행할 수 있는 인재가 한 걸음 사회에 나가 탐색하면, 그곳에서 '잠재적인 지식의 저수지'를 발견해내고 사회적 지식창조를 실현할 수 있다.

백색가전 분야에서도 회사 외부의 지식과 연결하여 전개함으로써

'물로 굽는다'는 종래에는 없던 스토리가 생겨나 '물건을 만드는 일'로부터 '이벤트를 만드는 일'로 이행할 수 있었던 것이다.

● 지식의 링크화 ③
개체와 전체의 절묘한 균형

조용한 리더십이 개체와 전체의 절묘한 균형을 만들어낸 사례를 소개하도록 하자. 온천지 인기 순위 최상위에 들고, 전국에서도 굴지의 온천으로 부동의 지위를 확보한 규슈 구마모토의 '구로카와 온천'이다. 25개의 여관은 연일 거의 만원 상태가 계속된다.

이쪽 끝에서 저쪽 끝까지 걸어서 15분 거리의 온천지. 죽 늘어선 여관들은 어느 것이나 벽은 황토색, 지붕은 검은색으로 통일되어 점포나 민가까지 모두 같은 색조이다. 이 건물들이 여기저기 심어진 잡목들 사이에 보일 듯 말 듯 숨어 회고적인 산속 마을 풍경을 만들어낸다. 한 걸음 다가가면 길을 잃어버려 전혀 다른 차원의 세계로 들어선 듯한 착각에 빠진다. 이곳이 20년 전까지 지도에도 나타나 있지 않을 정도로 한적한 곳이었다고는 상상할 수 없다. 변신의 경위는 다음과 같다.

1960년대의 고도성장기, 산속으로 난 고속도로 개통에 따라 구로카와 온천은 가만히 있어도 손님들이 대거 몰려왔다. 그러나 어느덧 붐은 사라지고 종달새 울음소리만 들리는 곳이 되었다. 고향으로 유턴하거나 데릴사위로 들어온 2세대 경영자들의 일이란 노인 고객들의 마중과 배웅 정도였고, 나머지는 소프트볼 놀이 정도였다. 그러나 '고향으로 돌아왔다는 증거를 만들고 싶다.', '구로카와를 부흥시키고 싶다.'라는 마음은 간절했다. 컨설턴트의 말에 따르면, 시장은 "실버층을 노려라."라고 했다고 한다. 그러나 2세대 경영자들은 토론을 벌이며 "노인들만 와도 재미없어.", "우리 집은 젊은 아가씨들만 오는 곳으로 만들어 보이겠어."라며 기염을 토했다. 그러나 정작 무엇을 어떻게 해야 하는지 알 수 없었다.

단 한 곳 운영이 잘 되는 신메이칸이라는 여관이 있었다. 인기의 비밀은 노천탕과 그 주위에 심어진 잡목들이 만들어내는, 마음을 편안하게 해주는 경관에 있었다. 경영자 고토 데쓰야는 1960년대의 붐이 일었을 때도 우쭐하지 않았으며, 직접 자기 손으로 온천을 파고 한 그루 한 그루 나무를 심었다. 2세대 경영자들에게는 아버지와 같은 세대 인물이었다. 선친들은 고토를 이단아처럼 취급했지만, 어느 2세대 경영자가 순순히 지도를 청했다. 그는 고토가 가르쳐주는 대로 노천탕을 파고 잡목림을 조성했다. 그러자 젊은 여성 손님들이 점점 늘어났다.

이것이 동료들을 자극했고, 고토의 가르침을 바라는 2세대 경영자들이 꼬리를 물고 늘어났다. 고토도 자신의 지식과 노하우를 아낌없이 나누어주며 사소한 부분까지 세심하게 지도했다. 마침내 구로카와의 여기저기에서 노천탕을 파는 소리가 들리는 날들이 이어졌으며, 구로카와 전체가 뭉쳐 손님을 부르고자 하는 의식을 갖게 되었다.

1986년, 획기적인 시도가 이루어졌다. 2세대 경영자들은 '일본 제일의 노천탕 구로카와 온천'을 전면에 내세우고, 어느 여관의 노천탕이라도 세 군데를 이용할 수 있는 '노천탕 순회입장권'(1,200엔) 서비스를 개시한 것이다. 이것이 구로카와의 인기를 단번에 끌어올려 '공동창조와 경쟁'이라는 독자적인 성공의 틀을 만들어내게 되었다.

지역 전체라는 무대 위에서 함께 창조한다. 손님은 순회입장권을 지니고 온천을 돌아다닌다. 경관에 통일성을 갖게 하고 구로카와 특유의 분위기를 배양해내기 위해, 2세대 경영자들은 민속풍이었던 신메이칸의 외관을 본떠 지붕과 벽의 색조를 다듬었다. 그리고 빈터마다 고토의 지도 아래 잡목을 심어 풍경의 공백을 메웠다.

또한 노천탕 순회는 여관 사이의 경쟁을 일으켰다. 손님은 노천탕을 이용하면서 여관을 비교하고, 다음번에는 어디에 묵어야겠다고 생각한다. 2세대 경영자들은 여관의 외관이나 분위기는 통일시키면서 내용 면에서는 개성을 드러내고 서로의 창조성을 경쟁했다. 그것이 전체의 수준 향상에도 기여했다. 그리하여 전체의 통일과 개성의 발로가 양립되면서 구로카와 온천의 변신이 실현되었다.

인기는 급상승했다. 번영하면 사적인 욕심이 고개를 쳐들어 따로따로 움직이기 쉽지만, 2세대 경영자들은 그 후에도 '구로카와 온천 속의 한 온천'이라는 슬로건을 높이 내걸었다. 각각의 여관은 구로카와라는 큰 여관의 한 부분이고, 거리는 복도라는 발상이었다. 경관의 유지에도 한층 더 주력했다. 외부 자본이 피자가게를 시작한다는 소식이 들리자 서양풍이 아니라 예스러운 모습으로 가게를 만들어달라고 교섭하고, 전체적인 컨셉에 어긋나는 상점이 새롭게 들어서려고 하면 땅주인에게 달려가서 조합이 대신 토지를 빌리는 조합 차원의 활동도 시작했다.

"한 가게라도 전체 경관을 해치면 구로카와 자체가 붕괴된다. 가게가 죽으면 여관도 죽는다."라며 경관 유지의 지도자 역할을 수행한 것도 고토였다. 제2장에서 기타노 포장마차의 견인차 역할을 한 사카모토도 마찬가지다. 구로카와 온천은 《관광카리스마백선》에 선정되어 지금은 전국 온천 지역의 선구 역할을 하고 있다.

고토도 조용한 리더십을 몸으로 보여주고 있다. 온천에서의 진선미를 변함없이 추구하는 고토가 하나의 핵으로 존재하고, 그의 지원을 받은 2세대 경영자들이 각각 자율분산적으로 리더가 되었다. 그들은 각자가 개체로 빛남과 동시에 전체도 빛나게끔 자신들의 내부에서 모순을 통합하여 구로카와 온천의 변신을 성취했다.

그 후에도 고토라는 흡인력 있는 리더가 무의식중에 끊임없이 전체와 개체의 균형을 취하여 모니터링하고 있다. 고토는 아무런 강제력도 갖고 있지 않지만, 이상을 추구하는 겸허한 자세, 전문적인 지혜와 양질의 암묵적 지식, 그리고 인간적인 매력을 통해 정당성을 획득하여 조용한 리더십을 발휘하고 있다.

이 조용한 리더를 핵으로 하여 개체와 전체의 균형이 절묘하게 갖추어진 구로카와 온천은 각각의 여관 사이에 훌륭하게 지식의 링크가 펼쳐져 있다. 그리고 다시 여관과 고객 사이에 형성된 공감을 통해 링크가 연결되어 있다. 고객은 순회입장권을 가지고 돌아다니면서 다른 여관과도 링크를 만들어간다. 구로카와 온천은 특히 재방문객이 많은데, 그 재방문객이 입소문으로 새로운 고객을 불러들여 링크가 확대되어 간다. 이 구도는 포장마차촌을 통한 내 고장 가꾸기를 목표로 삼은 기타노 포장마차도 마찬가지였다.

이같은 링크의 확대는 앞서 살펴본 KDDI au디자인 프로젝트의 사례에서 언급된 스몰월드 네트워크적인 전개를 연상하게 한다. au디자인 프로젝트의 인물들 사이의 스몰월드 네트워크도 훌륭하게 연결된 지식의 링크와 다름없다. 고무타라는 흡인력 있는 리더를 통해 au의 프로젝트 팀 구성원들, 외부 디자이너들, OEM업체, 탁월한 기술을 지닌 수많은 중소기업과 현장 엔지니어들이 연결되어 지식의 링크가 생겼다.

그리고 그 지식의 링크의 연결점에 있는 한 사람 한 사람이 디자인 휴대폰의 네 변이나 몸체의 미묘한 곡면, 비단잉어의 선연한 붉은색, 조그만 비틀림도 없는 완벽한 도금면 등 세부항목에 철저히 집중함으로써 고객에 대한 최선이라는 보편적 가치를 목표로 삼았다. 그리하여 개체가 빛남과 동시에 전체도 빛났다. 인포바를 비롯한 신선한 휴대폰들은 공감할 수 있는 스토리를 발신하는 전화회사라는 이미지를 사용자에게 제시하여 au의 약진을 초래했다.

"모든 사람들이 플러스 기운을 보내기 시작하면 인지를 초월한 매력을 방출한다."라는 고무타의 말은 역동적인 지식의 링크의 힘을 단적으로 이야기해주며, 그것을 낳는 리더나 이노베이터의 역할의 중요성을 실감시킨다.

● **지식의 링크화 4**
은유를 연결고리로 삼은 지식의 연쇄

그런데 지식의 링크는 사람과 사람을 연결시켜가는 스몰월드 네트워크적인 확대도 있으며, 개개인 혹은 특정 팀원의 사고 공간에서 아이디어와 아이디어가 이어져가는 일도 있다. 말하자면 '사고의 무대상에서의 지식의 링크'이다.

가설을 생성하는 발상법도 그 전형이다. 하나하나의 논리 실증으로는 좀처럼 이어지지 않는 지식과 지식 사이에 링크를 만들고 지식의 신경세포를 구성한다. 이노베이터가 때때로 참신하며 창조적인 가설을 세울 수 있는 것은, 사고공간에서 보통사람들이 생각하지 못하는 지식의 링크나 지식의 신경세포를 만들어내기 때문이다. 이노베이터는 어떻게 그것이 가능한가?

이노베이터가 가설을 생성할 때의 첫 번째 특징은 세상에 존재하는 다양한 은유나 유추를 열쇠로 삼고 있다는 점이다. 앞서 말한 바와 같이 헤르시오의 개발자 이노우에는 야마구치 현의 산업기술센터에서 과열수증기 기술을 접했을 때, 업무용 조리기가 상당한 설비와 고전압을 필요로 하는 점 때문에 논리적으로는 가정용으로 응용하는 것이 쉽지 않다는 것을 알았다. 그러나 그는 열매체로 '물'을 사용하는 은유에서 '건강'이나 '환경'의 컨셉과 링크시켜 논리를 초월하는 하나의 열쇠로 삼았다.

기타노 포장마차의 기획자이며, 프로에 버금가는 마술 솜씨를 지닌 사카모토도 몇 번이나 은유의 도움을 빌려 벽을 깨는 열쇠로 삼았다. 가령 독자적인 포장마차를 만들려고 할 즈음 식품위생법의 두터운 벽에 부딪힌 일이 있었다. 그때 그는 아들이 갖고 놀던 합체로봇을 보고 '합체'라는 아이디어를 떠올렸다. 사례편에서는 언급하지 않았던 다른 예도 있다. 그가 아이들과 함께 TV만화 〈드래곤볼Z〉를 보고 있을 때, 두 등장인물이 결합하여 한 사람이 되어 전투력을 몇 배나 높이는 술수를 '융합'이라고 부르는 것을 보면서 '융합'의 개념이 머릿속에 스쳐지나갔다. 거기에서 '기능이 다른 것을 합체시키고 융합한다.'라는 착상을 얻었다. 그는 포장마차의 본고장인 하카타를 다시 방문하여 '포장마차 = 움직이는 것'이라는 선입관을 불식시켰고, 고정식 주방과 이동식 좌석을 합체시켜 융합하는 독자적인 방식을 생각해냈다.

마쓰다의 초대 로드스타 개발에서는 여러 군데에 일본의 전통문화가 은유로 작용하고 있다. 인마일체의 감각을 이해시키려고 히라이는 팀원들에게 질주하는 말 위에서 과녁을 계속 맞혀가는 '유적마'를 연상시켰다. 인테리어 디자인 면에서도 '다실'을 은유로 사용하여, 몸을 숙여 작은 문을 지나 다실로 들어서는 순간의 긴장감과 작은 문을 열고 스포츠카를 탈 때의 긴장감에서 가슴 설레는 유사한 느낌을 떠올리게 했다. 운전석도 불필요한 것을 모두 생략한 다실 내부를 떠올리며 극단적으로 다듬어진 기능미를 추구했다. 그리고 외부 디자인은 '노멘能面(일본의 전통연극 노가쿠에서 사용하는 가면 – 역주)'의 은유에 의해 미묘한 곡선을 만들어냈다. 이같이 일본의 전통문화와 지식을 연결함으로써 서구의 자동차와는 깊이가 다른 로드스타만의 맛이 탄생했다.

산토리의 DAKARA 개발에서는 납기를 연기하면서까지 새롭게 시작했다. 업계에서 왕좌를 차지하고 있던 포카리스웨트를 즐겨 마시는 고객들의 마음에 접해보기 위해 은유를 사고의 토대로 삼아 지식의 링크를 넓혀갔다. 우선 포카리스웨트의 '흰색'에서 '우유'나 '포타주potage' 등에도 통하는 '치유하며 지켜주는 마음이 담긴 요소'를 느끼고 발견했으며, 목표로 삼을 방향성으로 '모성MOTHER 음료'의 개념을 도출했다. 동시에 포카리스웨트에서도 연상되었으나 타사 상품에는 없는 요소로 '바다', '엄마', '약'이라는 세 가지 이미지를 떠올렸다. 그 중에서도 영향력이 강한 '약'에 착안하고 '기쁨', '안심'의 감각을 결부시켜 '간호사', '학교의 보건실', '구급상자'라는 구체적인 상품의 이미지에 도달했다.

다른 은유의 예도 있다. 마쓰시타전기에서 세탁조 속에 열풍을 공급하여 세탁물을 말리는 장치를 갖춘 전기세탁건조기를 개발하고 있던 엔지니어는, 늘 어떻게 하면 골고루 말릴 수 있을지를 생각하고 있었다. 어느 날, 자주 가는 중국요리 식당에서 식당주인이 '중화냄비'를 탁탁 치면서 볶음밥을 볶는 광경이 눈에 들어왔다. 그는 결국 이 냄비의 움직임을 기계적으로 만들어내는 장치를 생각하여 문제를 해결했다.

도쿄의 록폰기 힐즈에는 복층형 엘리베이터가 설치되어 있다. 아래층과 위층 사이에 큰 집전기가 부착되어 있어서, 1층의 천정 높이가 다른 층보다 높아도 집전기가 신축작용을 하여 대응할 수 있다. 이 세계 최초의 복층형 엘리베이터도 층별로 높이가 다른 것 때문에 고민하고 있던 개발자가 언젠가 NHK방송 〈모두 함께 하는 체조〉에서 무릎의 굴신운동을 보고 집전기 아이디어를 생각해냈다.

이노베이터에게 세상은 은유의 보물창고이다. 남들이 보면 단순한 중화냄비이고 체조에 불과하지만, 이노베이터는 자신이 개발하고 있는 세탁건조기 혹은 엘리베이터로 링크를 만들어 독자적인 상품을 만들어낼 수 있는 것이다.

● 지식의 링크화 5
현장에서의 직접경험을 통한 직관

이노베이터가 지식의 링크를 만들어 가설을 창출할 때 다른 하나의 특징은 현장에서의 직접경험을 중시하여 거기서 보고 듣고 느낀 점에서 힌트를 얻어 사고의 무대 위에 지식의 링크를 종횡으로 엮고 있다는 점이다. 대표적인 예를 들어보자. 스튜디오 지브리의 히트작품인 미야자키 감독의 〈센과 치히로의 행방불명〉이 그렇다.

미야자키 감독의 작품들은 사회 문제에 대한 날카로운 비판적 분석에서 연역적으로 만들어진 것처럼 보이지만, 그것이 반드시 정곡을 찌르고 있다고는 말하기 어렵다. 도쿄 고가네이 시에 있는 스튜디오 지브리에는 백 명이 넘는 직원들이 일하면서 하나의 '세상'을 형성하고 있다. 미야자키의 작품들은 미야자키 감독과 스즈키 도시오 프로듀서의 콤비로 만들어지는 것으로 알려져 있는데, 기획이나 등장인물들은 두 사람의 지브리에서의 일상생활 중 직접 경험한 일들에서 얻어진다. 〈센과 치히로의 행방불명〉도 마찬가지다.

지브리를 드나드는 은행직원이 있었다. 그는 불량채권의 처리라는 어려운 업무를 담당하며 힘든 나날을 보내고 있었는데, 지브리에서 가족 이야기를 할 때면 안심한 듯 인자한 아버지의 얼굴이 되었다. 이 은행직원의 모습이 유령들이 다니는 온천탕을 지배하는 마녀 유바바와 결부되어 독특한 인물이 떠올랐다. 평소에는 욕심 많은 수전노지만 사랑하는 자식 앞에서는 딴사람이 되어 어쩔 줄 모르는 유바바. 그것은 은행직원에서 유추되어 탄생한 설정이었다.

이 영화에는 빼앗은 상대의 목소리를 빌려서만 대화할 수 있는 가오나시(얼굴이 없다는 뜻-역주)라는 비운의 존재가 중요인물로 등장한다. 이것 역시 스즈키의 지인 중 카바레식 클럽을 좋아하는 사람에게서 들은 이야기가 바탕이 되고 있다. 클럽에 드나드는 손님이나 여종업원은 사실은 사람을 사귀는 데 서투른 사람이 많지만, 손님은 돈을 내고 여종업원은 돈을 벌기 위해 남들과 대화하는 방법을 배우고 있다는 것이다. 이 이야기에 흥미를 느낀 미야자키 감독이 실존을 잃어버린 존재의 상징으로 가오나시 아이디어를 떠올려 스토리와 연결시켰다.

다음 작품인 〈하울의 움직이는 성〉에는 젊은 아가씨들의 마음을 빨아들인다고 소문이 나서 사람들로부터 두려움의 대상이 된 하울이 주인공으로 등장한다. 하울은 허영심으로 가득 차 있고 겁쟁이인 미소년 마법사이다. 하울 역시 "보수는 안 받아도 좋으니까 지브리에서 일하고 싶다."라며 스튜디오를 방문한 20대 미국 청년과의 만남에서 생겨났다. 부호의 아들로 명문 대학원 출신이며 교양도 풍부하여 언뜻 보기에는 나무랄 데 없이 훌륭한 청년이었다. 그런데 "여기서 무엇을 하고 싶은가?"라고 질문하자 그때까지 말이 많던 청년은 갑자기 입을 다물었고, 함께 온 일본인 부인이 이러쿵저러쿵 과보호하는 어머니처럼 떠들기 시작했다. 그 청년은 미국에서 9·11테러가 일어난 뒤 다른 많은 부잣집 자제들처럼 테러의 재발을 두려워하여 잠시 해외로 피난을 나왔는데, 애니메이션을 좋아해서 지브리에 찾아왔던 것이었다. 그러나 막상 무엇을 하고 싶은지는 그 자신도 모르고 있었다. 주변의 평가나 좋은 인상과는 반대로 허약한 내면을 지닌 청년의 모습에서 양면성을 지닌 하울의 이미지가 떠올랐다. 이처럼 스튜디오 지브리에서는 일상생활 가운데 사방팔방으로 지식의 링크가 엮어져 작품이 탄생했던 것이다.

대부분의 사람들은 불량채권의 처리업무에 시달리는 은행직원을 보거나 카바레식 클럽 이야기를 듣거나 갑자기 찾아온 미국 청년을 만나도 거기서 아무것도 떠올리지 못한다. 단지 과거의 경험에서 유래한 어떤 종류의 편견이나 필터를 통해 보려고 하는 게 고작이다.

"상식이란 18살까지 익힌 편견의 집합체이다."

아인슈타인의 이 말처럼 인간은 편견을 상식이라고 칭하며 지니고 있기도 하다.

반면에 미야자키 감독과 스즈키는 자기라는 존재를 잃어버린 미국 청년을 '꼭 채용해보고 싶다.'라고 생각할 정도로 직접 경험한 것을 있는 그대로 받아들였다. 현장에서 보고 듣고 느낀 것으로부터 지식의 링크를 펼 수 있는가 하는 것은, 아무런 상상이나 단정도 하지 않고 있는 그대로 받아들일 수 있는가의 여부에 달려 있다. 제2장에서 소개한 세븐앤아이의 전직원 회의에서 마쓰시타 고노스케의 '소박한 마음'에 관해 살펴본 것도 그 눈높이를 배우기 위해서이다.

그러나 있는 그대로 받아들이고 느끼는 것만으로는 아무것도 생겨나지 않는다. 그곳에서 나름대로 의미를 발견하여 지식의 링크를 엮어야 한다. 이때 원동력이 되는 것이 강한 문제의식이고, 그 바탕에 있는 것은 무엇이 '좋은 것'인지 진선미에 대한 가치판단이라는 것을 여러 번 반복하여 언급했다. 가설이란 말하자면 자기 나름대로 이상을 실현하고 싶다는 마음의 투영이며, 그 마음이 생겨났을 때 지식의 링크로 엮여 가설이 되어 나타난다.

세상에 존재하는 다양한 것들을 은유를 통해 문제해결의 열쇠로 삼을 수 있는 것도, 강한 문제의식이 각각의 사물 깊숙한 곳에 있는 의미를 감지하게 만들기 때문일 것이다.

"눈 자체는 보지 못하며 귀 자체는 듣지 못한다. 보는 것은 정신이며 듣는 것은 마음이다."

40여 년 전 일본의 축구가 허약했을 때 관계자들이 독일로 유능한 지도자를 초빙하러 갔는데, 어떤 체구가 작은 코치의 방에 걸려 있던 말이다. 축구공도 선수가 어떤 의식을 지니고 있는가에 따라 달리 보이게 된다. 관계자들은 그 깊은 통찰력에 감동하여 곧바로 그를 초빙했다. 일본은 1964년 도쿄올림픽에서 8강에 들었으며, 1968년의 멕시코올림픽에서는 동메달을 땄다.

문제의식을 갖고 있으면 아무것도 아닌 광경이 정보로 인식된다. 눈으로 보는 것이 아니라 마음속의 문제의식으로 사물을 보기 때문이다. 적외선투시경을 쓰면 어둠 속에서도 보이지 않는 것이 보이게 되는 것처럼, 문제의식이라는 안경이 있으면 보이지 않는 링크가 보이게 된다. 뉴턴도 문제의식을 지니지 않았다면 사과가 땅에 떨어지는 광경을 보고 만유인력을 발견할 수는 없었을 것이다.

물론 문제의식을 지녔다고 해서 눈에 보이는 모든 것이 의미를 지닌 것으로 바뀌지는 않는다. 그러나 중요한 것은 문제의식을 지니는 것을 습관으로 만드는 일이며, 현장경험을 쌓는 가운데 점차 보이지 않았던 것이 보이게 된다는 점이다. 창조의 원석은 마음 깊숙한 곳에도 가득차 있다. 그것이 현장에서의 직접경험을 통해 연마되고 지식의 링크라는 빛을 발하며 가설을 창출하는 힘이 된다. 그것이 인간이 지닌 능력의 본질이다.

다음에 다루는 것은 소니의 사례이다. 그 제품은 전자상점가에서는 팔리고 있지 않다. 정확히 말하면 소니 제품으로서는 가게에 진열되어 있지 않다. 그러나 휴대폰을 비롯한 다양한 기기의 구성부품으로 매우 많은 사람들의 생활속에 침투하여 편리성 향상에 공헌하고 있다. 그리고 활용되는 곳은 앞으로도 비약적으로 늘어날 것이다.

하이테크화의 극적인 진전에 따라 제조업체에서도 장치나 구성부품 사업은 큰 이익을 낳는 기둥이 되고 있다. 다만 구성부품이기 때문에 아무리 뛰어난 기능을 갖고 있어도 단독으로는 활약할 곳이 없다. 활용할 곳을 확대하기 위해 어떻게 지식의 링크를 엮어갈 것인지, 하나의 모범사례를 살펴보고자 한다.

생활 혁명을 몰고온 IC카드
소니의 펠리카

● **혁신 포인트** ①
사람들의 생활을 파고들다

지갑 속의 내용물은 늘지 않았는데, 지갑 속의 홀더에 넣는 카드 수는 점점 늘어나서 지갑이 부풀어만 간다. 카드사회가 진전될수록 사용자는 쓰지도 않을 카드를 갖게 되고 지갑은 비명을 지른다. 그런 카드 남발 전쟁에서 해방될 날이 조금씩 도래하고 있다.

예를 들어, 어느 지방도시에 사는 A씨가 도쿄로 출장을 가는 모습을 떠올려보자. 아침에 그는 아파트를 나선다. 문은 휴대폰 속에 탑재된 전자키로 잠근다. 초고속열차의 전자승차권과 지정좌석권도 휴대폰 네트워크를 이용하여 구입하며, 개찰구에 단말기를 대고는 역에 들어가서 승차한다. 차내에서 산 도시락 값도 같은 식으로 예금계좌로부터 인터넷을 경유하여 충전한 전자화폐로 지불을 완료한다.

도쿄에 도착하여 도쿄 지사로 간다. 휴대폰은 그곳 출입에 필요한 사원증으로도 사용이 가능하다. 일을 끝내고 물건을 사러 가전양판점으로 향했다. 휴대폰 속의 포인트카드를 불러내니, 과거의 이용 실적에 맞추어 그날 구매하면 이득이 되는 쿠폰을 받을 수 있다. 밤에는 도쿄의 대학에 다니는 아들을 만나기로 되어 있다. 아들한테서 '아르바이트로 늦어질 테니 먼저 방에 들어가 계세요.'라는 메시지와 함께 휴대폰으로 전자키가 전송되어 왔다. 이날 A씨는 단 1엔의 현금도 사용하지 않았다. 도시락 값도, 개찰구 통과도, 본인 인증도, 열쇠도 전부 휴대폰을 판독기에 갖다대는 것으로 해결되었다.

아침에 집을 나와서 밤에 돌아갈 때까지 한 대의 휴대폰, 혹은 한 장의 카드로 거의 모든 일을 처리할 수 있다. 그런 생활을 가능하게 해주는 것이 소니가 개발한 '펠리카Felica'라고 불리는 비접촉식 IC카드 기술이다. 카드에 탑재되는 IC(집적회로) 칩은 CPU(중앙연산장치)와 메모리로 구성된 초소형 컴퓨터 같은 것이다. IC카드와 판독기 사이를 직접 접촉할 필요 없이 전자파를 사용한 통신으로 자료의 판독과 기록을 행한다고 하여 비접촉식 IC카드라고 불린다.

펠리카는 이미 일본인의 일상생활에 널리 침투하고 있다. 먼저 교통

시스템 쪽을 살펴보면, 대표적인 것으로 JR동일본(철도회사명)의 '스이카(IC승차권, 정기권과 전자화폐가 있음)'가 있다. 총 1,665만 장이 발행되었다(그 중 전자화폐는 2006년 5월 말 현재 1,260만 장). JR서일본(철도회사명)의 '이코카(ICOCA)'도 전국 각지의 철도와 버스회사에서 도입이 이어지고 있다.

더불어 펠리카를 사용한 프리페이드 타입의 전자화폐 '에디Edy'의 이용도 급속히 본격화되고 있다. 비교적 소액결제로 해결되는 편의점, 잡화점, 슈퍼마켓, 홈센터, 가전양판점, 음식점 등에서 고객 확보를 목표로 에디를 탑재한 회원카드 도입이 급증하고 있다. 가맹점 수는 전국에 3만 점포를 넘어섰고, 2005년의 누계 이용 건수는 1억 2천만 건을 돌파했다. 에디 기능이 붙어 있는 신용카드도 증가일로에 있다.

그리고 2004년 7월, 펠리카를 탑재한 NTT 도코모의 '지갑형 휴대폰(i모드 펠리카라고도 함)'이 등장했다. 에디를 이용한 쇼핑 외에도 영화관의 입장권 발행, 각종 포인트카드나 회원카드로서의 이용, 집이나 사무실의 전자키 서비스 등이 가능한 점 때문에 서비스 개시 1년 반 만에 계약 수가 천만 건을 돌파했다. au와 보다폰(현 소프트뱅크)도 비슷한 서비스를 곧바로 개시하여 이용 건수가 순조롭게 늘어나고 있다.

더욱이 2006년 6월에는 에디를 운영하는 비트월렛(소니그룹과 NTT 도코모를 중심으로 각 업계가 공동 출자한 운영회사)과 인텔, 마이크로소프트가 전자화폐를 사용한 전자상거래의 보급 촉진을 꾀하는 프로젝트를 공동으로 실시했다. 이들은 펠리카에 대응하여 판독기와 기록기가 내장된 컴퓨터 대수를 큰 폭으로 늘리고, 펠리카를 능가하는 온라인 서비스의 제공과 온라인 거래액의 확대를 목표로 내걸었다.

세계의 컴퓨터를 장악하고 있는 인텔사가 제조한 CPU가 들어간 '인텔 인사이드Intel Inside'처럼 카드, 휴대폰, 컴퓨터 등 현대 생활에서 없어서는 안 될 전자기기들 속에 펠리카가 포함된 '펠리카 인사이드'의 세계가 급속히 넓어지고 있다. 최근 몇 년 동안 히트작을 내놓지 못하여 실적이 저조했던 소니로서는 펠리카가 오래간만의 빅히트상품이라고 할 수 있다.

다만 펠리카는 구성부품에 지나지 않기 때문에, 칩이 들어간 곳을 찾아내도 SONY라는 로고를 볼 수는 없다. 같은 부품이라도 소니제 CCD(전하결합소자) 등은 소니의 간판상품인 비디오카메라나 디지털카메라의 뛰어난 성능과 직결되지만, 펠리카는 그렇지 않다. 그런 의미에서는 화려한 브랜드 이미지와 달리 '소니답지 않은 상품'이라고도 할 수 있다. 실제로 사업진행 방식도 소니답지 않았다. 그러나 그 개발과정을 파고들어보면, 그곳에서 새 시대에 맞는 사업전략을 타사보다 앞서 도입한 선진기업의 모습을 찾아볼 수 있다.

● **혁신 포인트 ②**
창업자가 도전 정신을 물려주다

개발의 발단은 1988년으로 거슬러 올라간다. 소니연구소에 택배물류관리를 위한 비접촉 IC태그의 개발 의뢰가 들어온 것으로부터 시작된다. 완성된 태그는 비용이 지나치게 많이 들었으므로 상품화되지 못했으나 개발은 계속되었다.

"소니에서는 원래 IC카드 개발은 하지 않았어요. 그러나 새로운 가능성이 발견되면 일단 시도해보고, 당장은 상품화로 연결되지 않더라도 자유로이 개발하도록 놓아둡니다. 그것이 소니의 기업문화죠. 저의 전임자들도 그런 자유를 얻고 있었다고 생각됩니다."

이렇게 말한 사람은 1999년부터 개발에 관여하여 스이카 도입을 시도한 펠리카비즈니스센터 개발부의 모리타 나오 총괄부장이다. 모리타를 비롯하여 역대 개발부 팀원들에게 전해진 최초의 배턴은, 소니를 가장 잘 상징하는 인물인 창업자 이부카 마사루에 의해 넘겨졌다. 1988년 당시 명예회장이었던 이부카는 우연히 회장직을 맡고 있는 철도종합기술연구소에서 IC카드식 승차권과 정기권 연구가 진행되고 있다는 사실을 알았다.

'우리의 이 기술이 교통승차권에 적합하지 않을까?'

자신들의 IC 기술의 뛰어난 품질을 간파한 이부카는 그 두 가지를 연결시켰다. 경영의 제일선에서 물러났어도 여전히 자사의 기술에 대한 관심과 직관의 날카로움을 말해주는 일화라 할 수 있다. 여기서부터 공동연구가 개시되었다.

얼마 지나지 않아서 소니에 큰 기회가 찾아왔다. 1993년에 홍콩에서 세계 최초의 본격적인 IC교통카드 시스템 입찰이 있었는데, 소니가 참가하여 수주에 성공한 것이다. 1997년, 표를 사지 않고도 각 교통기관에 승하차가 가능한 '옥트버스카드'가 본격 가동되었다.

모리타의 말이다.

"홍콩에서의 입찰 참가는 큰 모험이었어요. 가능할지 어떨지 전혀 알 수 없었거든요. 다만 가능하다고 말한 당시 리더의 말만 믿고 팀원들이 단기간에 달성해냈죠. 그 훌륭한 성공의 결과로 펠리카의 원형이 태어났습니다. 이 일은 하나의 성공사례로 주목을 끌었고, 우리 기술이 높은 평가를 받게 되었어요."

여기서부터 톱니바퀴가 크게 돌아가기 시작했다. 소니와 철도종합기술연구소의 공동연구는 철도와 관련된 각 회사와 단체들에 의한 사양 검토로 발전했다. 철도업계에서 책정한 규격에 소니의 기술이 담겨졌다. JR동일본은 IC카드식 승차권/정기권 프로젝트에 착수했으며, 비접촉식 IC기술 조달을 위한 경쟁입찰을 실시했다. 소니는 높은 기술력과 홍콩에서의 교통시스템 개발에서 쌓은 경험과 노하우가 높은 평가를 받아 강적들을 물리치고 낙찰에 성공했다. 그리하여 2001년 12월, 펠리카를 탑재한 스이카가 본격적으로 가동을 개시했다.

어떻게 펠리카가 선정되었는가? 다른 회사들은 같은 IC카드라도 접촉식을 택한 곳이 많았으며, 접촉식을 기반으로 비접촉식을 개발하고 있었다. 반면에 소니는 접촉식에 손대지 않았던 것이 오히려 행운으로 작용했다. 소니는 처음부터 무선으로 신호를 띄우는 것을 전제한 비접촉식의 최적화를 목표로 했다. 접촉식은 큰 메모리 용량을 필요로 했는데, 용량이 크면 통신거리를 유지하기 힘들어졌다. 그래서 펠리카는 신호를 송신하기 쉽게 메모리를 소형화했다.

"접촉식을 기반으로 한 다른 회사들이, 말하자면 타조를 날게 만들려고 했던 것에 비해 우리는 비둘기를 만들었어요. 즉, 처음부터 날 수 있는 것으로 만든 것이죠. 설계 마인드가 완전히 달랐던 겁니다."

더 큰 차이점은 안전성 문제에 있었다. 접촉식은 직접 갖다대는 형태이므로 외부에서 읽을 수 없었기 때문에 애초부터 안전성 문제는 그다지 중시하지 않아도 되었다. 그러나 비접촉식에서는 비밀이 아닌 정보를 비밀로 만들어 사용할 수 있도록 암호화 등의 추가 기능을 넣어야 하므로 기술적 제약을 받는 부분이 적지 않았다.

반면에 비접촉식은 자료를 읽거나 기록할 때, 무선 통신을 수신한 제3자에 의해 기록이 도난당하지 않도록 정보를 암호화하여 안전성을 확보할 필요가 있었다. 펠리카는 처음부터 비밀정보를 다룰 수 있는 사양을 생각했고, 예외적으로 비밀로 만들 필요가 없는 것은 암호화하지 않는 형태로 처리했다. 이처럼 사고의 방향이 반대였기 때문에 기술적 제약이 별로 없었다.

최종적인 결정타는 빠른 처리속도였다. 스이카는 개찰구 통과시 판독을 더욱 확실히 하기 위해 판독기에 가볍게 터치하는 방식을 택했는데, 펠리카의 처리시간은 그때까지의 자기 방식의 0.7초에 비교하여 0.1초라는 압도적인 속도를 실현시켰다.

역시 모리타의 말이다.

"소니는 접촉식에 관해 무지했던 만큼, 기존의 선입관이나 제약에 방해받지 않은 채 어떻게 하면 사용자들이 편리하게 여기고 자주 사용하게끔 할 수 있을지를 생각했어요. 고객이 이렇게 했으면 좋겠다고 여기는 방식과 우리가 이렇게 하는 편이 좋겠다고 생각한 방식을 합쳐 비접촉식 IC카드가 무엇을 갖추어야 하는지를 그려보았습니다. 그렇게 하여 실제로 만들어진 것이 펠리카였죠."

일본 최대 철도회사 JR동일본의 스이카에 채용됨으로써 펠리카는 일약 각광을 받게 되었다. 해외에서도 중국의 신센과 싱가포르 등에 도입이 이어졌다.

그것은 동시에 소니가 커다란 사회적 책임을 떠맡게 된다는 사실을 의미했다. 교통 인프라를 지탱하는 이상, 사업을 계속 이어가는 것은 절대적인 사명이 된다. 그러나 소니가 판매하는 것은 어디까지나 칩이며, 한 장을 팔아보아야 수입이 얼마 남지 않는다. 이것을 부품사업으로서 어떻게 발전시키고 큰 수익을 얻어낼 것인가? 그것이 소니에게 주어진 큰 과제였다.

그 해답을 위한 장치는 펠리카 속에 처음부터 들어가 있었다. 한 장의 카드에 여러 가지 서비스가 결부되면 상승효과가 생겨 사용자가 휴대할 확률이 높아진다. 소니는 향후의 사용 방식을 미리 내다보았고, 메모리 속에 발행자가 관리하는 영역과는 별도로 발행자의 동의를 얻어 어떤 사업자라도 참가할 수 있는 공동 영역을 준비해두었던 것이다. 그리고 이 공동 영역에 진입한 대표적인 서비스 중의 하나로 비트월렛에 의해 제공된 것이 전자화폐 에디였다.

● **혁신 포인트 ③**
알량한 자존심을 접다

이제 펠리카 사업은 다음 단계로 접어들었다. 사업을 발전시키기 위해서는 서비스의 종류와 이용 가능한 장소를 확대시켜나가지 않으면 안 되었다. 한 걸음 더 내딛고 스스로 시장을 창조해나가는 것. 새로운 도전의 시작이었다.

펠리카 사업을 위한 조직 정비도 이루어졌다. 소니 상품의 국내영업은 통상 판매회사인 소니마케팅이 담당했으며, 장치나 부품은 판매 대리점 등이 맡는 경우가 많았다. 이와 달리 신설된 펠리카비즈니스

센터는 개발부, 설계부, 사업전략부 그리고 독자적인 영업부로 구성되어 거의 모든 기능을 직접 갖춘 독립성이 강한 일괄조직이었다. 이는 기존의 소니방식과는 전혀 다른 사업을 전개해야 한다는 것을 의미했다.

모리타의 말이다.

"펠리카 사업은 소니 스스로 새로운 서비스를 시작하는 것이 아니라, 기존에 있던 서비스를 펠리카라는 플랫폼 위에 바꾸어놓는 것이었어요. 따라서 소니 혼자만으로는 불가능했고, 복수의 사업자들을 연결시켜 연계체제를 만들어야 했죠. 어떤 서비스를 제공해야 사업이 확대될 것인가? 먼저 내부에서 철저하게 논의하여 카드가 사용되는 분야들이 무엇인지 전체적인 지도를 만들자. 그리고 가능성을 따져 기술을 도입하고, 장기적인 관점에서 펠리카를 사용해줄 법한 카드발행사나 카드제조회사, 서비스업자 등을 찾아가서 제안하고 설득하자. 결과적으로 카드가 보급되면 우리 수익도 됩니다. 그야말로 보조적인 사업이면서 다른 제휴회사들의 뒷마당에서 교섭하는 간접영업이었는데, 그것은 소니가 전혀 경험한 적이 없던 것이었어요."

지금 있는 것을 어떻게 판매할 것인가가 아니라 펠리카의 사용 방식은 어떠해야 하는가? 장래의 가능성을 그려보고 기술을 도입하면서 상대에게 제안해나간다. 이 미래주도형이라고 할 만한 영업전략의 성과는 다양한 복합카드가 되어 나타났다. 획득한 마일 수를 에디로 변환하거나 스이카의 충전에 사용할 수 있는 항공회사의 마일리지 카드, 에디 기능이 탑재된 사원증, 손바닥 정맥의 인증정보를 기록하여 위조와 도난을 막는 은행 현금카드 등 연계의 틀은 크게 확대되어갔다.

그리고 펠리카는 더욱 진화하여 휴대폰 속에까지 들어갔다. 휴대폰 본체의 CPU와 IC카드 사이에 통신이 가능함으로써 인터넷을 통해 예금계좌로부터 전자화폐로 충전하는 등 사이버 공간에서의 활용이 비약적으로 늘어난 것이다. 2006년 1월에는 휴대폰에 스이카를 탑재하는 '모바일 스이카' 서비스도 시작되었다. 그 일을 추진한 사업전략부의 다케사와 마사유키 총괄과장은 이렇게 말한다.

"가령 한 사업자가 휴대폰을 통해 어떤 서비스를 제공하려고 생각할 때, 종래에는 그것을 위한 장치가 필요했죠. 그러나 펠리카가 휴대폰 속에 들어가 있으면, 펠리카 속의 공동 영역에 참가하기만 하면 됩니다. 공동 영역은 그런 세계가 오리라는 전제 아래 생각해낸, 휴대폰에 매우 적합한 구조였던 거죠."

● **혁신 포인트 [4]**
유아독존적인 생각을 버리다

교통카드에서 복합카드로, 더 나아가 휴대폰으로……. 단계별로 확대되어온 펠리카 인사이드의 세계. 그것은 계속적으로 새로운 가능성이 열리는 종착역 없는 세계처럼 보인다. 하지만 그것은 '종착역이 없는' 것이 아니며, 단지 '종착역에 이르지 않도록' 하는 것이라고 모리타는 강조했다.

"펠리카가 궁극적으로 해야 할 일은 현실세계와 사이버세계 양쪽을 포함한 일상생활에서의 결제 시스템이었어요. 에디로 지불하는 것은 말 그대로 결제하는 일이죠. 사용자들은 에디를 이용하여 정해진 기간 내에 자유롭게 사용할 수 있는 회수권이나 입장권을 결제하고 있습니다. 다른 측면에서 보면 그것은 권리행사이기도 합니다. 예를 들어, 전자화폐는 에디라는 단위의 권리를 행사하여 물건을 사죠. 전자키도 내부로 들어갈 권리를 행사하는 거예요. 즉, 펠리카는 디지털사회에서의 결제 수단이며 권리행사 수단입니다. 우리는 본질을 철저히 추구했기 때문에 다음에는 무엇을 하면 좋을지 가능성을 볼 수 있었고, 그것을 현실화하고 있는 거죠."

디지털사회에서의 온갖 결제와 권리행사를 IC칩으로 가능하게 한다. 본질을 철저히 따지면서 새로운 서비스의 가능성을 찾는다. 하지만 어디까지나 보이지 않는 곳에서, 보조적인 역할에 철저하지 않으면 안 된다.

영업부 직원들은 연계를 맺으려는 상대 회사를 찾아갈 때마다 이런 말을 들었다고 한다.

"천동설을 주장하는 분들이 오셨군요."

자신들의 기술력이나 상품력에 대한 자신감이 담긴 강한 자기주장. 모든 것이 자신들을 중심으로 돌고 있다고 여기는 넘칠 듯한 자부심. 그런 '천동설'의 주인공인 소니의 사업부가 어떻게 보조자의 역할을 맡으면서 성공을 이끌어낼 수 있었는가?

모리타의 말이다.

"종래의 소니라면 자사 중심으로 공세를 펼쳤겠지요. 하지만 유아독존적인 자세로는 펠리카 사업이 성립되지 않아요. 이만큼 편리한 것이 보급되고 사용될 수 있다면, 함께 손을 잡고 서로를 존중하고 보완

하면서 해나가도 되지 않을까? 오히려 우리가 중심이 된다는 의식을 갖지 않았기 때문에, 쉽사리 모방할 수 없는 비즈니스 제휴가 가능했다고 생각됩니다."

소니다움을 일부러 버린 것이 발전을 가능하게 했다. 그렇게 모리타가 말한 반면, 40대 전반보다는 한 세대 젊은 다케사와는 다음과 같이 말했다.

"그래도 바탕에는 소니의 정신이 살아 있다고 봅니다. 남들이 하지 않는 것을 더 빨리, 그리고 끝까지 해내어 널리 사회에 보급시킨다. 시장 창조가 소니의 유전자라면, 펠리카도 의심할 여지 없이 소니의 상품이죠."

소니의 정신을 유지하면서도 천동설을 부정하고 복수의 기업을 묶어 '스타 얼라이언스(위성동맹)'를 형성함으로써 사용자 주변을 공전한다. 이부카 마사루는 '창조'라는 말을 가장 좋아했다. 그러나 아무리 소니일지라도 '독창성'만으로는 여간해서 성공에 이를 수 없게 되었고, '공동창조'를 추진하며 보조적인 리더십에 의해 각자의 지식을 연결해가는 시대에 들어섰음을 뜻하는 것일까? 선진기업의 숨겨진 성공은 21세기형 사업전략의 바람직한 모습을 보여주고 있어 도저히 눈을 뗄 수 없다.

소니에서 배울 점 : 지식의 동맹화

● 지식의 동맹화 ①
정규전식 직접전략 vs 지혜의 간접전략

먼저 이 사례를 전략에 대한 측면에서 파악해보고자 한다. 전략에는 '직접전략'과 '간접전략' 두 가지가 있다. 직접전략은 정규전을 감행하여 중앙을 돌파하면 나머지는 양적인 힘으로 밀어붙이는 방식이다. 소니는 과거에 전적으로 직접전략형이었다.

우선 그들에게는 자신이 맡은 일에 강렬한 꿈과 자부심을 가진 리더가 있었다. 이 리더가 바로 이것이라고 생각한 컨셉과 제품을 내걸고, 시장에 대해 자기중심적인 자세로 소니의 브랜드를 앞세워 중앙돌파를 시도하며 단번에 돌파했다. 개척자 소니가 미지의 세계를 개척하고 세상을 바꾸어나간다. 그러면 사용자는 반드시 따라오게 된다. 이렇게 천동설적인 직접전략을 통해 역사에 남을 수많은 히트상품을 발표해왔다.

반면에 간접전략은 여러 가지 책략을 구사하여 전체적으로 상대를 이기는 방법이며, 지혜가 시험을 받는 전략이다. 펠리카 사업의 전개 방식은 명백히 간접전략에 속한다. 그것은 개발한 상품이 비접촉식 IC 카드 기술이라는, 핵심적인 부품이라는 점에 기인한다. 부품은 아무리 이노베이션의 열쇠를 쥐고 있더라도 그것만으로는 브랜드화가 힘들며 직접전략을 취하기 어렵다.

펠리카 기술을 기반으로 하여 카드발행자, 카드제조자, 서비스사업자 등 여러 이해관계자들과의 사이에 지식의 링크를 엮어낸다. 그리고 각각의 지식을 활용하면서 전체적으로 만들어낸 지식으로 차별화를 도모하여 승리해간다. 펠리카는 소니의 독자적인 지식창조라기보다 제휴와 네트워크에 의해 사회의 지식을 총동원한 간접전략으로 이루어낸 사회적 지식창조의 성공사례이다.

펠리카뿐만 아니라 모든 산업 분야에서 다종다양한 제휴나 네트워크가 형성되고 있다. 기술의 고도화, 디지털화, 사회적 니즈의 복합화가 진전됨에 따라, 종래와 같은 직접전략이 아니라 다양한 지혜를 집결하는 간접전략이 통하는 분야들이 늘어나고 있다.

한 가지 전형적인 것이 미국 애플컴퓨터의 휴대용 음악재생기 'iPod'의 성공이다. iPod는 본체인 하드웨어, iTune이라는 소프트웨어, 백만 곡을 갖춘 iTMS iTune Music Store 배포서비스가 전체적으로 합쳐져 압도적인 강점을 나타내고 있다. 본체의 디자인이나 설계는 애플사가 맡아도 부품 조달과 조립은 대만, 일본, 한국, 영국, 네덜란드, 인도, 미국 등에서 행하며 많은 국가의 기업들이 관련되어 있다. 뒤쪽 거울면의 스테인레스가공은 예로부터 금속가공이 성했던 니가타 현 쓰바메 시의 중소기업이 담당하고 있다.

마케팅 면에서 iPod는 '자랑하며 걷는 플레이어'라는 컨셉이 확고히 자리 잡았다. 이것은 웹사이트에서 복장과 코디네이트한 예를 소개하는 등 패션의 일부라는 것을 여성 사용자에게 어필시킨 애플사 일본법인의 독자적인 전략이 모델이었다. 애플사의 창업자이자 CEO인 스티븐 잡스가 그것을 높이 평가함으로써 전세계적으로 시행되었다. iPod의 성공 역시 모든 지혜를 결집하여 지식의 링크를 만들어 전체적인 면에서 승리하는 간접전략의 시대가 도래하고 있음을 보여준다.

● **지식의 동맹화** ②
상품의 본질 파악

펠리카 사업의 발전은 지식의 동맹에 참가할 새로운 이해관계자를 개척해가는 것이 가능한지에 달려 있었다. 즉, 어떻게 계속 새로운 서비스에 대한 발상을 수평 전개하여 새로운 상대와 손잡고 나아갈 수 있는가 하는 문제였다.

부품의 경우에 따르는 어려움은 상품 자체가 외부로부터 보이지 않는다는 점이었다. 특히 펠리카는 IC칩이라는, 일반인들로서는 구체적인 이미지를 떠올리기 어려운 부품이었다. 그러나 최초 단계에서 일상생활과 밀접하게 관련된 교통카드라는 상징적인 발판을 마련하고, 뛰어난 기능을 마음껏 발휘할 수 있는 무대를 확보함으로써 누구나 쉽게 이해할 수 있도록 만들었다. 철도종합기술연구소에서 진행되던 연구에 관심을 갖고 교통시스템에 응용해보자는 최초의 링크를 연결한 소니의 창업자 이부카 마사루의 기술을 발견해내는 안목이 그야말로 감탄할 만하다.

그런 이부카도 펠리카가 휴대폰 속으로 들어간다고는 상상조차 하지 못했을 것이다. 교통시스템으로부터 어떻게 수평 전개시켜 널리 링크를 펴서 서비스의 종류를 확대하고 이용되는 곳을 늘려나갈 것인가? 그것이 다음 세대에 주어진 과제였다.

이 수평 전개를 확실하게 진행시키고 횡적인 연쇄를 넓히며 팽창시킬 수 있었던 것은 '나무'를 보면서 '숲'을 보고, '숲'을 보면서 '나무'를 볼 수 있었기 때문이다.

펠리카팀은 시장과 마주설 때, 개별적이며 구체적인 사용자의 니즈나 잠재적인 필요를 인지했다. 동시에 다가올 사회에 관해 이렇게 변해가지 않을까, 저렇게 되지 않을까라고 그들 나름대로 예견했으며, 사회 전체의 다양한 관계성을 철저히 논의했다. 그리고 개별서비스(=나무)를 전체의 관계성(=숲) 속에서 재파악했고, 더 나아가 그 관계성을 다방면으로 적용하면서 새로운 서비스를 찾아나갔다. 눈앞의 니즈만 보는 것이 아니라, 시장에서 세부적인 움직임과 전체적인 흐름을 반복적으로 보면서 수평 전개해가는 시각을 지니고 있었다.

지불 기능을 갖춘 휴대폰의 경우도 단순히 휴대폰에 전자화폐라는 '나무'를 부착시킨 것이 아니었다. 그들은 다양한 '나무'가 접목되어 링크됨으로써 휴대폰의 의미가 극적으로 진화하고, 생활스타일이 크게 변한다는 '숲'의 스토리성을 사용자에게 제공했기 때문에 대박을 터뜨릴 수 있었다.

그들은 또 펠리카의 메모리 속에 있는 공동 영역이 참가자에 따라 다양한 용도로 활용될 수 있다는 사실의 의미를 밝혀냈다. '펠리카는 현실세계와 사이버세계 양쪽 모두에서 디지털사회의 결제 수단이며 권리행사 수단이다.'라는 보편적인 가치를 도출했던 것이다. '결제'가 이루어지고 '권리행사'가 이루어지는 곳이라면 반드시 펠리카를 활용할 수 있다. 기존의 결제나 권리행사가 치환되는 것만이 아니라, 앞으로 더욱 비즈니스가 다양화되고 새로운 서비스가 등장할수록 활용되는 경우가 한없이 넓어져간다. 이처럼 그들의 상품이 지닌 본질적인 가치를 파악함으로써 다양한 이해관계자와 제휴하여 수평 전개의 가능성을 발견한 것이다.

간접전략에서 중요한 것은, 자기 상품의 본질적인 가치 파악함과 함께 수평 전개에서 '나무'와 '숲'의 양쪽을 보는 균형감각이다. 제휴나 네트워크를 구성하면 어느 부분에서 이익을 낼 것인지 경계 설정이 어려워, 윈윈관계가 성립하는 비즈니스모델을 구축하는 데도 균형감각이 꼭 필요하다.

지금 세상은 조립한 상품으로 정면돌파를 하기보다 핵심부품으로 승부하는 세계로 이행되고 있다. 직접전략에서 간접전략으로, 정면돌파보다 지혜의 총력전의 시대로 말이다. 펠리카같이 사외의 조직과 제휴하고 네트워크를 구성하여 수평 전개를 해나가는 경우는 물론, 기업 내부에서도 개별조직의 문어발화를 배제하고 지혜를 결집하는 전략이 요구되고 있다.

강렬한 의욕을 가지고 덤비는 것도 중요하지만, 그 이상으로 전체와 부분, 나무와 숲 모두를 볼 수 있는 균형감각을 지닌 인간이 간접적으로 당사자들을 연결시켜 지식을 총동원하여 이노베이션을 실현할 수 있다. 그런 균형감각형 이노베이터가 중간층에 얼마나 많이 자율분산적으로 존재하고 있는가? 그것이 간접전략 시대에 승리하는 기업의 조건이라고 할 수 있다.

제5장
업계를 평정한 감정의 지식

Think Innovation

인간은 감정의 동물이지만, 일할 때는 감정적인 것을 배제하고 이성적이어야 한다고 말한다. 정말 그럴까? 제1장에서 숙성차 개발 실패로 의기소침해 있던 산토리의 브랜드매니저 오키나카를 분연히 일어날 수 있게 했던 힘은, '뜻에 있어서만은 절대로 지지 않았다.', '이대로는 끝낼 수 없다.'라는 분노와 억울한 마음에 있었다. 그 후 100억 엔의 설비투자를 필요로 하는 제조법의 전면 교체에서도, 중역들의 저항을 무릅쓰고 '뜻있는 개발'을 관철시킬 수 있었던 것은 분노나 억울함 같은 '감정의 지식'이 떠받쳐주었기 때문은 아닐까?

감정의 지식은 주어진 일만 처리한다는 방관자적인 태도로부터는 생겨나지 않는다. 당사자의식이 강할수록, 일에 대해 실존적으로 접근하려고 할수록 희로애락의 감정이 용솟음쳐 이노베이션의 원동력이 된다.

이 장에서 소개하려고 하는 것은, 기업의 지식경영을 지원하는 패키지소프트웨어 개발과 관련된 사례이다. IT 비즈니스의 최첨단에 속한 것이므로 감정의 지식과는 반대되는 것처럼 보이지만, 개발자의 슬픔이나 분함 같은 체험이 이 획기적인 소프트웨어의 바탕에 깔려 있음을 밝히고 싶다.

9

시장을 석권한 경영지원 프로그램
내추럴시스템즈의 지식서버시스템

〈벌거숭이 임금님〉이란 우화가 있다. '바보나 지위에 걸맞지 않은 사람에게는 보이지 않는 옷'을 입은 임금님이 거리를 걷는다. 사람들은 임금님에게 맞출 수밖에 없어서 부자연스럽고 부자유스러운 상태를 강요받는다. 그때 한 소년이 외친다.

"임금님은 벌거숭이다!"

그러자 사람들도 본래의 자기 자신으로 돌아온다.

세상에는 이러한 부자연스러움이나 부자유스러움이 수없이 존재하지만, 우리는 스스로 적응하여 그런 상태를 거리낌없이 받아들이고 마침내 익숙해져버린다. 어느 날, 그 부자유스러움이 타파된다. 그것이 이노베이션이며, 타파시킨 사람은 이노베이터라고 불린다.

어떻게 그 사람은 부자연스러운 상태를 깨트릴 수 있었는가? 아마도 부자유스러움에 대한 저항과 함께, 고통을 있는 그대로 느끼고 사람답게 살고 싶다는 순수한 정신을 지속적으로 갖고 있었기 때문이 아닐까? 비즈니스 세계에서도 예외는 아니다.

여기에 등장하는 것은 수많은 기업이 효율화를 위해 도입한 컴퓨터 시스템에 대해 "임금님은 벌거숭이다!"라고 외친 인물이다. 이름은 니시 다카히로. 1996년, 49세 때 일본의 최대 정보서비스 기업인 NTT데이터에서 사내벤처 1호를 설립하여 기존의 개념을 뒤엎는 독자적인 IT 시스템을 개발했다. 기업의 지식경영을 지원한다는 의미에서 '지식서버'라고 명명한 그 시스템은 곧바로 주목을 받았으며, 그는 2001년 직접 출자하여 자회사인 NTT데이터널리지를 설립했다. 2006년에는 벤처기업으로서 독립성과 기동성을 높이기 위해 MBO(Management Buyout, 경영진에 의한 기업매수)를 실시하여 새로운 회사 내추럴시스템즈를 설립했다.

지식서버의 특징을 한마디로 말하면, 사용자 자신이 업무스타일에 맞추어 시스템을 구축하고 성장시켜가는 자율형 시스템이다. 기존의 시스템은 처음부터 컴퓨터 프로그램이 있어야 하고 업무를 그것에 맞추는 타율형이 일반적이었다.

니시의 말이다.

"어느 저명한 대기업이 유명한 패키지 소프트웨어를 커스터마이즈하여 도입하려고 했어요. 그런데 소프트웨어 회사로부터 이러저러한 것을 결정하지 않으면 시스템이 움직이지 않는다는 말을 들었죠. 그들의 업무 방식이 패키지 소프트웨어와 맞지 않기 때문에 현장에서 바로 결정하지 못하고 그런 상태로 6개월이나 끌었습니다. 이미 100억 엔 이상을 투입한 터라 포기하지도 못하고 딜레마에 빠졌죠."

컴퓨터 중심으로부터 인간 중심으로, 시스템 개발의 마인드를 180도 전환한다. '한 사람이라도 더 많은 동지를 얻기 위해' 무엇에 홀린 것처럼 니시가 전국을 '전도'하며 돌아다닌 모습은 업계에서 잘 알려져 있다. 니시는 PC나 자료가 들어 있는 무거운 가방을 양손에 들고 다닌 탓에 복압으로 복막이 종이처럼 얇아져 파열되기 직전에 수술을 받는 등 목숨을 아끼지 않고 몰두했다. 그 힘의 근원은 니시가 자라온 성장 과정에 있었다. 우리는 거기서 부자유스러움으로부터 스스로를 해방시키는 힘의 원천을 배우게 된다. 먼저 시스템의 개요를 살피는 것부터 시작하자.

●혁신 포인트 ①
정보시스템에 '문진問診'을 채우다

마이크로소프트가 "일본에서 개발된 것 중 세계적으로 보급될 가능성을 갖추고 있다."라고 절찬한 이 시스템은, 회사 내에 두 가지 지식이 존재한다는 데서 발상되었다. 경험이나 직관으로 얻어지며 언어나 문장으로 표현하기 어려운 주관적인 지식인 암묵적 지식과, 언어나 문장으로 표현되는 명시적이며 객관적인 지식인 형식적 지식이다. 일상적인 업무를 통해 개인은 각자의 암묵적 지식을 익혀가지만, 조직 내에서 볼 수 있는 것은 오직 보고서 등으로 문서화되는 형식적 지식뿐이다. 대개 그 형식적 지식에는 업무의 '결과'가 나타난다. 그러나 "정말 중요한 지식은 결과에 이르기까지의 과정에 포함됩니다."라고 니시는 말했다.

"어느 대기업 경리부장으로부터 이런 상담을 받았어요. 3년마다 부원이 교체되는데, 매번 같은 문제나 장애를 일으키고 있다는 것이었어요. 조직에는 안정된 시스템이 구축되어 있는데 왜 그런 걸까요? 해결책은 분명했습니다. 시스템에 입력하는 것은 어디까지나 결과 정보입니다. 그 결과에 이르는 과정에서 스스로 생각하고 가설을 세우며, 대처하고 경험을 쌓아가는 부분이 꽤 많은데 바로 거기에 진정한 지식이 있죠. 그것을 공유할 수 있다면 문제는 개선됩니다. 개인의 암묵적 지식을 언어나 문장으로 만들어 가시화한다. 우리 시스템의 기본은 거기에 있습니다."

하지만 자신의 경험이나 감각을 말로 표현하는 것은 그리 쉬운 일이 아니다. 영업직원이 상대한 고객의 반응을 어떻게 표현하는가, 제조 현장에서 발견한 장치의 변형을 어떻게 언어화하는가 등과 같이 언어로 나타내는 자체가 어렵다. 니시 역시 젊었을 때는 주말이나 월말 시간은 '보고서 작성'에 낭비되었고, 때로는 '날조하는 일'도 드물지 않았다.

보다 큰 문제는 같은 언어나 문장이라도 쓰는 사람과 읽는 사람에 따라 서로의 입장과 배경이 다르기 때문에 의미가 어긋나고 인식의 차이가 생겨나게 되는 점이다. 그래서 기업에서는 통상적으로 상사와 담당자 사이에 의사와 환자의 관계처럼 '문진問診'이 이루어지며, 그것을 통해 어긋남이나 갭이 수정되면 비로소 공통인식이 얻어진다. 이와 마찬가지로 시스템과 사용자 사이에 문진이 이루어지도록 한다면, 현장에서 얻어진 것이 쉽게 언어화되어 지식의 공유와 활용이 가능해지지 않겠는가? 지식서버의 출발점은 문진의 개념을 시스템에 집어넣는 데 있었다.

구조를 살펴보도록 하자. 지식서버 시스템에는 회사의 각 업무들에 관해 '템플릿template'이라고 불리는 샘플 문서가 준비되어 있다. 템플릿은 몇 가지 '주제별 괄호넣기식 정형문'으로 구성된다. 예를 들면, '○일 ○시[방문 일시]에 ○○회사[고객명]의 ○○[담당자]를 ○○을 위해[방문 목적]서 ○번째[횟수] 방문하여 결과는 ○○이었다[계약 성립 유무]'와 같은 식이다. 괄호넣기식 정형문은 개개 업무의 절차를 나타내며, [방문 일시], [고객명], [방문 목적] 등의 괄호넣기 부분은 업무의 기본요소가 된다.

이 괄호넣기 부분에 어떤 카테고리를 정하고 어떤 말을 넣을지, 각 회사마다의 독자적인 용어군이 준비된다. 직원들은 해당되는 용어를 계속적으로 클릭해감으로써 문장을 완성할 수 있다. 여기에 문진이라는 개념이 반영되어 있다. 이 지식서버의 획기적인 점은 템플릿을 작성하는 프로세스에 있다.

니시의 말이다.

"일반적으로는 패키지 소프트웨어를 정보서비스 회사에서 커스터마이즈하여 도입하는 경우가 많아요. 저희 시스템이 크게 다른 것은 SE(시스템엔지니어)나 프로그래머의 개입을 필요로 하지 않는다는 점이죠. 키보드를 다룰 줄만 알면 템플릿 작성은 하루나 이틀 정도의 연수를 통해 사용자 자신이 할 수 있게 돼요. 이때 '업무는 어떠해야 하는가?', '어떠했으면 좋겠는가?'라는 토론을 거듭하여 그 결과를 템플릿이라는 형태로 나타낼 수 있습니다. 경영자가 자신의 이념이나 경영에 대한 생각을 템플릿에 투영시킬 수도 있죠. 패키지 소프트웨어의 커스터마이즈는 '이러이러해야 한다'라는 외부 문화의 적용이지만, 템플릿은 자신들의 업무에 대해 '이러했으면 좋겠다', '이러하도록 하자'라는 이상을 모색합니다."

가령 '고객의 이익'을 중시하고 싶다고 하자. 그러면 괄호넣기 정형문에 [고객의 심리상황은 어떠했는가?], [고객의 요구는 무엇이었는가?], [고객의 반응은 어떠했는가?]라는 고객 중심의 괄호넣기를 설정한다. 혹은 [방문 목적]이라는 괄호넣기 부분에 [과제 발견], [과제 제기], [기획 제안] 같은 용어군을 열거하고, 어떤 시각이나 의식을 갖고 업무에 임하면 되는가를 나타낸다. 직원들은 괄호넣기 부분이나 용어군을 보고 배경에 있는 경영이념과 추구하는 이상을 암묵적 지식으로 이해해갈 수 있다.

● 혁신 포인트 ②
시간과 비용을 들이지 않고 시스템을 변경하다

더욱 주목해야 할 것은 시스템이 완성된 후의 사용법이다. 직원들은 업무를 수행하면서 템플릿의 괄호넣기 부분을 채워가지만, 시장의 변화와 함께 업무도 변하고 표현하고 싶은 내용도 달라진다. 기존의 시스템으로는 항목 하나를 추가하는 데에도 업자에게 부탁하고, 시스템 엔지니어가 새로운 시스템을 설계하지 않으면 안 되었다. 많은 시간과 비용이 들며 변화에의 대응이 늦다.

반면에 지식서버에서는 준비된 용어군에 표현하고 싶은 말이 없다면 새로운 말을 스스로 생각하여 추가할 수 있다. 괄호넣기 정형문도, 템플릿도 간단히 증설할 수 있다.

"어떤 대기업 상사의 중역이 제게 말하더군요. 지금까지는 필요할 때마다 시스템엔지니어에게 부탁하여 '건물 한 채'를 증설했는데, 이 시스템은 우리 스스로 템플릿을 하나 늘리면 되네라고요. 한 사람이 생각한 새로운 말이나 개념이 모두에게 공유되고, 그 깨달음이 퍼져 새로운 행동을 부르게 되죠. 그들 스스로 '증축'을 거듭하면서 조직 내에 지식창조가 늘 이루어지게 되는 것입니다."

실제의 도입 사례를 보도록 하자. 어느 휴대폰 회사에서는 이전까지 영업소의 파트타임 근무자나 아르바이트 직원이 그날의 영업보고서를 쓰는 데 어려움을 겪었다. 그러나 템플릿에 써넣는 동안 당사자의식이 생겨 그들 나름대로 궁리한 것들이 회사의 자산으로 쌓여갔다고 한다. 어느 시청에서는 '시민의 목소리'와 '회답'을 담당자가 입력했다. 이것을 전직원이 열람함으로써 자기 외의 담당자의 경험이나 문제해결 과정을 '의사체험'할 수 있게 되어 전력이 두터워졌다.

또한 어느 종합건설 회사에서는 현장에서 실패 정보를 문서화할 때의 내용이 제멋대로였던 것이 해소되었다. 더욱이 직원 한 사람 한 사람이 실패 정보의 등록 혹은 검색을 통해 얻은 '깨달음'과 '발견'에 자극받아 공사의 잘못이나 사고를 미연에 방지하는 노하우를 흡수해갔다. 그리고 개인의 기술 향상이 시스템에 피드백 되는 선순환이 생겨났다.

"중요한 것은 시스템이 회사의 DNA와 문화를 성장시켜가게 만드는 일입니다. 기업은 독자성을 지님으로써 존재할 수 있어요. 독자적인 문화나 DNA를 지니지 않으면 결국 도태되고 말아요."

니시는 스스로 개발한 시스템의 의의를 이렇게 이야기했다. 패키지 소프트웨어에는 그 나름의 이점도 있지만, 한편으로 현실에 부자유스러움을 느끼는 사람이 적잖이 있다. 그래도 어떻게든 맞추려고 노력한다. 그렇게 부자유스러움에 맞추어가는 데 대해 "그건 부자연스럽죠." 라며 니시가 의문을 제기하는 것은 그가 살아온 반생과 깊은 관련이 있다.

● **혁신 포인트 ③**
언어의 힘을 살리다

니시는 아마미오시마(규슈 남쪽 해상의 큰 섬 – 역주)에서 태어났다. 어린 시절에 그는 말을 더듬는 증세가 심했다. 학교에서도 교과서를 읽지 못하고 괴롭힘을 당해 오랫동안 등교하지 못했다.

"초등학교 4학년 때의 일입니다. 학교에 가지 않았으나 학교에서 배우는 말과 지방 사투리가 다르다는 것에 흥미를 느꼈어요. 가령 아마미에서는 나(わたし, 와타시라 읽음 – 역주)를 의미하는 단어 발음을 50음으로는 표현할 수 없는데도 우완(うわん)이라고 쓰곤 했어요."(일본어는 모음이 5개로 단순화되어 있어서 복잡한 외국어나 사투리를 발음하거나 표기

하기가 어렵다 – 역주)

초등학교 6학년 때에는 원하지 않았는데 회장이 되었다. 니시는 친구들 앞에서 제대로 말할 수 없는 부자유스러움에 고통을 받았고 분해서 이를 악물었다.

"그때부터였죠, 말에 대한 강한 집착이 생긴 것은."

중학교에 진학하면서 어려운 집안 살림을 도와야 했다. 새벽 4시에 일어나 신문을 배달했고, 점심 때에는 학교를 빠져나와 산에서 일을 도왔으며, 밤에도 양축장의 먹이를 모으러 어물전이나 요리점을 자정까지 돌아다녔다. 한 번은 어느 가게의 주인이 "즐겁게 일하렴." 하고 준 사탕과자에 격려를 받고 인정을 느꼈다. 그런 생활 속에서도 시간을 내어 도서관에 다녔다. 인간의 심리세계에 흥미가 생겨, 사람은 왜 서로 공통의 이미지를 갖는 것인가 하고 융의 심리학을 읽었다.

섬에서 학교를 졸업한 후, 니시는 가고시마로 나가 전신전화공사(현재의 NTT)에 취직했다. 이번에도 아마미의 사투리가 직장에서 통하지 않았다. 그는 말의 부자유스러움과 사회의 모순에 고민하고 분노를 느껴 1960년대 후반 좌익운동에 투신하기도 했다. 그는 직장 업무에서 멀어지는 만큼 스스로 일을 만들어갔다. 니시는 "스스로 생각하고 궁리하며 결론을 내려 해결해가는 기쁨을 얻었죠."라고 말한다.

1970년대에 접어들면서 컴퓨터 시대가 도래했다. 맹렬히 공부한 결과 선발시험에 합격하여 후쿠오카에서 시스템 개발 업무에 참여하게 되었다.

어느 날, 시스템 도입을 위해 그 지방의 슈퍼마켓에 파견되었다. 유통업은 전혀 모르고 있었던 이질문화의 세계였다. 말이 조금만 맞지 않아도 문제가 생기는 것을 경험하여 '상대와 공통언어가 없으면 합의는 불가능하다.'라는 것을 통감했다. 회사에서 담당자와 협의한 내용을 귀가하여 아내의 도움으로 정리해두었지만, 이튿날 담당자의 한 직급 위 상사와 만나면 말이 바뀌는 일도 자주 있었다. 같은 직원끼리도 공통언어나 공통인식이 생기지 않았다.

가장 고통을 준 것은 '사양 변경'이었다. 시스템 개발 후에도 '이렇게 해주었으면 좋겠다.', '저렇게 해주었으면 좋겠다.'라며 주문이 추가되었다. 더욱이 환경이 변화할 때마다 사양 변경이 반복되어 일일이 대응하느라 심신이 피폐해지는 나날이 계속되었다.

'비즈니스는 늘 변화한다. 그렇다면 시스템도 마음대로 변화시킬 수 있어야 하는 것이 아닌가? 시스템 엔지니어가 현상 업무를 분석하고 설계한 시스템을 끼워맞추는 지금의 방식으로는 무리야. 앞으로는 고객이 시스템을 사용하여 새로운 업무를 계속적으로 개발할 수 있는, 지식창조를 지원하는 시스템이 아니면 안 돼.'

그렇게 생각한 니시가 주목한 것은 '말의 힘'이었다. 업무는 모두 말로 표현된다. 만일 사용자가 시스템상에서 말을 자유자재로 구사할 수 있게 되면, 말이 창조의 원천이 되고 조직 내에 새로운 지식을 만들어낼 수 있지 않겠는가? 말로 표현할 수 있는 것은 반드시 실현할 수 있다. 누구나 언어를 자신의 것으로서 업무에 적용하면 조직은 극적으로 변한다. 니시는 최고경영자에게 편지를 써서 자신의 구상을 설명하고 사내벤처 설립에 이르게 했다.

지식서버를 도입하면 시스템 엔지니어가 개입하지 않아도 되며, 종래에는 억 단위의 비용이 들던 것이 천만 엔 단위로 충분하다. 비교할 수 없는 비용의 차이가 나타내듯이, 모든 면에서 기존의 시스템 개념을 뒤엎는 것이었으므로 NTT데이터 내부에서조차 좀처럼 동의를 얻지 못했다.

너무나 혁신적이었기 때문에 먼저 고객들의 이해를 얻어야 했다. 니시는 복막이 종이처럼 얇아질 정도로 몸을 혹사시키면서 출장을 다녔다. 지금도 니시는 그의 이야기에 귀를 기울여준 방문처 사람들의 이름을 종이에 써두고 감사의 말을 덧붙여 마음속에서 되뇌는 습관을 매일 아침 빼먹지 않는다. 그만큼 심혈을 기울였던 것은 '말의 힘으로 세상을 바꾸고 싶다.'라는 생각이 있었기 때문이라고 니시는 말했다.

"사용할 수 있는 언어가 적으면 발상도 점점 빈약해져요. 지식서버의 진정한 의미는 템플릿에 어떤 용어를 채워넣을 것인지, 말을 통해 자신들의 업무를 다시 살펴보고 바람직한 모습을 발견하는 데 있어요. 어느 유명한 출판·교육 계통의 기업에서는 도입을 계기로 그때까지 막연하기만 했던 그들이 추구하는 이상을 다시금 재검토하게 되었죠. 그 바람에 사양이 좀처럼 결정되지 않은 적도 있었어요. 그것은 지원하는 저희들에게도 고객에 의해 좌우되기보다 고객을 알고 고객과 함께 완성해가는 과정이 되어주었죠."

컴퓨터 시스템도 고객과 함께 만들어가는 공동창조의 관계가 깊어지면 사양 변경 지옥에서 해방된다. 컴퓨터 중심으로부터 인간 중심으로의 전환은, 시스템을 제공하는 쪽에도 업무의 부자유스러움에서 해방되는 것을 의미한다. 당초 규슈의 중견기업에서 도입이 시작된 지식서버는 점차 대기업으로 확산되어 영어권과 중국어판 제작도 진행되고 있다.

내추럴시스템즈에서 배울 점 : 감정적 지식의 활용

● **감정적 지식의 활용 ①**

주체적 지식시스템으로의 전환

이노베이터에게 요구되는 감정의 지식에 관해 언급하기 전에 니시가 만들어낸 지식서버에 대한 인식을 심화시켜보기로 하자.

노나카 등이 제창한 지식창조이론이 미국으로 건너가 이른바 지식경영이라는 개념이 생겨났을 때, 암묵적 지식이 형식적 지식으로 표출된 지식이라면 정보기술을 사용할 수 있을 것이라고 생각하여 지식공유 시스템 구축이 진행되었다. 그 기본 개념은 보편성 있는 시스템을 만들어 그것에 각 기업의 업무 프로세스나 스타일을 맞춘다는 것이었다. 활용된 문맥이나 상황을 따지지 않는 '문맥 자유' 시스템에 문맥이 정해진 '문맥 특정' 지식을 적응시키는 것이 세계화의 조류에 맞다는 이유 때문이었다.

그러나 이 지식공유 시스템은 효율성이나 생산성의 향상이 기대되는 반면, 자신들의 업무 프로세스나 스타일을 시스템 쪽에 맞추기 위해 시스템에 대한 주체적 관여가 허용되지 않고 방관자적 입장에 빠지기 쉬운 문제점도 있었다. 그 때문에 사색이나 행동을 통해 자신의 것이 된 진정한 의미에서의 지식을 공유하면서 새로운 지식을 창조하는 것이 아니라, 단순한 매개체로서 정보를 공유하는 것이 아닌가 하는 반론도 터져나왔다.

지식창조란 본래 암묵적 지식을 형식적 지식으로 전화하여 공유함과 동시에 표출된 형식적 지식과 개개의 암묵적 지식이 서로 작용하여 암묵적 지식이 질적, 양적인 면에서 보다 풍요로워지는 나선운동을 통해 이루어진다. 니시가 개발한 지식서버는 '문진'의 개념을 시스템에 집어넣음으로써 이 프로세스를 사용자 스스로의 손으로 IT상에 올리는 방식을 택한다. 미국산의 이른바 지식공유 시스템을 보완한 일본산의 지식창조 시스템이라고 할 수 있을 것이다.

문제는 사용자 자신이 업무 스타일에 맞추어 시스템을 만들어가기 때문에 문맥이 특정되는 '문맥 의존'이 중시되며, 결과적으로 보편성이 떨어져 비효율적인 것이 될 수 있다는 점이다. 그러나 '이러했으면 좋겠다.', '이러하도록 하자.'라고 자신들이 이상적으로 생각하는 업무 방식을 모색하는 가운데, 보편적인 '문맥 자유'와 개별구체적인 '문맥 의존'의 균형이 이루어지고, 그것을 바탕으로 시스템을 구축하면 문제점은 충분히 극복될 수 있다. 시스템의 추가와 수정도 그들의 손으로 직접 하고, 늘 최선의 업무 스타일을 반영할 수 있다면 창조성과 효율성은 틀림없이 양립할 수 있다.

최근에 특히 대기업에서 표준화된 시스템에 업무를 맞추는 쪽이 오히려 효율이 떨어지는 현상이 나타나 표층적인 세계화 지향에 대한 반성기에 접어들었다는 것을 생각하면, 지식창조 시스템의 존재 의의는 한층 더 커져갈 것이다.

● 감정적 지식의 활용 ②
인간에 대한 본질적인 이해

이 일본산 IT시스템은 어떻게 생겨났는가? 그것은 니시의 삶을 빼놓고는 생각할 수 없다.

기존의 IT시스템은 컴퓨터를 중심으로 만들어졌지만, 지식서버는 분명히 인간 중심으로 만들어져 있다. 그것은 지식경영에서 진정으로 요구되는 지식창조 시스템의 본질을 간파하는 눈이 니시에게 있었기 때문이다. 거듭 강조해온 바와 같이, 본질을 직관하고 통찰하는 눈은 강한 문제의식에서 생겨난다. 그리고 그 문제의식의 강도는 그 사람의 암묵적 지식의 깊이에 비례한다.

니시는 자신의 암묵적 지식을 형식적 지식으로 표출하는 무대에서 신체적으로나 경험적으로 고생을 거듭했다. 그만큼 인간 존재에 관한 암묵적 지식을 심화시킬 만한 배경이 있었던 것이다. 또한 니시는 양손에 든 가방의 무게 때문에 복막이 얇아질 정도로 출장을 많이 다녔다. 보통사람이라면 그 정도의 사명감을 지닐 수 없었을 것이다. 그 사명감도 냉혹한 현실과 맞선 다양한 경험에 의해 배가되었다. 인간 중심의 IT시스템은 농밀한 암묵적 지식의 세계를 지닌 사람이었기 때문에 이룩할 수 있었던 위업이기도 했다.

니시가 개발과 보급에 심혈을 기울인 이 시스템의 바탕에 있는 것은 인간 존재에 대한 끝없는 동정이며, 타인을 이해하고자 하는 강한 배려였다. 문진이라는 대화 장치를 통해 업무에서 각자의 지식창조의 프로세스를 끌어내고 이해해간다. 그것을 모두가 공유하고 서로 이해하고 상호작용하는 가운데 새로운 지식을 창조해간다. 니시는 타인 이해의 중요성을 알고 있었으므로, 단순한 매체로서의 정보 공유가 아니라 모두가 주체적으로 관여하는 지식창조 시스템을 완성할 수 있었다.

니시가 이 시스템에서 타인 이해를 기본에 둔 것은 그 자신이 말하는 데 장애를 겪었고, 남들의 이해를 받지 못하는 슬픔을 알았기 때문이었다. 혹은 타인의 말에 휘둘려 업무에서 타인 이해가 좀처럼 되지 않는 고생을 체험했기 때문이었다. 문진을 중시한 것도 말하는 데 핸디캡을 지니고 억울한 경험을 했던 만큼, 거꾸로 말이 지닌 힘을 실감했기 때문이었다. 사람의 근본적인 지식은 암묵적 지식에 있으며, 암묵적 지식의 바탕에는 감정적인 지식이 있다. 그것은 기쁨의 이해뿐 아니라, 본질적으로는 슬픔이나 분한 마음의 공유로부터 솟아난다.

정보 시스템을 바람직한 모습으로 바꾸지 않으면 안 된다며 전도하러 다니는 니시의 모습에서는 때로는 광기 같은 집념조차 느껴진다. 그 깊숙한 곳에서 보이는 것은 인간으로서의 순수함이다. 순수함도 감정의 지식으로부터 생겨난다. 니시의 처절한 삶은 우리가 대수롭지 않게 여기기 쉬운 것들로는 이노베이션이 절대로 불가능하다는 사실을 깨닫게 해준다.

●감정적 지식의 활용 ③
사람을 이해함으로써 얻은 성공의 '센터 핀'

감정의 지식이 사업의 본질을 간파하는 힘이 된 사례를 한 가지 더 소개하도록 하자.

디스코와 간호사업. 언뜻 보기에는 양극적인 비즈니스인데, 이 둘을 모두 성공시킨 경영자가 있다. 인재파견업과 의료·건강서비스를 하는 굿윌그룹의 회장 겸 CEO 오리쿠치 마사히로이다. 그는 디스코 클럽으로 유명한 줄리아나도쿄와 벨파레의 기획자로 알려져 있다. 그래서 그가 간호사업체 콤슨을 시작했을 때 "이번에는 복지로 돈을 벌려고 하는가?"라며 빈축을 샀다. 그러나 콤슨은 간호비즈니스 업계의 정상으로 약진했다. 한 쪽은 화려한 디스코, 다른 한 쪽은 소박한 간호. 두 가지를 연결하는 고리는 오리쿠치의 성장 과정에 있었다.

그는 소년 시절, 아버지가 경영하는 회사가 도산하여 아무 어려움 없이 살던 생활로부터 갑자기 빈곤한 생활로 추락했다. 엎친 데 덮친 격으로 아버지가 심근경색으로 쓰러져 간호가 필요한 몸이 되었다. 부부싸움이 그칠 줄 몰랐던 부모는 마침내 이혼을 했고, 어머니는 세 자식을 남겨둔 채 가출해버렸다. 생활보호대상자로 보조금을 받으면서, 그는 중학생인데도 고등학생인 체하며 햄버거가게에서 아르바이트를 해 생활비를 벌었다. 시급 300엔을 받았는데 당시 빅맥 한 개의 가격이 330엔이었다. 한 시간을 일하고도 햄버거 한 개를 사먹을 수 없었던 서운함은 지금도 마음속에 남아 있다고 한다. 고등학교는 급여가 나오고 집에 송금도 할 수 있는 육상자위대 소년공과학교를 선택했다.

오리쿠치는 성격이나 가정환경이 다양한 동료들과 함께 기숙사 생활을 하면서 인간은 어떤 때 슬퍼하고 어떤 때 기뻐하는지, 어떤 일을 당했을 때 분노하며 어떻게 하면 용서받을 수 있는지 인간에 대한 관찰을 했다.

열심히 공부하여 방위대학에 진학했지만, 원래 사업욕이 있었던 오리쿠치는 진로를 크게 전환하여 졸업하자마자 종합상사에 취직했다. 28세 때 도쿄 시바우라에 있는 빈 창고를 이용하여 디스코클럽 줄리아나도쿄를 설립했다. 사업은 대성공이었다. 이것을 계기로 종합상사를 퇴직하고 독립했지만, 협력자들의 배신으로 4천만 엔이나 되는 빚을 지게 되었다. 빚은 이자가 붙어 7천만 엔까지 늘어났다. 그는 갖가지 일을 하며 빚을 조금씩 갚아나가는 한편, 출자자들을 모아서 세계 최대급의 디스코클럽 벨파레를 기획하여 재기를 꾀했다. 이것이 대박을 터뜨려 화려하게 역전 부활에 성공했지만, 기쁨도 잠시일 뿐 오너와 불화를 일으켜 사장 자리에서 물러나게 되었다. 그리고 굴욕을 떨쳐버리기 위해 인재파견업을 시작하여 주식을 공개하고 간호사업에도 진출한 것이었다. 대충 살펴본 그의 극적 인생은 눈물이 날 정도이다.

센터 핀은 무엇인가?

어떤 비즈니스도 본질을 꿰뚫는 전략과 전술을 발휘하면 반드시 성공한다. 그 본질을 오리쿠치는 볼링 핀에 비유했다. 디스코클럽의 센터 핀은 '늘 만원인 상태'에 있다고 그는 생각했다. 그때까지 디스코클럽은 성공의 요인으로 인테리어 디자인이나 요리, 설비, 저명인사의 방문 등을 꼽았는데, 오리쿠치는 그것들이 뒤쪽에 있는 핀들에 불과하다고 생각했다. 손님은 디스코클럽에 무엇을 바라는가? 일상과는 전혀 다른 '축제'의 공간이 아닌가? 그곳에서 고객들은 도회지 생활에서의 갈증을 한때나마 잊는다. 그런데 기존의 디스코클럽들은 주말에는 붐비더라도 평일, 특히 주초는 텅 비었다. 그래서는 손님의 마음에 아무것도 채워지지 않는다. 오리쿠치는 디스코클럽의 상식을 깨고, 언제

들러도 축제 분위기를 맛볼 수 있는 공간을 만들려고 했다. 그래서 개점 초기에는 무료 초대권을 대량으로 배포하는 전략을 썼다. 가게는 초대권을 손에 쥔 손님들로 월요일부터 만원이 되었고, 이 소문이 사람들을 불러들여 마침내 매일마다 유료 입장객으로 만원이 되었다.

그는 간호사업에서의 센터 핀은 '간호를 받는 사람이 느끼는 진정한 편안함'이라고 생각했다. 일반적으로 가족이 간호하는 것이 바람직하다고 여기기 쉽지만, 오리쿠치는 자신의 체험을 통해 그 점에 의문을 품었다. 그는 소년 시절부터 몸이 불편한 아버지를 간호했고, 돌아가시기 직전의 3개월 간은 병원에 머물러 간호하면서 회사를 다녔다. 어릴 적에 그토록 존경했던 아버지가 밥을 흘리고, 화장실까지도 걷지 못해 도중에 실례를 했다. 간호하는 쪽도 심신이 피폐해져가는 것을 느꼈다. 간호를 받는 사람은 가족에 의지하여 자립할 수 없게 되거나, 혹은 가족에게 미안하다는 생각에서 불필요한 거절을 하게 된다. 반면에 유료 서비스는 간호를 받는 입장에서도 그에 상응하는 서비스를 떳떳이 요구할 수 있다. 오리쿠치는 거기에 간호 서비스의 본질이 있다고 간파하고, 외부 전문가에 의한 '완전간호'를 사업화했다.

오리쿠치의 디스코사업과 간호사업에 공통되는 것은 이용자의 편에 서서 타인을 이해하는 점이다. 타인 이해는 근원적으로 슬픔의 이해와 공유로부터 생겨난다. 이노베이터로서의 오리쿠치를 일관하여 지탱한 것도 감정의 지식이었다.

타인의 슬픔을 아는 사람은 타인의 기쁨도 알고, 허무감과 분노도 이해한다. 제1장에서 살펴본 초대 로드스타의 개발주사 히라이는 대리점에서 파견근무를 하던 중, 고객으로부터 "도요타나 닛산과 비슷한 차라면 굳이 마쓰다의 차를 살 필요가 있겠는가!"라는 말을 듣고 분통함과 허탈함을 가슴에 새겨 불굴의 신념으로 개발을 밀고나갔다. 이에몬의 개발 리더 오키나카도 실패자의 슬픔이나 절망감을 겪음으로써 전진할 수 있는 힘을 얻었다.

긴키대학 수산연구소의 구마이 소장이 이끄는 연구자들은 반복되는 실패를 '대화가 불가능한 참치들이 인간에 대해 죽음으로 보여주는 항의'라고 이해했다. 그들은 그 슬픔을 가슴에 새겨 조그만 변화라도 놓치지 않으려고 열심히 물고기들을 관찰했고, 물고기들에게서 배우려고 했다. 신요코하마 라면박물관의 이와오카 관장도 마찬가지였다. 생활이 풍요롭지는 못했으나 활기 넘쳤던 옛날 거리에 효율만을 중요시하는 사각형 건물들이 들어섰고, 토요일과 일요일에는 텅 비어 '차가운 거리'로 변하는 것을 보며 마음이 아팠다. 그래서 그는 세대를 불문하고 마음의 공복감을 채워주는 공간을 만들어냈다.

누구나 적잖게 슬픈 체험을 갖고 있다. 그것을 있는 그대로 받아들임으로써 타인에 대한 이해심이 생겨난다. 슬픔이 동반된 분노는 역경을 극복하게 만들고, 한계를 타파하는 원동력이 된다. 그런데 우리는 언제부터인지 무턱대고 논리만을 앞세우며 차가운 눈빛을 지니게 되어버렸다. 오리쿠치식의 센터 핀 이론을 빌려 말한다면, 시장에 대해 논리분석을 하는 것만으로는 다른 사람들처럼 후방의 핀은 쓰러뜨려도 센터 핀은 좀처럼 명중시킬 수 없다. 다음 장에서 이 과제를 좀더 깊이 파고들기로 하겠다.

제6장
논리를 초월한 승부사의 감

Think Innovation

비즈니스맨들 중 많은 사람들이 '분석마비증후군'에 걸려 있다. 무슨 일이 있으면 곧바로 분석을 시작한다. "시장의 상황은 이렇고, 경쟁회사는 이런 상황에 있으며, 따라서 객관적으로 생각할 때 우리 회사가 취해야 할 최적의 포지셔닝은 이러하다."라는 식으로 결론을 도출한다. 그 논리가 명석할수록 일을 잘하고 있다고 제멋대로 생각한다.

이런 논리적 분석만능주의자의 가장 큰 문제점은 '당신은 무엇을 하고 싶은가?'라는 질문에 명쾌하게 대답하지 못한다는 것이다. 나는 무엇을 위해 일하며 무엇을 하고 싶은가? 이 질문에 대해 어디서 빌려온 듯한 판에 박은 대답밖에 할 수 없는 사람들에게 이노베이션은 무리다.

이 책은 지금까지 논리분석에 치우치는 태도의 폐해를 지적해왔다. 이 장에 등장하는 두 가지 사례 속의 주인공들은 그것을 초월한 '주관의 힘'에 의해 한 쪽은 새로운 시장을 만들어냈고, 다른 한 쪽은 좀처럼 시장에서 각광받지 못하는 제품에 활력을 불어넣었다.

분석마비증후군에서 벗어나 주관의 힘을 회복할 때, 우리는 '승부사의 감'이라고 할 만한 능력을 입수할 수 있다. 그것은 죽느냐 사느냐 하는 도박이 아니라, 미래의 가능성에 직면하고 과거와 현재를 다시 따져보며 지금 해야 할 것을 결정하는 미래창조의 결단력이다. 첫 번째 등장하는 사례는 맥주에서 '맥주의 혼'을 제거하기로 결정한 이노베이터이다. 그 역시 승부를 걸었다.

10

맥주시장의 블루오션을 찾아낸
삿포로맥주의 드래프트원

혁　신　이　야　기

　승부사의 뇌리 속에는 늘 두 개의 원이 그려져 있었다. 하나는 큰 원, 다른 하나는 작은 원인데 두 원은 4분의 1 정도 겹쳐져 있었다. 큰 쪽은 기존의 맥주와 발포주, 작은 쪽은 지금 개발을 목표로 하고 있는 신상품을 나타내는 원이었다. 두 원은 개발자의 머릿속에서 정확히 그 거리감이 결정된 순간, 신상품의 성공으로 이어졌다.

　맥주도 발포주도 아닌, 주세법상으로는 '기타 주류'(2006년 5월의 주세법 개정에 의해 '그 외의 양조주'로 명칭 변경)로 구분되는 삿포로맥주의 드래프트원. 2004년 2월에 발매된 이래 연간 1,815만 상자(큰 병 20개로 환산)를 팔아 당초의 목표(1천만 상자)를 훨씬 뛰어넘은 대성공을 기록하여 회사 설립 후 최고치의 이익에 공헌했다.

이 성공으로 이른바 '제3의 맥주' 시장이 새로이 형성되어 2005년 봄에는 기린맥주, 아사히맥주도 참전하여 치열한 경쟁이 전개되는 상황으로 발전했다.

이 새로운 시장 탄생이라는 드라마의 시작은 1998년 봄, 시즈오카 현 야이즈 시에 있는 삿포로맥주 양조기술연구소에 한 명의 '별난 사람'이 생산기술부장으로 부임하면서 시작된다. 가시와다 슈사쿠, 당시 42세. 양조제조 분야에서 경력을 쌓아왔으나 오직 기술 일변도인 사람은 아니었다. 신상품은 발매 전에 맥주제조 전문가들이 시음평가를 하는 것이 관례였다. 그 시음평가 항목에 '소비자의 기호'라는 항목을 넣도록 제안하여 내용을 바꾸게 하는 등, 기존의 상식에 구애받지 않는 언동이 그에게 '별난 사람'이라는 평가를 정착시켰다.

● 혁신 포인트 ①
경쟁회사와는 다른 시장에 신상품을 투입하다

가시와다는 취임 후 어떤 주제 연구에 착수했다. 시장에서는 이미 젊은 세대를 중심으로 맥주를 차츰 멀리하는 경향이 짙어져 츄하이(탄산음료를 탄 소주) 등 다른 주류로 옮겨가고 있었다. 가장 큰 원인은 맥주의 쓴맛과 마신 후 입에 남는 독특한 보리 냄새였다.

가시와다의 말이다.

"젊은 사람들도 아예 맥주가 싫다는 것은 아니었어요. 맥주 자체의 맛이나 목을 지날 때의 느낌, 보기에도 맛있어 보이는 거품과 색, 방향 류의 과일 향 등 장점은 좋아하기 때문에 실은 맥주를 마시고 싶어하 죠. 그렇다면 그들이 싫어하는 요소만을 뺀 맥주나 발포주를 만들자. 그것이 제게 주어진 과제였습니다."

맥주를 마실 때 느껴지는 쓴맛에는 쓴맛과 떫은맛이 겹쳐져 있다. 쓴맛은 홉(Hop, 맥주의 방향제로 쓰는 식물 – 역주)에서 유래하는데 사용 법이나 양을 통제하면 비교적 조절이 쉽다. 다루기 어려운 것은 맥주 의 주원료인 맥아(발아한 보리를 건조시킨 것)의 곡물 껍질로부터 나오 는 떫은맛 쪽이었다. 활성탄으로 흡착시키는 방법으로는 일부밖에 제 거할 수 없거나 맛있는 성분까지 흡착되어버리곤 했다. 맥아로부터 껍 질을 제거하는 방법도 시도되어왔지만, 껍질도 중요한 원료의 일부이 기 때문에 어정쩡한 맛이 되었다. 연구는 여기서 일단 벽에 부딪혔다.

시장에서 맥주는 아사히의 〈수퍼드라이〉가 압도하고 있었고, 발포 주 쪽에서는 기린의 〈탄레이(生)〉라는 강력한 브랜드가 있었다. 삿포 로가 살아남으려면 어느 쪽을 상대하든 새로운 시장에서 싸워야 하고, 한 번에 대량출하가 가능한 상품이 필요하지 않을까? 하루 종일 생각 하고 모색하는 날들이 이어졌다.

그러던 어느 날, 돌연 아이디어가 하늘로부터 내려왔다. 부임 후 1년 반 정도 지난 1999년 말, 출근을 위해 보슬비가 내리는 버스정류장에 서 있던 가시와다의 뇌리를 스친 발상은 맥주 제조의 상식을 바닥부터 뒤집는 것이었다.

'그렇구나! 맥아가 떫은맛의 근원이라면, 아예 맥아를 사용하지 않

으면 되는 것 아닌가?'

버스에 올라서도 가만히 있을 수 없어 서류 뒷면에 해결해야 할 과제
는 무엇인지, 어떤 실험을 하면 기본 골격이 나올지 등 계획서를 20분
만에 써냈다. 큰 원 옆에 겹치듯 늘어선 작은 원이 떠올랐다. 그때의
심경을 가시와다는 다음과 같이 말했다.

"맥아를 사용하지 않는다는 발상이 떠오른 후부터, 거추장스러웠던
것이 떨어진 듯 어떤 과제를 어떤 식으로 해결하면 좋을지 금세 생각
이 미쳤습니다. 동시에 이것은 매우 힘든 일이 될 것이라는 전율도 느
껴졌죠. 저도 맥주 만들기에 25년이나 종사한 사람입니다. 맥아는 '맥
주의 혼'이라 불리며 맛, 색, 거품, 향 등 좋은 면들은 전부 맥아를 사
용함으로써 얻어낼 수 있죠. 맥아 외의 원료로 어떻게 그것들을 끌어
낼 것인가? 최대 과제는 효모가 맥아 외의 원료를 쓰더라도 과연 확실
히 발효될 것인가 하는 점이었어요."

맥주의 제조 방법은 이렇다. 빻은 맥아와 기타 재료와 온수를 섞어
서 걸쭉하게 만들고, 찌꺼기를 걸러낸 뒤 홉을 넣고 펄펄 끓여 보리즙
을 만든다. 여기에 효모를 집어넣는다. 효모는 발효작용에 의해 당분
으로부터 알콜과 탄산가스를 만들어내는 한편, 맛과 향과 거품에 관계
되는 성분들도 만들어내는 '맥주의 연출가'적인 역할을 맡는다. 효모
가 제대로 작용하기 위해서는 영양원으로서 식물성 단백질이 필요하
다. 보리즙에는 당분과 단백질 양쪽이 포함되어 있다. 그러나 맥아를
사용하지 않는다면 어떤 원료를 사용해야 하는가? 당분은 맥아의 사
용량이 적은 발포주처럼 옥수수를 사용하면 해결된다. 그 방법도 이미
확립되어 있었다. 문제는 효모의 영양원이 될 단백질이었다. 무엇을

쓰면 좋을까? 완전히 미지의 영역이었다.

가시와다는 일부러 공적인 연구 주제로 내놓지 않고, 자기 재량으로 가능한 '비공개연구'로 시작했다. 맥아를 사용하지 않고 맥주공법으로 만드는 알콜 음료를 어떻게 설명하면 좋은가? 회사 내부의 그 누구도 상상하지 못할 것이다. 공적인 주제로 제안하더라도 이해를 얻지 못한 채 햇빛을 보지 못할 가능성이 높다. 그렇다면 어느 정도 형태를 갖춘 것을 만들어 시음하도록 하는 것이 빠르다. 승부사의 감이 그렇게 판단하도록 지시했다.

"말하자면 백문이 '불여일음'이라는 거죠. 또 성공하면 경영에 크게 공헌하는 중요한 전략상품이 되리라고 생각했고, 그래서 정보관리의 의미도 있었어요. 어렵기는 하겠지만 반드시 성공하리라고 그때 저는 확신하고 있었으니까요."

주세법상으로 맥아를 쓰지 않으면 '잡주' 취급을 받는다. 잡주의 대문자인 'Z'와 Important(중요)의 'IP'를 조합하여 ZIP라는 개발코드를 붙인 뒤 가시와다는 부하 4명과 도전을 개시했다.

각종 단백질이나 단백질을 분해한 펩티드와 아미노산, 그것들을 조합해보니 후보는 200여 가지가 나왔다. 그것을 하나하나 실험하고 시음하여 가려내는 것은 지루하고 끈기가 필요한 작업이었다. 대충 선별하여 반 정도까지 솎아낸 시점에서 생각하지 못했던 전개가 기다리고 있었다. 버스정류장에서 번쩍인 그 아이디어가 나온 이후 아직 1년도 지나지 않은 2000년 9월, 가시와다는 신규슈공장의 제조부장으로 전임하게 되었다.

가시와다는 비공개연구를 후임 부장에게 설명하여 인정받은 후, 모

든 것을 부하들에게 맡기고 규슈로 떠났다. 그 뒤 상담에 응해주는 일
은 있어도 일절 참견하는 일 없이 기술자들의 자주적인 노력을 묵묵히
지켜보았다.

●**혁신 포인트** ②
'두 개의 원'의 거리감을 가늠하다

그로부터 2년 4개월이 지난 2003년 1월, 가시와다 앞으로 ZIP의 시
제품이 도착했다. 실험의 달인이라고 불렸던 팀원 중의 한 기술자가,
예전에 식품전문지에서 완두콩으로부터 단백질만을 추출한 '완두단
백'이라는 이름을 본 것을 문득 떠올리고 사용해보았더니 극적으로 맛
이 좋은 시제품이 완성되었던 것이다. 가시와다는 부하의 노력의 결과
를 시음해보았다.

"입에 머금은 순간, 잘도 여기까지 해주었구나, 완성되었구나라는
생각을 했죠. 맥주와는 확연히 다른 산뜻한 맛에 절도가 있으면서 쓴
맛이나 보리 향도 남지 않았어요. 추구하고 있었던 맛의 골격이 제대
로 구현되어 있더군요. 우리가 만들려 하고 있는 것은 맥주와는 다른
것이라고 막연하게 생각했던 것이 그때서야 확신으로 바뀌었습니다."

그때 가시와다는 머릿속에서 두 개의 원의 거리감을 확실히 파악했
다. 종래의 신상품은 맥주와 발포주 시장이라는 큰 원 속에서 다소 원
료나 제조법을 바꾸든지 이름이나 디자인에 변화를 준 것이 고작이었
다. 그래서 고객 입장에서는 어떤 차이가 있는지 거의 알 수 없었고,
결국 작은 원 그대로인 채 매몰되어갔다. 그렇다고 해서 큰 원으로부

터 너무 떨어지게 되면, 고객으로서도 어떤 상품인지 몰라 손이 뻗어지지 않게 된다. 시제품은 색, 거품, 향, 맛 등 맥주의 좋은 부분을 유지하면서도 산뜻한 맛에서는 명확히 다르므로 차별화가 가능하다. 각각의 상품의 위치와 목표로 하는 시장, 중요한 것은 이 두 원의 거리감이라는 사실을 실감한 것이었다.

가시와다는 제조부장 자리에 있는 동안 자신에게 재량권이 있는 신규슈공장에서 어떻게든 양산화에 손을 대고 싶었다. 며칠 후 우연히 공장에 찾아온 이와마 다쓰시 사장(당시)에게 가시와다는 "규슈산 신상품을 제안하고 싶습니다."라며 개인적으로 타진했다. 회사의 구조개혁을 추진해온 이와마 사장과는 그가 사장이 되기 전부터 현장에서 토론하거나 서로 술잔을 주고받았던 일이 있어서 죽이 잘 맞았다.

"해보게."

공적인 승인은 아니었으나 최고경영자의 승인을 끌어낼 수 있었다.

가시와다로서는 당장이라도 공장이 일을 맡아 마지막 단계로 양산준비에 들어갔으면 했다. 그런데 ZIP 상품화안은 연구소 쪽으로부터 본사 상품개발부로 이야기가 올라갔을 텐데 한 달, 두 달이 지나도 아무런 움직임이 없었다.

그 즈음, 회사의 경영은 험난한 상황에 몰려 있었다. 1990년대 후반부터 매년 수익의 감소가 이어져졌다. 2001년에는 〈홋카이도 나마시보리(맥주 상품명-역주)〉의 성공 덕분에 잠시 하락을 멈추었지만, 이듬해 2002년에는 다시 수익이 감소했다. 잇달아 발매한 신상품들도 불발로 끝나 사내에는 위기감이 감돌고 있었다.

ZIP을 투입하려면 지금이 적기다. 가시와다는 드디어 행동에 나섰다. 시제품이 도착한 지 2개월 후인 2003년 3월, 본사의 상품개발부장 앞으로 신규슈공장 제조부장으로서 ZIP의 상품화와 규슈 지역에서의 선행발매를 호소하는 제안서를 이메일로 보냈다. ZIP의 개발현장에서 떨어져 있었던 가시와다는 발안자로서의 기분은 억제하고 삿포로맥주 만의 '온리 원' 상품의 필요성과 수익 회복에 공헌할 가능성을 역설했다. 특히 소주문화가 뿌리내려 산뜻한 맛을 선호하는 규슈 지역에서의 선행발매의 유효성을 부각시켰다.

그런데 삿포로맥주의 경우, 대체로 본사의 상품개발부가 신상품 기획을 하면 그것을 받아 연구소에서 내용물을 개발하곤 했다. 연구소에서 출발한 신상품도 처음이거니와 공장의 제조부장이 상품화를 제안하는 것도 전례가 없던 일이었다. 시장의 데이터를 중시하는 상품개발부는 쉽사리 받아들여주지 않았다.

가시와다의 말이다.

"본사측의 설명은 이랬어요. 누가 사겠느냐는 거죠. 확실히 지금까지 없었던 상품이기 때문에 고객층이 없고 시장도 존재하지 않을 수밖에 없죠. 그래도 저는 잠재적으로 분명히 존재하리라고 생각했으므로 누가 살 것인지도 설명이 가능했어요. 그러나 본사 내부에서는 누구도 그것을 설명할 수 없었고, 제안할 수 있는 사람도 없었던 거죠."

또한 상품개발부에는 완두단백이 소시지나 잼 등의 식감을 좋게 만들기 위한 보조적인 역할로 쓰이고 있었던 점에서 "맥주회사가 '모조품'이라고 여겨질 만한 잡주를 만들어 이미지를 하락시키지 않겠는가?"라는 걱정도 있었다. 그래서 상품개발부가 요구한 것은 ZIP 개발보다 '타사에 지지 않을 발포주'였다. 맥주와 발포주 시장의 큰 원으로부터 시선이 떨어지지 않아서 그 옆에 또 다른 하나의 원을 그려보는 것이 불가능했던 것이다.

이런 부정론을 뒤집은 것은 고객의 목소리였다. 과연 새로운 시장이 형성될 가능성이 있을지, 규슈에서 선행발매를 행할지를 판단하기 위해 2003년 4월과 5월에 걸쳐 후쿠오카 시내에서 약 400명의 인원을 대상으로 시음회가 열렸다. 결과는 90%가 '사고 싶다'라고 대답했고, 그 이유로는 싼 가격(기타 잡주로 분류되어 주세율이 낮은 만큼 발포주보다 가격이 싸다)뿐만 아니라, '산뜻하고 마시기 쉽다'라는 의견이 매우 많았다. 이 조사 결과에 상품개발부의 반대파도 완전히 돌아서서 시장의 존재를 인정하고 규슈 지역의 선행발매가 결정되었다.

● **혁신 포인트 ③**
기존의 방식을 무시하다

가시와다는 곧바로 규슈로부터 야이즈의 연구소에 다니면서 ZIP의 최종 완성에 돌입했다. 완전히 권한 외의 독단적 행동이었으나 누구도 이의를 제기하는 사람은 없었다. 그러나 마무리 방법에 관해서는 본사의 상층부를 포함하여 예전과 다름없이 '좀더 맥주에 가깝게 만들라.' 라는 목소리가 끈질기게 나왔으며, 논의가 이어졌다. ZIP의 작은 원을 맥주나 발포주의 큰 원에 겹치게 하려는 움직임에 가시와다는 끝까지 저항했다.

"중요한 것은 무엇을 위해 이 상품을 개발하는가라는 점이었죠. 맥주를 잘 마시지 못하는 사람도 즐길 수 있게 하기 위해 만든다. 고객

입장에서 보면 원료가 보리든 아니든 큰 관계는 없다. 그것이 출발점이었기 때문에 두 개의 원의 거리감에 관해서는 개발자로서 절대 양보할 수 없었어요."

가시와다는 마무리를 끝내고 신규슈공장에서 양산 준비를 시작함과 동시에 규슈본부 영업부의 요청에 따라 판매 방법을 검토하는 위원회에도 참가했다. 도매업자나 판매점 바이어들에게 '맥아를 사용하지 않고 맥주와 같은 제조법으로 만든, 일찍이 없었던 알코올음료'를 어떻게 설명하면 좋을 것인가? 주세법상으로는 잡주라고밖에 할 수 없는데 과연 이해해줄 것인가? 그래서 이 상품이 왜 개발되었는지, 고객에게 어떤 가치를 전달해야 하는지, 개발자의 입으로부터 직접 이야기를 들어 그것을 바이어에게 전달하려고 한 것이다.

가시와다는 상담에도 동행하여 발안자로서 설명하는 등 마케팅에서도 본격적인 역할을 맡게 되었다.

영업현장을 돌면서 기뻤던 것은, 영업부의 걱정과는 달리 평소 고객들과 대면하고 있는 바이어들은 ZIP의 상품가치를 금세 알아보고 "이것이라면 팔리겠다!"라고 높이 평가해주었던 점이었다. 부르는 명칭도 주세법에 구애받지 않고 '신발포주' 등의 이름을 붙여 독자적으로 불러주었다. 만약 맥주에 가깝게 만들었다면 오히려 '싸구려 가짜맥주' 취급을 받았을 가능성이 컸다.

그리하여 버스정류장에서의 착상으로부터 4년이 흐른 2003년 9월에 '산뜻한 새 맛', '상쾌한 풍미'를 내세운 신상품이 규슈에서 선행발매되었다. 캔에 그려진 'Draft One'의 상품명과 '生'의 황금색 글자는 맥주를 연상시키지만, 다른 부분은 흰 바탕에 푸른색 글자라는 참신한 디자인이 두 개의 원 사이의 거리감을 절묘하게 나타내고 있었다. 발매 직후부터 예상을 뛰어넘는 판매실적은 본사의 온갖 부정론을 사라지게 만들었고, 이윽고 전국발매가 결정되었다. 이 대히트상품이 회사 설립 후 최고 수익에 공헌했던 사실은 앞에서 쓴 그대로이다.

그리고 2005년, 제3의 맥주 전쟁의 신호탄이 터졌다. 이후 맥주계 음료 중 제3의 맥주가 차지하는 비중도 확대일로를 걸어 2006년 4월에는 29%까지 상승함으로써 23%의 발포주를 한 달 단위 집계로는 처음으로 앞질렀다. 주세법 개정으로 세금 증가를 앞둔 상태에서 급히 뛰어든 수요도 있었지만, 확대 기조는 쇠퇴할 기미가 없었다.

점유율 전쟁에서는 체력이 월등한 후발주자 기린에 수위 자리를 내주었지만, 소비자의 반응은 맥주에 가까운 포지셔닝으로 참가한 기린, 아사히에 대해서는 '싸서 좋다'라는 평가가 눈에 띄는 데 비해 드래프트원은 '산뜻한 맛이 좋다'라는 평가가 많았다. 맥주, 발포주라는 큰 원과 겹치는 정도에 차이가 있는 듯하다. 앞으로도 온리 원을 목표로 한 드래프트원의 진가가 나오겠지만, 뒤를 쫓는 경쟁회사들과 달리 제3의 맥주라는 새로운 시장을 낳은 이노베이션은 역사에 이름을 남기게 될 것이다.

● 혁신 포인트 4
사업 자체를 이동하다

드래프트원을 탄생시킨 가시와다는 규슈의 선행발매가 시작된 다음날, 군마 현 오타 시에 있는 식물공학연구소로 자리를 옮기게 되었다. 맥주의 원료인 보리를 사용한 식품사업을 일으키는 것, 그것이 새로운 사명이었다. 연구자만으로는 사업화가 어렵다고 본 상층부에서 가시와다의 수완을 기대하고 행한 인사였다. 부임하고 나서, 맥주 분야에서는 보리로 인해 괴로웠던 가시와다였으나 이제는 식품으로서의 보리의 재미에 빠졌다.

"보리는 식물섬유가 백미보다 약 20배나 더 함유되어 있어요. 주식으로 먹어도 맛있고, 건강 면에서도 큰 효과가 기대되는 보리의 장점을 어떻게든 널리 알리고 싶어요. 그래서 업계 단체들과 함께 계몽활동을 위한 보리식품협의회도 설립했습니다."

지금은 드래프트원보다 보리에 대해 더 열정적으로 이야기한다. 2년째인 2006년에는 본사 식품사업부장의 자리에 취임하여 보리가 들어간 수프 세 가지를 수도권 한정으로 발매하기에 이르렀다. 가시와다의 머릿속에는 또다시 두 개의 원이 떠올라 있다고 한다.

"그것은 밀가루문화와 보리문화입니다. 빵, 면류 등 밀가루문화의 큰 원에 대해 이번에는 보리문화를 겹치게 하는 일 없이 떨어뜨려나가야 하리라고 생각해요. 우리는 뛰어난 보리의 육묘 기술을 가지고 있어요. 시간이 걸리더라도 계몽을 계속하면, 보리 분야에서 타사의 추종을 불허하는 위치를 점할 가능성이 있죠. 누구나 지금 팔리고 있는 것에 눈이 갑니다. 그러나 중요한 것은 무엇이 팔리고 있는가를 표면적으로 보는 것이 아니라, 왜 그것이 팔리고 있는가를 깊이 있게 탐구하여 아는 일이죠. 그러면 내일 무엇이 팔릴지를 알게 됩니다."

삿포로의 별난 사람은 지금 신규사업의 선두를 걷고 있다.

삿포로맥주에서 배울 점 : 승부사의 감각

● **승부사의 감각** ①
시장분석으로는 성공할 수 없음을 간파

제1장 마쓰다의 초대 로드스타 사례에서 시장분석형 경쟁 전략에 빠져 '이제 소형 경량 스포츠카 시장 따위는 존재하지 않는다.'라며 완고하게 저항했던 반대파와, 그 존재가치를 따져보고 눈앞에 떠오른 미래상을 구현하려고 했던 히라이의 미래 창조적인 이노베이션 전략을 대비시켜 살펴보았다.

드래프트원의 성공 요인도 언뜻 보면 맥아를 대신할 완두단백이라는 원료를 찾아냄으로써 주세법상 세율이 낮은 잡주로 분류되는 상품을 개발한 데 있는 것처럼 보인다. 그러나 좀더 파고들어보면 근본적으로는 전략의 차이가 성패의 열쇠가 되었다는 사실을 알게 된다.

개발에 반대한 본사 상품개발부는 시장, 경쟁회사, 자사의 분석을 통해 점해야 할 위치를 정하는 분석형 경쟁 전략 외에는 안중에 없었다. 그 때문에 '타사에 지지 않을 발포주'의 개발을 요구했다. 만일 가시와다가 응했더라면 신상품은 다른 제품들 속에 매몰되었을 가능성이 높다.

드래프트원은 미래 창조적 이노베이션 전략의 승리였다. 이노베이션이란 과거에 없었던 것을 만들어내는 창조이다. 분석은 과거와 현재의 데이터의 연장선상에서 어느 정도 미래 예측을 할 수는 있더라도 미지의 세계에 뛰어들어 창조를 할 수는 없다.

이 전략의 차이는 가시와다가 말하는 '두 개의 원'의 거리감에 단적으로 나타나 있다. 상품개발부는 하나의 원밖에 그리지 못했다. 반면에 '별난 사람'인 개발자의 최대 공헌은 맥아를 사용하지 않는 방법을 생각해내고, 두 개의 원의 거리감을 충분히 인식하여 상품 컨셉을 명확히 한 점에 있다. 효모를 발효시켜 홉으로 맛을 살린 양조주라는 의미에서는 맥주의 흐름을 잇고 있지만, 주원료로 맥아가 아닌 완두단백을 사용하여 맥주와 분명히 다른 산뜻한 맛을 추구한 점에서는 '맥주 vs 탈맥주'라는 대립구도가 생겨난다. 그 거리감, 즉 대립을 통합하는 균형점은 표면적인 논리분석으로는 절대로 나오지 않는다.

가시와다는 어떻게 그 균형점을 직관할 수 있었는가? 기존의 시장에서 타사와 경쟁한다는 눈앞의 목표가 아니라, 맥주의 쓴맛과 보리 냄새를 싫어하는 고객도 맥주의 장점을 즐길 수 있는 상품을 만들려는 보다 상위의 관점, 말하자면 상위목표를 바라보았기 때문이다.

그것은 로드스타의 개발자 히라이가 '우리의 존재가치는 어디에 있는가?'라고 자문한 것처럼 '우리는 왜, 무엇을 위해 이 상품을 개발하는가?', '삿포로맥주의 존재가치는 무엇인가?'라는 절대가치를 추구했을 때 얻어지는 관점이다. 추구할 절대가치가 정해지면 자신들이 만드는 상품의 본질적인 의미가 보이게 되고 균형점을 직관하게 된다. 이런 관점을 일관되게 지탱하는 것이 바로 자신들의 신념이나 가치관을 믿는 주관적인 생각이다.

가시와다는 때마침 신규슈공장을 시찰하러 온 사장에게 호소하여,

비공식이기는 하지만 최고경영자의 찬동을 얻어냈다. 또 자신감과 함께 공장의 일개 제조부장이라는 위치에도 불구하고 본사 상품개발부장에게 제안서를 직접 보내는 등 적극적인 행동으로 승부를 걸었다. 드래프트원의 상품화를 실현하려면 정규 절차로는 일이 진척되지 않을 것이라고 판단하여 단번에 움직여가기로 했다. 그 결과, 본사 내부에서도 드래프트원의 상품화에 긍정적이었던 제조부나 마케팅부 사람들을 자극하여 조직이 움직이기 시작했고, 역풍이 순풍으로 변했으며, 규슈 지역에서의 시음회 개최를 위한 흐름이 생겨났다.

언제 어떤 형태로 승부를 걸 것인가? 가시와다의 행동에서 승부사의 감을 발견할 수 있다. 자신들이 만드는 상품의 본질이 보이자 '지금은 고객이 없지만 분명히 존재한다.', '이것은 반드시 성공한다.'라는 이상주의적인 낙관주의를 취할 수 있다. 이 이상주의적 낙관주의가 승부사의 감을 강화시킨다. 바탕에 깔려 있는 것은 역시 자신의 신념이나 가치관을 믿는 주관적인 생각이다.

본서에 등장하는 이노베이터들은 누구나 '바로 이것이다.'라는 확신이 들 때 승부를 걸었다. 신요코하마 라면박물관의 이와오카 관장은 삿포로 된장라면의 인기점포 '스미레'에 3년 간 50번 이상 찾아가서 계속 설득했지만, 개관일이 반년 후로 다가와도 승낙을 얻어내지 못했다. 그러나 그는 "가게를 만들어놓고 기다리겠습니다."라며 배수진을 치고 인테리어공사를 진행시켰다. 이것 역시 그 자신이 혼신의 힘을 기울여 완성한 '누구나 편안한 느낌을 가질 온기 넘치는 공간'에는 '삿포로는 스미레 외의 것은 생각할 수 없다.'라는 주관적인 생각이 있었기 때문이었다. "멋대로 해보시지."라며 냉정한 태도를 취했던 가게 주인의 승낙을 받은 것은 자신의 신념이 반드시 통할 것이라고 믿었던 이상주의적 낙관주의와 그것을 강화시킨 승부사의 신념이었다.

이에몬의 개발 리더 오키나카도 비가열 무균충전 방식을 채택하기 위해 100억 엔의 설비투자를 결단했다. 거액의 투자는 타사가 이 방법을 취하지 않았던 최대의 이유였다. 위험은 컸다. 그것에 걸맞은 높은 이익환수를 예측할 분석적인 데이터가 충분히 있다면, 경영층도 그렇게 심한 반대는 하지 않았을 것이다. "공감할 수 없다면 산토리 사람이 아니지요.", "함께 배를 탈 것인가요 말 것인가요?"라고 위협을 한 것은 경영층에 주관적인 신념을 환기시키려는 의도 때문이다. 100억 엔 투자는 반드시 이익으로 이어질 것이라고 확신했으며, 경영층도 마지막에는 찬동할 것이라고 예상한 것도 승부사의 감이었다.

지금 수많은 일본의 비즈니스맨, 그 중에서도 미들매니지먼트층에서 상실되고 있는 주관의 힘에 관해 다시금 깊이 파고들고 싶다.

●**승부사의 감각** ②
주객분리와 주객일체의 차이 인식

우리는 현실에 대해 두 가지 관점을 갖고 있다. 한 가지는 객관적인 관점이다. 그곳에는 어떤 시장이 있으며 어떤 고객이 몇 명 있는가라는 '바깥쪽'에서 보았을 때 보이는 사실을 중시하고, 시장은 인간의 주관적인 생각이나 가치관으로부터 독립된 실재라고 생각하는 외부인의 관점이다.

객관적으로 보는 현실의 큰 특징은, 데이터를 통한 측정이 가능하여 과학적이며 분석적인 접근이 가능하다는 사실이다. 하버드 경영대학원의 마이클 포터 교수가 고안한 다섯 가지 경쟁요인five forces 모델은 그 전형적인 예이다. 시장에 존재하는 다섯 가지 경쟁요인(① 업계 내부의 경쟁이 심한지 그렇지 않은지, ② 신규 참가 장벽이 높은지 낮은지, ③ 대체품이 존재하는지 그렇지 않은지, ④ 소비자의 힘이 강한지 약한지, ⑤ 원재료 등의 공급업자의 힘이 강한지 약한지)에서 업계의 매력도를 분석하는 과학적이며 실증주의적인 접근법이다. 현실을 대상화하고 논리적으로 분석하며 언어화하여 인식한다. 따라서 객관적인 관점의 바탕에는 형식석인 지식이 있다.

반면에 주관적인 관점은 현실이 '자신에게 어떻게 보이는가?It seems to me~'의 의미를 따지는 세계이며, 입구에 있는 것은 그 자신의 생각이다. 자신은 무엇을 위해 살며, 무엇을 위해 일하며, 무엇을 하고 싶은가라는 생각으로부터 시작한다. 그 생각을 지니고 현장에 가서 직접 경험하며, 고객과 같은 체험을 하거나 대화를 거듭하면서 내부인insider으로서 '안쪽'에서 시장의 현실을 본다. 이때 중요한 것은 '경쟁의 수준은 몇 %'라는 분석데이터가 아니라, 시장의 의미가 그 자신에게 어떻게 보이는가 하는 것이다.

고객의 관점으로 파고들어 고객의 입장에서 직관적으로 지각한다. 객관적 관점에 의한 인식이 주체(자신)와 객체(상대)가 나누어지는 주객분리/자타분리인 것에 비해, 주관적 관점에서는 주체와 객체의 구별을 초월한 주객일체/자타비분리의 세계가 생겨난다. 그 가운데 고객과 서로 암묵적 지식을 공유하면서 자신 속에 새로운 암묵적 지식을 만들어나간다. 자신의 주관적 생각이 깊을수록 지각하는 의미도 깊어지며, 생겨나는 암묵적 지식도 깊어진다.

논리분석적인 객관적 접근법에 편중되면 보여야 할 것이 보이지 않게 되는 사례를 소개하기로 하자. 자동 2륜 제조업체인 야마하발동기의 이야기이다. 침체된 동남아시아에서의 사업 재건을 맡고 새로 부임한 사업본부장은, 열세를 만회하고 재건을 꾀하고자 10년 후의 미래를 향한 목표설정과 경영전략을 세웠다. 그리고 미국계 저명 컨설턴트회사의 일본 법인에 조사를 의뢰했다. 그런데 컨설턴트가 낸 결론은 정반대의 것이었다.

'동남아시아에서 더 이상의 투자는 그만두어야 하며, 특히 태국에서는 즉시 손을 떼야 한다.'

현상을 과학적이고 논리적으로 분석한다면 그렇게 된다는 주장이었다.

그도 그럴 것이 예전에는 30%였던 동남아시아에서의 야마하의 점유율은 한 자릿수로 낮아졌으며, 태국에서는 3%로 더 심했다. 그에 비해 경쟁업체는 80% 가까운 점유율로 압도적인 힘을 과시하고 있었고, 상품 면에서도 배기량이 더 큰 강력한 상품을 투입하고 있었다. 이에 대항하기 위해 경쟁회사에는 없는 자동변속기차량으로 차별화를 꾀하는 전략을 세우고 있었지만, 제1탄으로 내놓은 것에 문제가 발생하여 시작이 순조롭지 못했다. 현지로 가서 조사한 컨설팅회사의 간부는 그러한 데이터나 정보를 분석하여 손을 떼야 한다고 권했던 것이다.

사실 현지 주재원이나 직원들은 패배자 의식에 젖어 있었다. 입을 열면 한결같이 경쟁회사와 같은 모델이 없다는 둥, 우리 상품 가격이 비싸다는 둥, 일본 본사에서 지원을 제대로 해주지 않는다는 둥 책임을 다른 곳으로 돌리기만 했다. 그러나 침체의 진짜 원인은 1997년의 통화위기로 타격을 입은 현지 합병회사의 회복이 늦었기 때문이었다.

사업본부장은 직접 현지로 날아가 현장의 대리점들을 둘러보았다. 현지 딜러들은 "우리는 야마하 제품을 정말 좋아해요.", "좋은 상품만 공급해주면 얼마든지 열심히 하겠어요."라며 의욕이 왕성했다. '이렇게 적극적인 딜러들이 있다면 고객들도 구입하고 싶어질 것이다. 남은 것은 좋은 제품을 공급하는 것뿐이다.'

사업본부장은 시장의 잠재적인 가능성과 잠재능력을 직관했다. 주재원이나 본사 해외영업 담당자는 숫자만을 바라보고 낙담하여 현장을 거의 둘러보지 않았다. 사업본부장은 사업 철수를 거부했다. 컨설턴트는 입으로는 "본부장님은 오랜 경험과 깊은 통찰력을 지니고 계실 테니까……"라면서도 냉소적인 표정으로 돌아갔다고 한다.

사업본부장은 현지 사람들에게 "현재의 전략보다 나은 것이 있다면 제안해주세요. 없다면 이대로 열심히 합시다. 하면 됩니다."라고 격려하며 함께 현장을 둘러보고 딜러들을 지원하는 데 집중했다. 당장 성과가 나오지 않더라도 꾸준히 계속하자 1년 정도 지나서 성과가 나오기 시작했다. 일단 자신감이 생기자 상황은 급속히 호전되어 시장점유율도 비약적으로 향상되어갔다.

"철수론에 귀를 기울이지 않고 전략을 추진한 것은, 현장의 기대감과 우리 브랜드가 지닌 강점을 믿었기 때문입니다. 자동변속기차량이라는 새로운 시장에서 충분히 경쟁할 수 있다는 가설을 세우고, 동남아시아 시장에서 약진할 시나리오를 그려보았죠. 제 나름대로의 가설이나 시나리오가 진짜 올바른지 어떤지는 알 수 없었어요. 제가 가진 것은 할 만한 가치가 있다고 믿는 신념과 무슨 수를 써서라도 실현하려고 하는 집념에 가까운 마음뿐이었어요."

그렇게 말한 사업본부장은 얼마 지나지 않아 사장에 취임했다. 가지카와 다카시 사장이다. 컨설턴트는 시장 상황이나 경쟁회사를 분석하고 과학적이며 논리적으로 '철수해야 한다'는 결론을 도출해냈다. 가지카와는 제1선에서 고객들과 직접 접하는 현장의 딜러들이 활력을 잃지 않고 있는 모습을 보고, 시장의 잠재적인 가능성을 안쪽에서 직관하여 추구하는 경영전략을 실천해나갔다. 이 둘의 차이는 조직을 이끄는 인재에게 요구되는 능력을 단적으로 보여주고 있다.

●승부사의 감각 ③
주관과 객관을 오가는 균형감각

객관적 관점과 주관적 관점, 이 두 가지 관점은 어느 한 쪽만이 아니라 양쪽의 균형이 잡히고 양쪽을 오가며 나선상으로 회전하면서 진리에 끝없이 다가가는 과정이 중요하다.

우선 현장에서 직접 경험하면서 비언어적인 지각의 세계에서 상대(고객, 시장)의 시각 속에 파고들며 공감하거나, 눈앞에 벌어진 사상事象에 감정이입하여 그곳에 있는 암묵적 지식을 공유하고 직접 부딪쳐간다. 이 암묵적 지식을 바탕으로 상대와 사상을 대상화하여 분석하고 언어화해서 형식적 지식으로 인식하면 그곳으로부터 모순 해결의 실마리가 보이기도 한다.

드래프트원의 사례에 적용해보자. 본사의 상품개발부는 객관적 관점에서 시장을 분석했다. 그 시점에서는 '맥아를 사용하지 않는 맥주 제조법으로 만든 알코올음료' 시장이 존재하지 않았으므로 마케팅에 참고할 아무런 데이터가 없어 상품화에 반대했다.

가시와다는 맥주 제조 전문가들이 완성도를 평가하는 시음 항목에 '소비자의 기호'라는 아마추어의 관점을 포함시켜 '별난 사람' 취급을 받았다. 그는 고객의 관점 자체에 들어가서 주객일체가 되어 지각하는 주관적 관점으로 시장을 안쪽에서 보려는 생각을 갖고 있었다. 그렇기 때문에 '고객의 입장에서는 원료가 맥아든 그렇지 않든 상관이 없다.' 라고 간파하여 맥아의 속박에서 벗어날 수 있었다.

그러나 가시와다도 주관적 관점만으로 돌진한 것은 아니다. 큰 원 옆에 겹치듯이 작은 원을 그린 것은 '맥아를 사용하지 않는다'는 아이디어를 직관적으로 떠올렸을 때 맥주계 음료에 산뜻한 맛을 요구하는 거대한 조류와 결부시킬 수 있었기 때문이다. 그는 기존의 맥주, 발포주의 큰 원에 대해 새로운 조류에 대응하는 작은 원을 떠올렸다. 즉, 주관적 관점으로 시장을 안쪽에서 보았을 때 떠오른 아이디어를 객관적 관점에서 다시 파악하여 두 개의 원을 그림으로써 앞으로 만들려고 하는 상품의 정당성과 설득성을 분명히 했다. 가시와다는 큰 흐름과 세부적인 것을 오가는 가운데 주관과 객관의 균형을 취하고 있는 것이다.

두 개의 원의 균형점은 주관적 생각이 없으면 보이지 않는다. 그러나 주관적 관점만으로는 두 개의 원을 그릴 수 없고 객관적인 관점도 필요하게 된다. 분명한 사실은 객관적 관점만으로는 '맥아를 사용하

지식창조는 주관과 객관의 왕복순환운동이다

암묵적 지식(주관)	형식적 지식(객관)
안으로부터의 현실(질적 파악) : 안으로부터의 감성	밖으로부터의 현실(양적 파악) : 밖으로부터의 분석
생활세계 : 경험할 수 있는 세계	사실세계 : 데이터의 세계
감정이입 : 대상으로 파고듦	객관적 초연 : 대상에서 떨어짐
문맥의존 : 상황별로 다르다	문맥독립 : 상황과 관계없음
현상주의 : 있는 그대로 봄	실증주의 : 측정 검증함
실존자 : '자기자신' 이 됨	방관자 : '타인' 이 됨

지식창조 패러다임은 현실, 진리를 위해 양자를 통합한다

지 않는다'라는 아이디어가 생겨나지 않으며, 주관적 관점이 떠받쳐줌
으로써 비로소 이노베이션의 기어가 돌아가기 시작한다는 점이다. 본
사 상품개발부는 큰 흐름은 파악하고 있었으나 객관적 관점에 지나치
게 기울어져 있었기 때문에 상품으로 구체화할 수 없었으며, '타사에
지지 않을 발포주'의 개발을 요구할 수밖에 없었다.

주관과 객관, 암묵적 지식과 형식적 지식, 직관과 분석 중 한 쪽으로
치우침이 없이 늘 왕복순환하고 있다. 이노베이터에게 요구되는 것은
다름 아닌 이 균형감각이다.

● 승부사의 감각 4

주관의 힘을 회복

수많은 이노베이션이 탄생하는 과정 속에는 주관적 관점과 객관적 관점을 나선형으로 회전시켜가는 이노베이터들의 균형감각이 있다.

메이저리거 이치로 선수가 탁월한 성적을 낼 수 있는 것도 주관과 객관의 이중 시각을 늘 회전시키고 있기 때문이다. 이치로 선수는 우선 자신이 타자로서 이렇게 치고 싶다는 이상적인 폼과 몸의 움직임을 항상 머릿속에 그린다. 이것은 주관적 관점에서 본 스윙 방법이고 암묵적 지식의 세계이다. 한편, 다른 한 사람의 이치로가 자신을 객관화하고 이상적인 폼과 실제의 움직임의 차이를 분석하여 언어화(형식적 지식화)하고 피드백해간다. 예를 들면, 이치로 선수는 때로는 슬럼프에 빠지는 이유에 관해 어느 인터뷰에서 다음과 같이 대답했다.

"공은 보고 치는 것이 아니라 몸으로 느껴 쳐야 합니다. 그런데 상태가 좋지 않을 때는 아무 공에나 몸이 움직여버리죠. 나쁜 공은 치고 싶지 않아서 공을 눈으로 보려고 애씁니다. 보려고 하면 그만큼 몸이 늦어져서 더더욱 공을 칠 수 없게 되어버려요."

이렇게 상태가 좋지 않을 때의 원인을 분석하고, 다시 한 번 암묵적 지식으로 몸에 밴 이상적인 움직임을 되찾아간다. 암묵적 지식과 형식적 지식, 그 양쪽의 균형이 절묘하게 이루어진 곳에 이치로 선수의 강점이 있다.

그런데 지금의 일부 기업들에는 분석마비증후군이 만연하여 균형감각이 상실되고 있다. 그것은 1990년대 이후 일본 경제가 침체에 빠져 미국형 분석적 경영이 점차 파고들어온 것과 무관하지 않다. 논리적 사고가 만능시되는 근래 몇 년 간의 경향도 그런 현상의 하나이다. 그러나 분석은 주체와 객체를 분리시켜 그 관점에 지나치게 치우치면 자칫 시장의 현실감을 잃어버리게 된다. 외부에서 분석만 할 뿐 '방관자의 경영'에 빠져버리는 문제를 이 책에서는 반복하여 지적했다.

특히 오늘날의 미들 매니지먼트층은 분석의 세계에 지나치게 파고들어 가서 직접경험으로부터 너무 멀리 떨어져버리고 있다. 시장을 안쪽에서 보고, 고객의 관점에서 생각할 수 없게 된 것이다. 그리고 분석적 인식으로 얻어지는 정보는 경험적 지각과 비교하여 압도적으로 적다. 지각은 미묘하고 미세한 변화조차 직관할 수 있기 때문에 지각만큼 풍부한 정보가 얻어지는 세계는 없다고 한다. 필요한 것은 다시 한번 현장에서 직접체험을 거듭하고 지각을 연마하며 주관의 힘을 회복하는 일이다.

강 건너 불 구경하는 듯한 외부로부터의 방관자적인 시각은 공감을 불러일으키기 어렵다. 현장에서 지각을 연마하고, 주관적 관점에서 이상을 추구한다면 주위에 대한 큰 설득력이나 납득성이 생겨난다. 나는 무엇을 위해 여기에 있는가? 나는 무엇을 하고 싶은가? 주관의 원점은 스스로 그렇게 따져보는 데 있다. 논리분석에 예속된 상태로부터 주관의 회복으로 나아가는 것이 이노베이터의 첫 걸음이라고 할 수 있다.

다음에 등장하는 것은 일본 산업계의 정점에 올라 있는 도요타자동차의 사례이다. 도요타의 생산방식에서는 어떤 문제가 발생했을 때 '왜?'를 다섯 번 반복하고, 표면적인 이유가 아니라 그 너머에 있는 '진정한 원인'을 논리분석적으로 찾아내어 '개선'을 끌어낸다는, 아주 객관적이며 과학적인 대응이 이루어지고 있다.

그러나 '다섯 번의 왜?'에 한 가지가 더 있다는 생각이 든다. '왜?'를 반복하려면 그럴싸한 포장은 통하지 않고 문제의 본질을 집어내지 않으면 안 된다. 그 과정에서 진정한 원인을 객관적으로 찾아내게 되고 개선을 위한 바람직한 자세가 어떠해야 하는지 알게 된다.

나는 무엇을 위해 여기에 있는가? 무엇을 해야 하며, 무엇을 하고 싶다고 생각하는가? 주관적인 생각을 파고들면서 개선의 본질적인 의미를 자신의 내부에 적용하여 암묵적 지식으로 만들어나간다. 그 의미에서 '다섯 번의 왜?'는 객관과 주관을 나선형으로 회전시키면서 진정한 개선을 육성하는 장치라고 할 수 있다.

다음 사례에서는 도요타의 상품개발에서의 객관과 주관의 균형을 살펴보고자 한다.

11

세계 최고 친환경 하이브리드 자동차
도요타의 프리우스

 혁 신 이 야 기

도요타의 남다른 힘의 원천은 어디에 있는가? 많은 사람들은 제조 현장에서 철저히 생산성을 추구하는 도요타의 생산방식을 들 것이다. 일본 기업으로서 최초로 순이익 1조 엔을 돌파하는 위업을 달성한 것은 분명히 '지칠 줄 모르는 개선'의 결과였다고 할 수 있다.

그러면 도요타는 어째서 팔리는가? 모든 수요에 대응하는 풍부한 차종, 그 중에서도 팔리는 차종에 주력하는 점, 고품질 등 여러 가지를 생각할 수 있지만 가장 큰 이유는 '팔리는 차를 만드는 것에 대한 끝없는 집착'이 아닐까? 그렇게 실감하게 만드는 것이 도요타의 하이브리드차 〈프리우스〉의 2대째 상품개발이다. 팔려서 돈을 벌어다주기보다는 사회적 사명을 띤 차라는 이미지가 강했던 프리우스지만, 2대째 개발 과정의 배경을 들여다보면 판매에 대한 집념이 그대로 드러난다.

'21세기에 지각하지 않았습니다'라는 상징적인 광고문구와 함께 세계 최초의 양산 하이브리드차인 초대 프리우스가 등장한 것은 1979년의 일이었다. 이 차는 엔진과 전기모터의 두 가지 동력원을 갖고 있었다. 주행 조건에 맞추어 어느 한 쪽 혹은 양쪽의 구동력을 합쳐 효율성 높은 주행을 가능하게 함으로써, 가솔린차로서는 도달할 수 없는 고연비를 통해 환경부담금을 대폭 절감시켰다. 발진시나 중저속 등 엔진 효율이 나쁜 영역에서는 모터만으로 구동하기 때문에 엔진 소음도 없이 조용히 달리는 모습은 자동차의 새로운 시대를 알렸다.

● 혁신 포인트 ①
'환경성능'과 '고연비'만으로는 판매에 한계를 느끼다

그로부터 6년이 지난 2003년 7월, 모델 전면 교체를 통해 탄생한 2대째는 환경성능을 보다 높이고, 세계 최고 수준의 연비인 35.5km(가솔린 1리터당 주행거리)를 실현했다. 도요타가 지닌 하이브리드 기술의 높은 수준을 증명한 셈이다.

개발책임자인 상급 엔지니어Chief Engineer(이하 CE)에 취임한 사람은 42세로 도요타 사상 최연소 리더가 된 이노우에 마사오였다. 그는 발매시 일부러 환경 관련 성능은 전면에 내세우지 않고 '주행', '스타일링',

'장비'에 이은 네 번째 강점으로 '연비'를 두었다. 실은 여기에 도요타의 팔리는 차 개발의 묘미가 있으며, 이노우에가 기용된 의미가 있었다.

이노우에의 말이다.

"초대 프리우스는 도요타의 환경에 대한 자세를 세상에 널리 알렸죠. 그러나 판매대수는 6년 간 12만 대로 결코 많이 팔리지 않았어요. 기술이 뛰어나더라도 많은 사람들이 사용하지 않으면 공해를 줄이는 효과는 생기지 않죠. 어떻게 보급시킬 것인가? 그것이 제게 부여된 최대 과제였습니다."

'보급'이라는 주제가 갖는 무게를 이노우에가 통감하는 일이 있었다. 경영진들이 한자리에 모인 어느 회의에서의 일이었다. 도요타 쇼이치로 명예회장이 "이 신형 프리우스의 판매계획 대수는 어째서 이렇게 적은가?"라며 영업 담당 중역을 강한 어조로 질책했다. 초대 프리우스의 2배로 책정했으나 도요타 명예회장은 만족할 수 없었다. 얼마 후 비슷한 회의가 열렸을 때 그는 다시 같은 질문을 던졌다.

"창업자로서의 환경에 대한 강한 생각. 하이브리드는 비용이 많이 들고 결코 돈벌이가 되는 기술은 아니지만, 이것을 널리 보급함으로써 비로소 도요타의 사명이 이루어지는 것이라고 납득하게 되었어요."라고 이노우에는 회고했다.

'환경에 대한 배려'와 '보급'이라는 주제는 CE로서 모순된 과제를 해결해야 한다는 것을 의미했다. 초대 프리우스는 도요타의 환경기술의 높은 수준을 전면에 내걸었다. 결과는 판매대수가 나타내는 바와 같이 환경 문제에 관심이 강한 층, 조금 색다른 차를 타고 싶어하는 층, 이미지 향상을 꾀하는 기업 등이 구매층의 중심이었고 수요층은 넓어지지 않았다. 일반 고객을 대상으로 하려면 환경 문제를 강조하는 것만으로는 한계가 있었다. 높은 연비도 주유 횟수가 줄어든 후에나 실감할 수 있는 것으로, 차를 사고 싶다는 이유가 되기는 어려웠다.

다음 프리우스는 일반 고객층이 사도록 하지 않으면 안 된다. 특별한 의미를 지닌 차를 '보통차'로서 상품화해야 한다. 이런 곤란한 과제를 껴안고 이노우에가 CE 자리에 부임한 것은 발매가 1년 후로 다가온 2002년 4월의 일이었다. 전임 CE가 다른 차종으로 옮겨가게 되어 급히 기용된 것이었다. 시기적으로는 점토로 만든 클레이모델이 최종 승인에서 불합격된 직후 수정을 시작하던 무렵이었다.

● 혁신 포인트 ②
'하이브리드니까'라는 변명을 일축하다

클레이모델이 최종 승인에서 떨어진 것은, 하이브리드 기술 자체는 완성 단계에 이르렀으나 상품으로서의 방향성이 정해지지 않았기 때문이었다. 판매가격은 220만~270만 엔을 예정하고 있었다. 이노우에는 '환경성능 프리우스'로부터 '일반고객이 그만큼 돈을 내서라도 갖고 싶어하는 세단'으로 크게 방향을 틀었다.

개발팀에는 초대 프리우스 개발 때부터 CE 아래에서 기술 측면의 기획을 담당했던 1기 후배인 오기소 아키라가 있었다. 이노우에 역시 초대 프리우스의 사용자이며 그 기술에 감명을 받았으나 '가솔린차와 비교해서 부족한 부분'도 많이 있었다. 그 대부분은 오기소의 손으로 개선되어 있었다. 이노우에는 기술적인 성능 면에서의 조정은 오기소에게 맡기고, 자신은 팔리는 상품 만들기라는 난제에 주력했다.

첫 번째 벽은 하이브리드 기술의 우수성 자체에 있었다. 예를 들면, 주행성능이 그랬다. 이노우에는 고연비와 함께 주행성능의 개선을 요구했다. 특히 집착한 것은 엑셀을 밟았을 때의 가속감 등 체감할 수 있는 주행성능이었다. 그런데 데이터를 보면 분명히 가속 능력은 뛰어났는데 무슨 까닭인지 그것이 몸으로 느껴지지 않았다. 원인은 하이브리드 기술의 우수성에 있었다. 실제로 체감할 수 있도록 프로그램을 바꾸었더니 오히려 데이터가 나빠졌다. 수치? 체감? 이 모순을 해결한 것은 오기소와의 절묘한 협력이었다.

이노우에의 말이다.

"저는 기술 면은 잘 모르는 만큼 오히려 이랬으면 좋겠다, 저랬으면 좋겠다고 말할 수 있었죠. 오기소는 데이터와 체감이 양립될 수 없는 부분이 있다는 것을 잘 알고 있었으므로, '균형점은 이것이네요.'라며 선택안을 주저없이 제시하더군요. 함께 시승하면서 나는 좀더, 좀더라며 무리한 것을 계속 요구했어요. 최종적으로는 체감을 우선시했습니다. 고객은 스톱워치를 들고 타는 것이 아니니까요."

이노우에는 또한 가솔린차로는 좀처럼 실현할 수 없는 프리우스만의 장비를 추가했다. 그는 '가치감'을 내려고 두 개의 독자적인 장비를 채용하기로 했다. 종렬주차나 차고에 넣을 때 핸들을 잡지 않아도 자동차가 알아서 조종해주는 '자동주차 시스템'과, 스위치 하나로 모터만 이용하는 '전기자동차'로 변신하여 이른 아침이나 심야에도 이웃들에게 소음으로 폐를 끼치지 않는 'EV드라이브 모드'였다. 둘 다 세계 최초였다. 하이브리드차에는 전기장치 부분이 많아서 특별한 비용을 들이지 않아도 장비를 달 수 있었다. 이들 기능으로 '미래감'이라는, 고객에게 타는 즐거움을 줄 수 있다고 이노우에는 생각했다.

앞을 막아선 다른 벽은 엔지니어들의 '변명'이었다. 같은 가격대의 다른 차종이라면 있는 것이 당연한데 그런 기능이 없더라도 "이것은 하이브리드차니까 용납돼요.", "그만큼 가격이 비싸져도 당연하죠."라며 환경 성능을 면죄부처럼 여기는 경향이 보였다. 새롭게 추가하려고 했던 두 가지 장치도 엔지니어들은 '기믹gimmick(사람의 시선을 끌기 위한 특별한 장치)'으로 간주하고 "기술의 정도가 아닙니다.", "어째서 이런 것이 필요하죠?"라며 경시하는 풍조가 있었다. 이노우에는 엔지니어들에게 의식의 전환을 요구했다.

이노우에의 말이다.

"문제는 엔지니어의 만족과 고객의 만족 사이의 차이에 있었어요. 팀원들이 변명을 시작하면 저는 그것을 가로막고, 만일 자네들이 이 차를 구입한다면 어떻겠는가? 사용자의 입장에서 생각할 때 이런 장치가 있으면 기쁘지 않겠나? 차를 즐기는 고객의 마음을 지나치게 경시하는 것은 아닌가? 그렇게 거듭 반복하여 이야기했죠. 고객은 2백 몇십만 엔이란 거금을 지불해. 돈에 합당한 것을 제공하는 것이 엔지니어의 양심이 아닌가? 마지막에는 이것이 그들의 입을 막는 말이었어요."

개발 도중에 CE를 교체했으므로 이노우에에게 주어진 기간은 불과 1년 반밖에 없었다. 팀은 생산 개시 직전까지 설계 변경을 거듭했다. 인테리어디자인 변경에 있어서도, 조작이 번거로워 이대로는 고객이 기뻐하지 않을 것이라고 판단하여 계기판을 포함한 모든 설계를 다시 했다. 용납되는 시기를 몇 달 늦추더라도 과감히 실행으로 옮겼다. 마지막에는 생산라인현장에까지 프로그램을 바꾸기 위해 달려가기도 했다. 보통은 그 정도까지 허용될 수 없는 것도, 프리우스는 '도요타자동차로서 사회로부터 반드시 높이 평가받고 싶은 차'인 만큼 더 좋아질 수 있다면 적용해도 된다고 상층부의 허가를 받았다.

그렇게 시행착오를 반복하면서 탄생시킨 것이 2대째 프리우스였다. 이 차는 기자회견장에서도 초대 때와는 다른 충격을 주었다. 발표회는 대개 호텔 등에서 이루어져 장내에서 엔진을 켤 수 없었지만, 후지오 사장(현재 회장-역주)이 직접 운전하는 프리우스는 소리도 내지 않고 무대에 나타났다. 이어서 선보인 자동주차 시스템은 쇼가 끝나기까지 장내의 탄성을 자아냈다. '환경과 연비'로부터 '미래감 넘치는 선진적인 차'로. 인사를 위해 무대에 선 젊은 CE는 자신이 개발한 프리우스가 한 걸음 진보했다는 것을 확신했다.

그것은 실제로 2003년 9월 발표 후 3년 반이 경과한 2006년 4월 말까지 초대 프리우스로부터 누적 판매대수가 국내외를 합쳐 50만 대를 돌파한 기록을 통해 나타나고 있다. 판매대수 추이를 보면 2004년 12만 6,000대, 2005년 17만 5,000대, 2006년에는 1사분기만도 5만 대를 팔아 가속되고 있으며 보다 더 늘어날 것으로 예측되고 있다.

● **혁신 포인트 ③**
실패를 맛보고 스스로를 탈피하다

이노우에는 어떻게 회사의 위신을 건 사업에 개발책임자로 발탁되어 어려운 과제를 해결할 수 있었는가? 그것은 본인의 프로필을 보면 납득이 간다. 그는 어릴 적부터 차를 매우 좋아하여 초등학교 5~6학년 여름방학 때는 배터리, 모터, 쇠파이프 등을 모아 카트를 만들어 전 사회에서 우수상을 탔다. 와세다대학 시절에는 해체하기 직전의 자동차를 싸게 구입하여 분해와 조립을 직접 해가며 타는 것을 즐겼다.

출신지에 가까운 도요타에 취직한 후에도, 주말에는 사내 서클에서 연비경주용 차량 제작에 몰두했다. 토요일과 일요일에는 손톱 끝이 시커멓게 되고, 평일에는 회사일로 깨끗하게 돌아오는 나날을 보냈다. 결혼을 하고 아이가 생겨도 차에만 너무 열중한 나머지, 화난 아내가 2주일 동안 말도 하지 않았을 정도였다.

단, 엔지니어로서 한 번 '실패'를 경험한 적이 있다. 프리우스 개발에 참여하기 몇 년 전, 비스타(2003년에 생산 종료)의 제품 기획을 담당했을 때의 일이다. 배기량 2,000cc 이하의 소형승용차로서는 최대급인 넓은 실내공간을 실현하고, 그런 만큼 외관은 사각형 디자인이 되었으나 "이것은 멋진 차야!"라며 자신만만해했다.

그런데 자신을 잘 이해해주는 사람이라고 알고 있던 아내가 발표된 차를 보고는 말했다.

"진짜 이 차가 멋있다고 생각해요?"

그 말에 이노우에는 충격을 받았다.

"망쳤다고 생각했습니다. 좋은 차라고 생각한 것은 엔지니어로서의 만족감에 지나지 않았어요. 기술에 자부심이 지나치면 오히려 보일 것이 보이지 않게 되어버린다. 그것을 아내는 깨닫게 해주었죠. 똑같은 잘못을 두 번 다시 반복해서는 안 돼. 그렇게 명심했습니다."

미쳤다는 말을 들을 정도로 차를 좋아하던 사람이 한 번 실패를 맛보고 나서 리더로 성장했다. 그리고 2대째 프리우스 발표 1년 전이라는 이례적인 시기에 CE로 기용되었다.

"뭔가 새로운 것을 좀더 하지 않으면 안 된다고 생각했을 때, 중역의 머릿속에 제 얼굴이 떠오른 것이 아닐까요?"

CE로서의 이노우에의 업무 방식 중 주목해야 할 것은 중역층과의 관계이다. 사장과 회장이 직접 시승하도록 했고, 매월 중역들을 상대로 발표자리를 가졌으며, 매주 정기보고 외에 무언가 결정사항이 있으면 곧바로 중역실로 가서 방향에 대한 확인을 소홀히 하지 않았다.

중역층과의 친밀도를 높여가면서 이노우에는 교묘하게 중역들의 힘을 활용했다. 통상적으로 생산기술 부서에 대해 변경 신청을 하는 것이 간단히 통하지 않는다. 이노우에는 '프리우스는 특별한 차이므로 중역층도 자신이 장애가 되는 것은 피하려고 할 것이 틀림없다.'라고 판단했다. 그래서 상층부를 통해 상대를 움직이고, 마지막에는 상대로부터 "우리가 무얼 하면 되지?"라고 물어오는 관계로까지 만들었다. 부품업체에 무리한 변경을 부탁할 때도 중역의 지원을 받아서 원활한 협력관계를 확보했다. 현장에서 과제를 해결하는 리더는 중역도 유효한 자원으로 활용해야 한다는 예를 보인 것이었다.

●**혁신 포인트 4**
세계 정상을 향한 비전을 세우다

제품 개발은 우선 컨셉이 있고, 구현 가능한 다양한 기술력이 있으며, 더욱이 상품으로 다듬어가는 감각과 방법이 있어야 성립한다. 프리우스의 경우, 초대 프리우스는 '환경과 연비'라는 컨셉과 하이브리드 기술로 세계를 선도했다. 그러나 그것만으로는 보급에 한계가 있음을 알게 되어, 2대째 프리우스에는 참신한 인재를 투입하여 상품으로서의 완성도를 높이려고 했다. 이노우에는 기대에 부응하기 위해 '미래감'이라는 새로운 컨셉을 만들어냈고, 위로는 중역층, 아래로는 개발팀 동료들을 끌어들여 단기간에 어려운 과제를 완성했다. 여기에 기술 개발만이 아니라 팔리는 상품 만들기에도 만전을 기하는 도요타의 힘이 엿보인다.

도요타는 최근의 상품개발에 관해 '세계가치로 승화된 일본의 독창성'이라는 새로운 개념을 책정했다. 북미 의존에서 벗어나 유럽 시장과 아시아 시장도 시야에 넣고, 세계적인 공감을 부르는 도요타만의 새로운 가치를 만들어간다는 적극적인 비전이다.

"하이브리드 기술은 바로 일본의 독창적인 기술인데, 이것을 어떻게 고객이 사용토록 하며 감동을 전해갈 것인가 하는 점이 앞으로의 과제가 될 거예요."라고 이노우에는 설명했다.

프리우스는 급속한 경제 확대와 자동차의 과잉보급으로 환경파괴가 우려되는 중국에서 2005년 12월부터 최초의 해외생산이 개시되어 기대가 커지고 있다.

도요타는 종래에는 한 개발책임자가 동일 차종을 몇 대에 걸쳐 담당함으로써 계속성을 중시해왔지만, 2003년부터 매번 교체하여 혁신성과 창조성을 강조하는 방식으로 바꾸었다. 제조현장에서의 생산성 추구와 더불어 새로운 개발비전을 정하고 매니지먼트 자체도 전환한다. 세계 정상을 노리는 발걸음을 도요타는 내딛기 시작하고 있다.

도요타에서 배울 점 : 세계 1위 기업의 강점

● **세계 1위 기업의 강점** ①
분석적인 기술적 개념을 주관적인 공감적 개념으로 전환

2대째 프리우스 사례에도 주관 대 객관의 시각 차이가 잘 나타나 있다. 초대 프리우스는 주목을 받았으나 판매대수는 별로 많지 않았다. 그런데 어떻게 2대째에는 대박을 터뜨렸는가? 물론 환경 성능의 향상, 환경 문제에 대한 관심 증대, 원유가격의 급등 등의 배경도 있을 것이다. 그러나 개발 도중에 급히 CE에 기용된 이노우에가 담당한 역할을 보면, 그때까지 객관적이며 분석적인 관점 일변도였던 곳에 주관적이며 직관적인 관점을 주입한 것이 크게 공헌했다는 사실을 알 수 있다.

프리우스의 '환경과 연비'라는 테마는 언뜻 보기에는 사회적으로 공감을 부르는 컨셉처럼 보이지만, 실은 환경 성능을 추구하는 개발정신이 낳은 기술적인 컨셉의 영역을 벗어나지 못했다. 사용자의 마음에 호소하려면 '차를 소유하는 즐거움'이라는, 진정으로 고객의 입장에 선 공감적 컨셉이 필요하다고 간파한 것은 정상의 기업 도요타다운 깨우침이었다.

기술적 컨셉을 일단 부정한 뒤, 고객이 느끼는 '미래감'이라는 환경 성능도 내포한 보다 큰 공감적 컨셉으로 전환하는 가운데 다시 기술적 컨셉을 살려간다. 거기까지 한 걸음 전진한 상품개발이 가능했던 것도 도요타만의 강점이다.

기술적 컨셉이 소비자의 마음에 영향을 미치지 못하는 것은 객관적이며 분석적이기 때문이다. 가령 엔지니어도 주행성능을 추구하지만, 목표로 하는 것은 이론적으로 정당성이 증명되는 데이터상의 주행성능이다. 반면에 이노우에는 사용자의 체감 중심의 가속감을 바랐듯이, 고객의 입장에 선 컨셉은 아주 주관적이며 직관적인 세계로부터 생겨난다. 그러므로 자동주차 시스템 같은 기능도 엔지니어는 단지 시선을 끌기 위한 중요하지 않은 장치라며 경시했지만, 고객의 입장에서 보면 미래감을 체감할 수 있는 즐거움이 된다.

'하이브리드이기 때문에 용납된다.'라는 엔지니어들의 '변명'도 다양한 요소에 관해 분석적으로 가치를 부여하여 우선순위를 정하고, 최상위 요소인 환경 성능을 다른 요소보다 우선시하는 사고방식이다. 그러나 사용자는 차를 분석적으로 구입하는 것이 아니라 종합적인 직관으로 선택한다. 이노우에는 '고객에게는 하이브리드든 아니든 상관없다.'라는 사용자의 시각에서 기술자의 '변명'을 불식시켰다.

이론이나 데이터와 체험 사이의 균형을 어떻게 취할까? 기술의 이상을 추구하는 오기소와 고객의 이상을 체현하려는 이노우에는, 현장에서 밀고당기며 부드러운 변증법을 통해 균형점을 발견시켜갔다. 즉, 서로 대립하는 것들에서 각각의 장점을 살리는 새로운 시각을 발견했다. 그리하여 보다 높은 차원의 가치를 만들어내는 장치가 장착되어, 하이브리드차를 일반차로 보급시킨다는 모순이 해결되어간 과정은 매우 흥미롭다.

스스로의 벽을 탈피한 인재들

무엇보다 놀랄 만한 것은 인재를 고르는 방식이다. 언제 누구를 어디에 배치할 것인가? 오기소를 그대로 유임함으로써 기술의 축적을 유지하면서, 고객의 시각을 반영할 필요가 생기면 새로운 CE를 투입한다.

이노우에도 원래는 사내 서클에서 연비경주용 차량 제작에 몰두했듯이 엔지니어로서의 혼을 지닌 인물이었다. 그 때문에 한 차례 개인적으로 '실패'를 경험했다. 주관적인 관점을 지닌 아내의 한마디에서 사용자의 시각을 통감하게 되었다. 그 자신도 예전에 갖고 있었던, 차를 소유하고 타고 달리는 즐거움이라는 주관의 세계를 다시 떠올렸다. 미쳤다는 말을 들을 정도로 차를 좋아했던 그는 아내의 말에 너무나 큰 충격을 받았다. 아마 그것은 자신이 무엇을 위해 여기에 있으며, 무엇을 하고 싶은 것인지 자신의 눈으로 보는 세계를 잊어버리고 있었던 데에 대한 통한이었을 것이다.

사람은 누구나 주관의 세계 속에서 살고 있는데, 조직 속에 들어가면 상황이 변하여 객관적이며 분석적인 세계로 들어가버리게 된다. 예전에는 선명하게 보였고 자신의 눈으로 보았던 세계를 어느새 보지 못하게 되고, 어딘가 타인의 일처럼 대하는 방관자적인 입장에 안주해버리게 된다. 더구나 그것을 정당화한다. 그런 상황에 있는 자신으로부터 탈피하는 체험을 하고, 자신 속에 잠자고 있던 암묵적 지식을 불러일으킨다. 그리하여 주관의 힘을 회복한 사람들 중에서 이노베이터가 나타난다. 그런 인재를 지켜보고 있다가 기회를 보아 발탁하는 인재 선정 방식이 정말 놀랍다. 늘 누군가가 다양한 각도로부터 인재를 보고 있는 구조가 도요타에는 기능하고 있었던 것이다.

후지오 회장의 말처럼 도요타는 본사가 지방에 있어서 '우물 안 개구리가 되기 쉬었다.' 그래서 이단적이며 색다른 능력을 발견하고, 의도적으로 다양한 인재를 채용하여 조직의 동질화를 피하고 있다고 한다. 본문에서는 다루지 않았지만, 이노우에도 단순한 자동차 매니아가 아니라 부친이 심장병을 앓고 있어서 대학 시절에는 인공장기를 연구하는 등 다양성이 풍부한 인재였다.

다채로운 인재를 거느리고 적재적소에 배치해간다. 프리우스도 보급 면에서 문제가 있으니까 2대째는 적합한 인재를 투입하여 개선을 거듭한다. 같은 업계에서도 혼다는 조직 전체가 역동적인 운동체이며 때로는 업적이 오르락내리락하는 데 비해, 도요타는 하나하나 착실하게 성공을 쌓아올리는 점에 저력이 있다고 할 수 있다.

● **세계 1위 기업의 강점 ③**
미들업다운 매니지먼트

다른 한 가지, 이 사례에서는 매니지먼트 스타일 측면에서 이노베이터의 활용법에 관해 살펴보고자 한다.

지식창조를 위한 매니지먼트의 방식에는 톱다운도 바텀업도 아닌 제3의 방법으로서 '미들업다운'이 있다. 팀의 리더를 담당하는 중간매니저가 조직 내 종횡으로 지식의 흐름이 교차하는 연결점에 서서 경영층과 일선 직원들을 끌어들여 이노베이션을 일으켜간다. 중간매니저를 지식창조 프로세스의 중심에 위치시켜 역동적인 역할을 맡게 하는 것이 미들업다운의 사고방식이다.

뛰어난 최고경영층은 그들의 비전이나 이념, 혹은 꿈을 그린 공을 직원들에게 던진다. 그런데 일선에 있는 직원들은 눈앞 현실의 표면적인 부분에 눈길을 빼앗기기 쉽다. 일상의 업무에 정통할수록 시야나 생각이 경직되어버린다.

그런데 중간매니저는 경영층이 지향하는 비전과 현실 사이의 모순을 통합할 수 있는 컨셉을 만들어내고, 지식창조 프로세스를 회전시켜간다. 즉 중간층이 경영층의 비전을 번역하고, 일선 직원들과 마주보며 전도사로서의 역할을 담당하는 것이다. 서구 기업에는 톱다운형이 많은 데 비해, 미들업다운 매니지먼트에는 일본 기업의 독특한 면이 있어서 최근 서구의 경영학자들로부터 주목을 끌고 있다.

2대째 프리우스의 사례도 미들업다운 매니지먼트의 전형이라고 할 수 있다. 이노우에는 환경에 대한 창업자의 신념을 어깨에 짊어지고, 환경 보전에 공헌하기 위한 프리우스의 보급이라는 과제를 담당했다. 반면에 일선 엔지니어들은 프리우스의 모델 교체를 위해 환경 성능을 더 높이지 않으면 안 된다는 현실에 시각이 고정되어 시야가 좁아져 있었다. 거기에 모순이 생기고 있었다.

이노우에는 사용자의 입장에 서서 환경 성능도 포함한 '미래감'이라는 컨셉을 세웠다. 그리고 "자네들이 구입하는 입장이라면 어떻겠나?"라는 한마디로 엔지니어들의 눈을 뜨게 하고, 그들 속에 잠자고 있던 사용자로서의 암묵적 지식을 불러일으켰다. 그리하여 창업자의

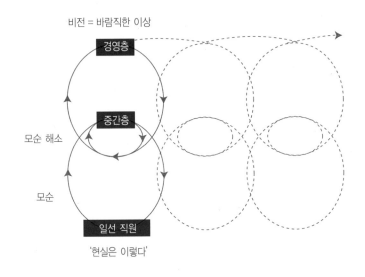

미들업다운을 통한 지식창조

비전 = 바람직한 이상

경영층

중간층

모순 해소

모순

일선 직원

'현실은 이렇다'

암묵적 지식과 일선의 암묵적 지식을 통합해갔다.

또 이노우에는 설계 변경과 생산 부문의 일정이 충돌할 것 같으면, 필요에 따라 경영진을 움직여 톱다운을 교묘하게 활용했다. 그때는 거꾸로 '프리우스는 특별한 차니까'라며 하이브리드차라는 점을 전면에 내세워, 아무도 병목현상을 일으키지 못하도록 사전에 방지했다. 마키아벨리적 지혜와 정치력도 미들업다운 매니지먼트에는 필요하다. 자동차업계의 신차 개발같이 종횡으로 조직이 교착하는 대규모 프로젝트에서 이노베이션을 일으키려면, 이노베이터의 조건을 갖추면서 미들업다운 매니지먼트를 교묘히 수행할 수 있는 인재가 꼭 필요하다는 것을 이 사례는 보여주고 있다.

●세계 1위 기업의 강점 ④
최강 기업 캐논과의 공통점

미들업다운 매니지먼트는 도요타와 견줄 수 있는 일본의 우수 기업 캐논에서도 현저히 나타나고 있다. 일례를 들어보자. 비디오카메라 개발팀이 디지털하이비전 대응 세계 최소 최경량(2006년 9월 발매 당시)의 〈iVIS HV10〉을 개발한 사례이다. 캐논의 비디오카메라는 이전에는 타사를 뒤좇아가는 처지였다. 그러나 정지화질이 뛰어났다는 점과 판매 호조였던 디지털카메라에 의한 상승효과로 빅터Victor, 마쓰시타Panasonic와 2위를 다툴 정도로 급성장했고, 마침내 왕자인 소니를 추격하려고 디지털비디오카메라의 새 브랜드를 출시한 것이 iVIS HV10이었다.

프로젝트 리더는 개발에 임하면서 '동영상에서도 캐논이 제일'임을 전면에 내세우고, 최우선 목표를 캐논의 장점 분야인 화질의 추구에 두었다. 그것은 하이비전 시장에서 앞서가는 소니로부터 시장점유율을 탈취하기 위한 필수조건이기도 했다. 게다가 소니의 뛰어난 기술인 소형경량화 측면에서도 소니를 초월하는 것을 방침으로 내세웠다. 그런데 개발 도중에 리더는 전략을 수정했다. 자동초점 센서를 2종류로 늘리고, 고속성과 정확성을 훨씬 높였던 것이다. 그 이유는 다음과 같은 것이었다.

화질이 좋은 것은 그들이 목표로 하는 절대가치지만, 고객의 경우

매장에서는 그것을 알기 어렵고 사서 써보아야 비로소 실감하게 된다. 화질의 추구는 고정팬 확보를 위한 전략으로 여겼고, 가게에서 구매동기로 이어지기 쉬운 '구매촉진책'으로는 '자동초점 센서에서도 캐논이 제일'이라는 캐치프레이즈를 전면에 내세우려고 생각한 것이었다. 이 수정에는 미들업다운 매니지먼트가 단적으로 나타나 있다.

캐논의 미타라이 후지오 회장은 최고경영자 자신이 목표를 명확하게 제시하는 톱다운 경영으로 알려져 있었다. 그는 '모든 주요 사업에서 제일을 목표로 한다.'라는 방침을 일관되게 내걸어왔다. 그런데 캐논은 원래부터 기술지향성이 강하여 엔지니어들이 '질 높은 상품을 만들면 고객은 사준다.'라며 기술만 파고드는 경향이 농후했다. 높은 화질도 없어서는 안 되는 컨셉이었지만, 프리우스의 환경 성능과 마찬가지로 실은 장인정신이 낳는 기술적인 컨셉의 범주를 벗어나지 못했다. 고객의 마음을 매료시키려면 사용의 편리성같이 구매자의 입장에서 본 공감적 컨셉이 필요하다는 것을 리더들은 간파하고 있었다.

이후 캐논의 리더는 '조용한 리더십'을 발휘하여 구조, 전기, 렌즈, 영상엔진 DIGIC(화상처리를 하는 독자기술), CMOS센서(빛을 전기신호로 바꾸는 소자) 등 '한 쪽을 강조하면 다른 한 쪽이 성립하지 않는' 충돌을 빚기 쉬운 각 부문간의 지식을 링크시켜 성과를 내고, '팔리는 상품'을 만들어갔다.

최고경영자가 내건 비전이나 목표를 번역하고, '전도사'로서의 역할 수행과 함께 구체적인 컨셉을 제시하며, 현장의 뛰어난 지식들을 흡수해간다. 톱다운과 바텀업 사이에 생기기 쉬운 모순을 중간층 리더가 통합하여 지식창조 프로세스를 순환시켜간다. 캐논 약진의 요인은 수없이 많지만, 최고경영층과 일선 사이에 이루어지는 미들업다운 매니지먼트도 기업 파워의 한 부분을 구성하고 있다고 할 수 있다.

● 세계 1위 기업의 강점 ⑤
도요타 vs 닛산 vs 혼다 vs 마쓰다

이 사례를 정리하는 의미에서, 일본의 대표적인 자동차업체들의 차종 개발 방식을 주관적 접근법과 객관적 접근법의 대비라는 시각으로 비교해보고자 한다.

도요타는 상품개발에서 늘 경쟁사를 벤치마크하면서 차종을 갖추고, 타사보다 뛰어나려는 전략을 통해 전체적인 면에서 이익을 올리는 회사이다. 그 파워에는 타의 추종을 불허하는 점이 있다. '세계가치로 승화된 일본의 독창성'이라는 개발 컨셉을 제시한다거나, 생산현장에서 끊임없는 개선을 추구하며 자신들의 존재의식을 되새겨보는 등 절대가치를 의식하는 점도 있지만, 기본적으로는 경쟁에서 승리한다는 상대가치를 추구한다. GM을 뛰어넘기 위해 업계 재편에 직접 뛰어든 것도 그런 DNA에 의한 것이다.

그 때문에 상품개발 전략에서는 시장분석적인 객관적 접근법을 바탕에 둔다. 그러나 프리우스같이 역사적인 의미를 지닌 전략적이며 도전적인 차종을 개발할 경우에는 필요에 따라 주관적이며 직관적인 컨셉을 내세우기도 한다. 그리고 이단적이며 색다른 재능을 지닌 인재를 리더로 투입하고, 더욱이 경영진이 방패가 되어 리더의 컨셉에 맞춘 자동차 개발을 조직 차원에서 지원해간다. 바로 거기에 도요타의 파워가 있다.

도요타와 대조적인 기업이 혼다이다. 혼다는 업계에서 몇 번째가 되든 순위에 신경쓰지 않고, 세계적인 업계 재편과도 선을 그은 채 독자 노선을 유지한다. 창업자인 혼다 슈이치로가 가장 좋아했던 '꿈'이라는 말로 상징되는 자신들의 절대가치를 한결같이 추구한다. 도요타의 경우 벤치마크를 하는 만큼 컨셉을 만드는 일이 비교적 쉽지만, 혼다에서는 '컨셉으로 자동차 개발의 8할은 결정된다.'라고 할 정도로 컨셉을 철저하게 고집한다. 개발 기간의 전반은 도면 제작을 일절 하지 않고 컨셉 만들기에만 전념할 정도이다.

컨셉 만들기에 있어서도 슈이치로의 기본 사상인 현장, 현물, 현실이라는 '3현주의'를 실천하여, 현장으로 가서 현물을 만져보고 현실을 실감한다. 대히트상품인 피트 개발에서는 '컴팩트하며 미니밴 수준의 유틸리티(넓이나 다기능성)를 보유한 자동차'처럼 '상식과 거리가 먼' 컨셉을 만들어냈다. 그 컨셉을 조율하는 과정에서 개발팀은 짐칸을 얼마나 넓게 확보할지 결정하기 위해 공략 목표인 유럽을 몇 번이나 찾아갔다. 차가 사용되는 현장에서 실제로 와인을 몇 병 손에 들고 용적과 무게를 실감해보고, 슈퍼마켓에서 쇼핑카트를 밀어보며, 더위와 추위를 직접 느껴보면서 그 지방 사람들과 똑같은 체험을 했다.

또한 컨셉의 방향성을 탐구하는 과정에서는 팀원들에게 그들의 '하고 싶은 것'을 동기부여의 원천으로 삼아 '이런 차를 만들고 싶다.'라는 개인적인 욕망을 제시하도록 했다. 그것은 '만드는 쪽이 개인적인 생각을 발하면, 그것이 고객의 개인적인 생각에 도달한다.'라는 '개발 개착個發個着'의 사고방식에 바탕을 둔 것이었다. 이는 주관적 접근법

그 자체이다.

물론 상품개발에서는 마케팅 데이터를 기초로 한 객관적 분석도 이루어진다. 그러나 마케팅 데이터는 '시장의 결과론', '백미러'에 불과하다며, 그것을 초월하는 컨셉을 창조하여 고객의 공감을 얻으려고 하는 것이 혼다의 방식이다.

리더가 철저하게 컨셉 만들기를 중시하는 것은, 그것을 구현하는 과정에서 부딪히게 될 곤란을 뛰어넘으려는 의미도 크다. 프로젝트 팀 멤버들은 보통 각자가 전문성을 지닌 여러 종적 조직에 속해 있으며, 프로젝트가 발족하면 종적 조직 각 부문에 횡적으로 꼬챙이를 끼우듯 매트릭스형으로 팀원들이 모여 LPLLarge Project Leader 아래 팀이 구성된다. 그리고 팀 내에는 각 부문별로 PLProject Leader이 있다. 현장 리더인 PL은 본적지(종적 조직의 각 부문)에서는 소속 부분의 장, 프로젝트에서는 LPL이라는 두 상사를 가져 '아버지와 계부' 사이에 낀 존재가 된다.

이 두 명의 상사 사이에서는 자주 이해관계가 대립하여 모순이 생긴다. LPL은 신규 투자가 필요한 신기술을 넣으려 하고, 부서장은 최소한의 비용으로 최대한의 이익을 올리려고 한다. 양쪽에 낀 상태인 PL의 역할에 따라 프로젝트의 성패가 좌우된다. 이때, 가장 이른 단계에서 컨셉이 얼마나 팀원들 사이에 공유될 수 있는가 하는 것이 중요하게 된다.

LPL은 총괄 리더이면서도 인사권이나 예산권 등 정당화된 권한이나 권력은 갖고 있지 않다. 중역들이 뒤를 돌보아주는 것도 아니다. 개인으로서의 꿈, 뜻하는 바, 철학, 최종적으로는 인격적인 것, 즉 실존적인 인간미로 팀원들을 이끌어갈 수밖에 없으며, 컨셉은 그 결정체 바로 그것이다. 조직적으로 늘 모순을 내포하면서, 인간력을 통해 통합해가는 역동적인 운동체라고 하는 이유이다.

이와 같이 혼다에서는 LPL의 주관적 힘이 상품개발에 크게 관련되어 있다. 제1장에서 살펴본 마쓰다의 사례도 혼다와 매우 구조가 흡사하다는 점을 독자들은 이미 알아차렸을 것이다. 마쓰다의 경우 최초에는 이단아였던 로드스타의 개발 성공이 계기가 되어, 그들 자신의 절대가치를 추구하는 모습이 이어지고 마침내는 회사 전체가 눈뜨고 있었다. 마쓰다도 원래 로터리엔진 개발에 성공하는 등 절대가치를 추구하는 DNA를 지니고 있었지만, 어느 때부터인가 방향을 잃기 시작했다. 잠자고 있던 DNA를 개발자의 주관적 결정체 같은 로드스타가 일깨웠다고 한다면, 이노베이션의 드라마성을 느끼지 않을 수 없다.

주관적 접근법과 객관적 접근법 사이의 대립을 체계적으로 활용하려고 하는 것이 닛산의 개발 체제이다.

"충돌이 아래(부정적인 방향)를 향할 때는 술집이 번성하지만, 위(긍정적인 방향)를 향할 때는 가치가 생겨난다."

이것은 닛산의 일련의 개혁 속에서 상품개발 체제를 대폭 변경했을 때. 카를로스 곤 사장(현재는 공동회장 겸 사장)이 그의 기대를 표현하면서 한 대사이다.

닛산에서도 과거에는 도요타, 혼다, 마쓰다와 같이 상품주관이라고 불리는 중량급 리더가 기획부터 설계, 수익에 이르기까지의 모든 책임을 지고 있었다. 이것을 역할분담하는 형태로 바꾸고, 각각의 책임자 사이에 일부러 '충돌'을 일으키는 구조를 도입한 것이었다.

신체제의 구조는 다음과 같다. 기획 면에는 상품경쟁력 강화에 전념하는 수석제품전문가CPS, Chief Product Specialist, 기술 면에는 차량개발 설계를 진행하는 수석차량기술자CVE, Chief Vehicle Engineer 등과 같이 기능별 책임자가 횡적으로 배치된다. 이것에다 꼬챙이를 끼워 각 책임자의 주장을 조정하고, 수익의 극대화를 향해 예산관리를 하는 것이 프로그램디렉터PD, Program Director이다. PD는 차의 원가를 결정하고, 모든 예산 배분의 권한을 갖는다. 차종의 영역별로 6명의 PD가 있으며, 개별 차종은 PD오피스매니저가 담당한다.

충돌은 주로 기획 담당인 CPS와 기술 담당인 CVE 사이에서 일어난다. CPS는 '고객의 이익의 대변자'로서 기능하기 때문에, 고객의 입장에 서서 고객의 눈으로 기획을 세운다. 그러므로 그에게는 매우 주관적 접근법이 요구된다. 반면에 CPS는 원가의 속박에 의해 기본적으로 객관적 접근법을 취한다.

닛산이 1.5리터급 컴팩트카 분야에서 기회를 노리다가 투입한 신형차 티다의 경우를 살펴보자. CPS는 자녀 양육을 끝낸 세대를 고객층으로 상정하여, 기존의 컴팩트카의 상식을 초월한 고급감을 철저하게 추구하며 특히 내장에 신경을 쓸 것이라고 여겼다. 이에 대해 CVE는 어느 부분에 비용이 늘어나면 다른 부분에서 조정이 필요하게 되므로 저항했다. 그래서 '돈줄'을 쥐고 있는 PD오피스매니저가 끼어들었고, 3자의 협의하에 목표로 하는 것을 확인하면서 필요한 사양이라고 판단되면 CVE를 설득했다. 비용 증가는 예산을 늘려 PD오피스 쪽에서 감당했다.

이런 충돌도 있었다. 가격 결정은 마케팅디렉터MD가 담당한다. 그는 판매대수에도 책임을 지기 때문에 발매가 가까워지면 당초의 상정

가격보다 '소극적'인 자세로 바뀌는 일이 있었다. 그래서 PD오피스매니저가 자신들이 어떤 차를 만들려고 해왔는지 '개발 히스토리'를 이야기하고, '당당하게 팔 수 있는 상품'이라는 것을 다시 한 번 생각해보라며 MD의 등을 떠밀었다.

이렇게 주관적 접근법과 객관적 접근법 사이의 '충돌'을 긍정적으로 작용시킨 티다는, 발매되자마자 일약 히트 차종이 되어 일본 신차 판매대수 순위 베스트 10에 들었다. 중국에서도 판매가 호조를 보였고, 곧 사장이 내건 중기계획인 '닛산 180'의 세계판매 연간 100만 대 증가(2001년 대비) 달성에 크게 공헌했다.

한 사람의 리더가 모든 책임을 지는 형태는 일관성과 통일성이 유지되는 장점이 있다. 반면에 '위험이 있더라도 상품성을 높이고 싶지만, 비용도 줄이지 않으면 안 된다.'라는 주관과 객관 사이의 모순을 리더 개인이 통합해가지 않으면 안 되는 상황과도 자주 맞닥뜨리게 된다. 이때 리더의 능력에 따라서는 이것도 저것도 아닌 해결책으로 끝날 가능성이 있다. 특히 사업이 부진하면 위험을 피하려는 방관자적 시각에 리더가 기울어 악순환에 박차가 가해질 가능성이 생겨나기 쉽다. 역할을 분산시키는 신체제는 '고객의 대리인'격인 CPS와 주관과 객관의 균형을 취하는 PD오피스의 설치를 통해, 주관적 접근법을 보증하는 구조라고도 할 수 있다. 닛산의 상품개발력이 본격적으로 부활할지 어떨지는 신체제가 어떻게 기능할지에 달려 있다.

경쟁에서 이기려는 상대가치를 추구하면서, 이때다라고 여겨질 때는 조직을 총동원하여 이단적이며 별난 능력을 갖춘 인재를 투입하여 절대가치도 의식하는 도요타, 개발 리더의 인간력을 원동력으로 삼으면서 일관성 있게 그들 자신의 절대가치를 추구하는 혼다, 상대가치 중시의 포드와 제휴하면서도 절대가치 추구에 눈을 뜨고 독자적인 개발력을 향상시켜가고 있는 마쓰다, 그리고 절대가치와 상대가치의 균형을 취하는 조직적인 구조를 정착시키려는 닛산. 어느 쪽이든 일본의 자동차업체 각사가 이른바 분석지상주의와는 다른 입장을 견지하고 있다는 점을 주목해야 한다.

제7장
옳은 것을 추구하는
삶의 자세

Think Innovation

이제부터 다루는 두 가지 사례 중 하나는 직원 수 20명 정도의 인터넷서비스회사이며, 다른 하나는 프로축구 J리그의 축구팀이다. 양자에 공통적인 것은 무엇인가?

첫 번째 사례의 회사에는 인터넷의 '다음 10년'을 읽어낸 베스트셀러 〈웹진화론〉의 저자 우메다 모치오가 이사로 있다. 그는 실리콘밸리에 두 개의 회사를 일으켰고, 일본과 미국에서 하이테크 관련 컨설팅을 해왔다. NEC(일본전기)의 경영자문위원도 맡고 있는 우메다가 스스로 기업을 일으켰을 때와 똑같이 '진지하게 생각하고', '중대한 결심을 하여' 이사직 취임을 자원한 그 회사의 이름은 '하테나'이다.

두 번째 사례는 니가타 시를 본거지로 삼고 있는 알비렉스 니가타이다. 홈경기가 있을 때마다 4만 2,300명을 수용할 수 있는 거대한 경기장이 똑같은 유니폼을 입은 응원단으로 메워져 스탠드는 오렌지 물결로 뒤덮인다.

한 쪽은 IT업계의 현인을 끌어들였고, 다른 한 쪽은 니가타 시민의 마음을 불타게 했다. 공통점은 어느 쪽에나 경영자의 삶의 방식이 경영에 반영되고 있다는 사실이다. 자신은 무엇을 위해 살며, 무엇을 하고 싶은가? 주관의 원점은 스스로 그렇게 자문하는 데 있다고 제6장에서 말했지만, 그것은 바로 삶의 방식과 자세의 문제이다. 이 장에서는 근본적인 조건으로 자신의 삶의 방식을 확립할 수 있었던 사람만이 이노베이션을 일으킬 수 있다는 사실을 제시하고 싶다.

12

'일본의 구글'이라 불리는
인터넷 업계의 샛별 하테나

하테나가 제공하는 인터넷 서비스는 독자적인 것들뿐이다.

인력검색人力檢索은 다른 검색엔진으로 조사하기 어려운 정보라도 질문을 써넣으면 다른 사용자가 회답해준다. 1포인트＝1엔으로 구입한 포인트를 회답의 유익한 정도에 따라 지불한다. '하테나 다이어리'는 블로그 서비스의 명칭이다. 사용자가 블로그 중의 단어를 키워드로 설정하면, 같은 단어를 사용하는 다른 블로그와 자동적으로 링크가 엮어지는 독자적인 아이디어로 인기가 높다.

'하테나북마크'는 자기가 흥미를 갖고 있는 사이트나 기사를 등록하는 서비스이다. 등록이 많은 일람을 보면 잡지광고와 같이 웹상에서 지금 어떤 정보가 주목받고 있는지를 알 수 있다. 사용자의 집합적 지식을 통해 정보가 편집되는 구조이다.

이밖에도 독창적인 서비스들을 잇달아 제공하여 '일본의 구글', 'WEB2.0(차세대웹)의 기수'로 불리며, 월간 방문자 수가 누계 800만 명을 헤아린다. 수익은 광고 및 포인트 이용 유료서비스가 중심이다.

하테나가 주목받는 다른 한 가지 이유는 기상천외한 경영 방식에 있다. 그것은 창업자이며 사장인 곤도 준야의 사상과 개성의 영향이 크다. 앞에서 소개한 우메다가 하테나의 경영에 참여할 결심을 한 것도 곤도와의 만남을 통해서이다. 우메다는 곤도에 대해 "이상하리만큼 인간적인 매력을 동반한 '그릇의 크기'와 '동물적인 강함'을 동시에 지니고 있다."라고 저서에서 절찬하였다.

곤도는 1975년생이다. 그의 나이 20세 전후에 인터넷의 실용화가 시작되었으며, 인터넷상의 저편에 모습을 알 수 없는 상대와 교류하는 경험을 갖게 되었다. 인터넷에 대한 가치관이 이전 세대와 전혀 다른 세대를 우메다는 기대감과 함께 '75년세대'라고 부르는데, 곤도는 바로 그 세대에 속한다. 그 곤도가 이끄는, 언뜻 보기에는 '별난 회사'지만 잘 생각해보면 제대로 된 회사의 전모를 탐구해보고자 한다.

●**혁신 포인트** ①
서서 회의하며 권위를 걷어내다

하테나 경영의 최대 특징은 사내 정보의 공유를 철저하게 추구하고 있는 점에 있다. 전략적인 토론, 새로운 서비스에 관한 아이디어, 일상적인 보고, 연락, 상담까지 모든 정보를 전직원이 열람할 수 있는 블로그에 게시하며, 어떤 정보를 읽을지는 읽는 쪽에서 판단한다. 발신자가 수신자를 선택하는 이메일은 사용하지 않는다. 무슨 이유일까?

곤도의 말이다.

"기본적으로 정보의 사유화나 은폐를 배제하자는 뜻입니다. 직원들이 자신에게 숨겨져 있거나 읽을 수 없는 정보로 받는 스트레스보다, 공유하는 정보가 지나치게 많더라도 자신의 필터를 이용하여 읽을지 말지를 결정하는 편이 심리적으로 훨씬 건전하다고 생각했던 거죠."

회의도 커다란 방의 한가운데에 놓인 테이블을 둘러싸고 선 채로 한다. 주제나 토론의 흐름에 응해 그대로 계속 참가할지 자기 자리로 돌아갈지는 각자가 선택하며 출입도 자유롭다. 회의실에서 의자에 앉아 하는 회의는 주재하는 사람이 어떤 사람을 참가시킬지 선별하게 되지만, 선 채로 하는 회의에서는 주제에 흥미를 가진 사람은 누구라도 언제나 참가할 수 있다.

회의는 브레인스토밍 식으로 진행된다. 아이디어를 나누는 '사고를 개방하는 토론' 모드가 되면 발언은 질문이나 대안에 한정되도록 신경을 쓰며, 부정적 의견은 '결정하는 토론'에 들어갈 때까지 내지 않는다. 이 원칙에 따라 상식에 얽매이지 않는 발상이 이루어진다.

일하는 자리도 고정되지 않은 자유석이다. 게다가 전날과 같은 자리에 앉지 않고 매일 바꾼다. 직원들은 라커에서 필요한 것을 꺼내어 아무 데나 앉고 싶은 자리에 앉는다. 자유석 방식에서는 그날의 업무가 명확해지고, 정돈이 잘 된다는 이점이 있다. 하테나의 경우에는 '누구와도 커뮤니케이션할 수 있어야 즐겁다.'라는 생각이 바탕에 있다.

하테나 역시 구글같이 엔지니어 집단이며, 직원의 대부분이 프로그래머이다. 프로그램을 만들 때는 때때로 두 사람이 한 조가 되어, 한 사람이 작성하고 다른 한 사람은 의견을 말하는 페어프로그래밍 방식을 취한다. 업무에 집중하고, 공들여 작성함으로써 오류나 실수가 줄어들어 품질이 향상된다. 따로따로 일하는 것보다 생산성이 오르는 효과도 기대되며, 특히 베테랑과 신입직원이 조를 짜서 일함으로써 노하우의 공유나 전승을 촉진한다.

베테랑이 자신이 하는 업무에 관해 신입 직원에게 관리를 부탁하는 일도 있다. 직장에서 중요한 것은 '개발자가 일에 집중하게끔 환경을 만드는 일'이며, 상사가 부하를 관리하고 부하가 그 관리 아래 업무를 하는 '일방적인 상하 관계'는 의미가 없다고 생각하기 때문이다. 이것을 '높은 자리가 아닌 관리직'이라고 부르며, '직원들은 누구나 대등한 관계이고 역할이 다를 뿐'이라는 의식을 정착시킨다.

이처럼 정보를 가진 자와 갖고 있지 못한 자, 회의 참가자와 비참가자, 상사 대 부하의 일방적인 관리 관계 등 사내의 어떤 '비대칭성'도 배제하며, 직원 사이의 쓸데없는 벽이나 경계를 허물고 정보 공유를 촉진한다. 왜 그렇게까지 사내의 정보 공유에 신경을 쓰는 것일까? "그것은 외부와의 정보 공유를 위해 꼭 필요한 조건이기 때문이죠."라고 곤도는 말했다.

"정보를 공유한다는 것은 자신의 것을 모든 사람의 것으로 치환하는 프로세스입니다. 자신이 생각하고 있는 것을 언어화하여 전하고, 상대도 그것에 귀를 기울인다. 공유에는 성의 있는 대화가 필수적이며, 그것을 위해 불필요한 벽을 모두 허문다. 우리가 목표로 하는 것은 외부 사용자들과의 정보 공유인데, 사내에서조차 정보를 공유할 수 없는 회사가 외부에 대해 아무리 정보를 공개하더라도 사용자와의 공유 따위는 이루어질 수 없어요. 정당한 의견이 통하는 조직을 만듦으로써 비로소 사용자의 목소리가 들리는 법이죠."

● **혁신 포인트** 2
완성도 50%로 새로운 사업을 시작하다

회사 밖의 사용자와 정보를 공유하고 그 목소리를 듣는다. 이 방침을 단적으로 나타내고 있는 것이 '새로운 서비스는 50% 완성도로 발표한다.'라는 방침이다. 안전성이나 개인정보 보호 등에는 만전을 기하지만, 핵심적인 서비스 이외의 부분들은 실제로 사용해본 사용자의 요망을 받아들여 완성해간다.

이것은 창업 당초 수익을 보충하기 위해 사이트 개발 위탁업무를 했을 때의 실패 체험이 바탕이 되었다고 한다. 처음에는 '이런 기능을 넣으면 아주 재미있을 것'이라고 생각하여 핵심 부분을 만드는데, 점차 '이것도 있는 편이 낫겠지'라며 세세한 부분이 추가되었다. 나중에는 무엇이 진짜 필요한 것인지 알 수 없게 되는 '과잉제작증후군'에 자주 빠졌다.

자신들의 불완전함을 아는 한편 사용자의 힘을 실감하게 되는 일이 있었다. 하테나 다이어리를 개발하면서 사용자들 중 선발된 사람들을 대상으로 시험판을 공개했을 때의 일이었다. 테스터들은 자발적으로 '하테나 다이어리에 대한 요망'이라는 키워드를 설정하여 제안하는 곳을 인터넷상에 설치하고, 프로그램의 오류나 취약성을 지적하는 보고를 보내왔다. 그래서 하테나도 수정작업 내용과 결과를 모두 공식 블로그상에서 공개했다. 처음에는 이 경과를 인터넷상에서 지켜보고 있던 사용자들로부터 오류나 취약성에 대한 비판적인 의견과 불안감을 선동하는 투고가 많았다. 그래도 공개를 계속하자, 사용자들의 목소리가 점차 긍정적으로 변하여 나중에는 '하테나는 안전하다.'라는 신뢰의 목소리가 들려왔다. 만드는 쪽은 결코 완벽하지 못하다는 것, 그리고 생각하지 못했던 사용법을 시도하는 사용자들과의 정보 공유를 통해 새로운 가능성이 확대되는 것을 실감했다.

그래도 "사용자의 요망을 그대로 다 받아들이는 것은 아닙니다."라고 곤도는 말했다.

"사용자의 목소리에 일일이 대응해가면, 결국 과잉제작증후군과 같은 결과가 되어버려요. 우리가 공개한 정보에 대해 사용자들로부터 비판이 나옵니다. 그러면 어느 쪽이 객관적으로 옳은가 하는 것이 아니라, 그 사용자의 요망에 본질적인 문제가 숨겨져 있는지 아닌지 우리가 찾아서 판단하지 않으면 안 돼요. 사용자들의 목소리는 우리가 정말 하고 싶었던 것을 늘 깨닫게 해주는 계기가 되지만, 마지막에 본질적인 문제를 발견하고 해결해가는 것은 우리 자신이라는 결의가 없다면 사용자들과 마주할 수 없죠. 그 결의를 다지게 만드는 것은 모두의 생활을 보다 풍요롭게 만들고 싶다는 우리의 주체적인 생각이며, 그것은 근본적으로 틀리지 않았다는 것이 제 신념입니다."

어째서 그렇게까지 자신들의 생각이나 신념을 소중히 여기는 것인가? 여기에서 기존의 인터넷 비즈니스를 전개해온 세대와 큰 차이를 발견할 수 있다.

곤도의 말이다.

"우리가 하고 있는 일은 웹상에서의 장소의 설계, 즉 마을 만들기입니다. 다른 마을(사이트)에 대한 비교우위성은 사용자들에 대한 안이한 영합이 아니라, 만드는 쪽의 주의주장이 얼마나 구현되어 있는가에 달려 있어요. 주의주장이 공감되기 때문에 하테나는 사용자들의 선택을 받은 것입니다."

사용자들의 요망은 '하테나 아이디어'라는 서비스에서 받는데, 여기에는 사용자와 운영자가 '같은 방향을 향하기' 위한 장치가 들어 있다. 장치는 이렇다. 사용자들로부터 서비스에 관한 요망이나 오류 보고를 접수받으면, 그 아이디어들을 '주식'으로 간주하여 가상적인 시장에서 주식거래를 행한다. 어떤 아이디어가 운영자에게 채용되어 구현되면, 그 아이디어 주식의 보유자는 배당을 받을 수 있다. 그래서 사용자는 자신이 공감하며 또한 운영자가 채택할 것이라고 생각하는 아이디어 주식을 구입한다. 그 결과, 운영자의 '주의주장'에 가까운 아이디어의 주가가 오른다. 단순한 찬반투표의 경우에는 '이용료를 반으로 줄여라'라는 이기적인 욕망에 표가 모이고 이해가 상반되기 쉽지만, 가상의 시장을 통해서는 가치관의 공유를 꾀하는 것이다.

차세대 인터넷에서는 아이들의 장난기가 무기다

하나하나의 서비스에서 스며나오는 곤도의 사상. 그 원점은 그의 어린 시절에 있다.

그가 태어난 곳은 미에 현의 '시골'이었다. 초등학교 시절에는 한 학년이 몇 명에 지나지 않았다. 모두 사이가 좋았고 사람을 싫어한다는 개념을 몰랐다. 자유분방하게 놀았다. 야구놀이를 할 때는 공터에 모여든 인원에 맞추어 규칙을 바꾸었고, 숫자가 모자라면 포수는 공격 측에서 지원하기도 했다. 더 적으면 팀을 나누지 않고 포지션을 바꾸어가며 놀았다. 규칙을 만드는 사람과 지키는 사람이 같았다. 그러므로 모두가 즐길 수 있었다.

그런데 세상을 바라보니 불합리한 일이 많았다. 논두렁길 같은 도로의 교차로에 어째서 신호등이 있으며, 왜 차도 오지 않는데 붉은색이면 정지해야만 하는가? 어째서 학교에는 교복이 있으며, 딱딱한 플라스틱 필름이 목 부분에 부착된 답답한 교복을 입지 않으면 안 되는가? 중학교 시절에는 학생회장이 되어 이런 의문을 제기했으나 아무도 대답해주지 않았다. 규칙이 당사자와 관계없는 곳에서 만들어지고 '정보가 은폐되는 불쾌감'을 느꼈다.

인터넷이 진화하고, 사용자도 능동적인 표현자가 되었다. 사용자인 동시에 제작자가 되는 개방성이 높은 세계로 바뀌어갈 때, 즐거움을 최대한 추구하려면 '아이들의 장난기가 중요하다.'라는 곤도의 말은 시골에서 자란 원체험에 깊이 뿌리내리고 있다.

그 후 곤도는 교토대학 이학부에 진학하여 측지학과 기상학을 전공하고 컴퓨터 프로그래밍을 익혔다. 재학중 사이클링부에 들어가서 서클 홈페이지 제작에 솜씨를 발휘했다. 대학원에 진학해서는 중학생 때 자전거 도로경기를 동경했던 '꿈에 매듭을 짓기' 위해 1년을 선수 생활로 보냈다. 전국체전에도 출장했으나 마지막 경주에서 골절상을 입었다. 그때 "경기 사진을 찍어보지 않겠나?"라는 권유를 받았다. 대학원을 중퇴하여 1년 반 정도 카메라맨 일을 하는 동안, 장래를 모색하면서 시작한 것이 예전부터 아이디어를 다듬고 있었던 인력검색서비스였다. 2001년 26세 때의 일이었다. 이미 인터넷 거품은 꺼져 있었다. "어려운 상황이었지만 오히려 그렇기 때문에 더 가능성이 있다고 생각했어요."라고 곤도는 말했다.

"인터넷 거품이 한창이었을 때는 돈에 눈먼 사람들이 떼지어 다녔죠. 저런 사람들이 다음 세대를 개척할 만한 것을 만들지는 못할 것이라고 미심쩍은 생각이 들었어요. 결국 거품이 걷히고 그 사람들은 모두 사라져버렸죠. 그것이 지금이야말로 우리가 세상의 구조를 조금씩 바꾸어갈 때라고 생각하게 된 계기가 되었어요. 우리가 추구하는 것은 단순한 돈벌이가 아니라 인터넷세계에서의 개발업입니다. 지금 인터넷기업은 기존의 산업 내에 있는 것을 인터넷상으로 자리바꿈하는 비즈니스가 주류를 이루고 있죠. 그러나 우리는 일본에서 만들어진, 본질적인 가치를 지닌 새로운 서비스를 전세계 사용자들이 사용하도록 할 겁니다. 지금까지와는 전혀 다른 길을 걸어서요."

하테나의 경우, 전례가 되는 모델이 일본에는 없었다. 완성도 50%로 새로운 서비스를 제공하는 방식도 그들이 실패 체험을 거듭하는 가운데 찾아낸 것이다. 직접 경험하고, 좌충우돌하면서 배운다. 앞에서 우메다가 '동물적인 강함'이라고 일컬은 곤도의 특성도 미에 현의 시골 생활과 관련이 있다.

다니던 고등학교에서 교토대학에 진학하는 학생이 1년에 한 명 있을까 말까 할 정도였다. 따라서 공부 방법이나 참고사례 따위가 있을 리 없었다. '이런 식으로 해보자.'라고 스스로 지혜를 짜낼 수밖에 없었고, 엘리트 수험생이 본다면 '효율도 나쁘고 촌스러운 방법'일지도 몰랐지만 끝까지 자기 방식대로 했다고 한다.

"주어진 환경 가운데 최선을 다해 노력하는 사람은 아무도 부정할 수 없습니다."

그렇게 믿는 곤도는 상대가 누구든지 같은 눈높이로 바라본다. 그런 삶의 자세가 불특정 다수의 사용자에게 신뢰감을 안겨주고, 지식 공유의 받침돌이 되고 있다.

곤도의 말이다.

"전철 안의 옆자리에서 자기와 같은 책을 읽고 있는 사람에게 말을 거는 것은 어렵지만, 블로그에서는 책이름을 키워드로 삼아 연결하여 곧바로 서로의 글을 교환할 수 있습니다. 인터넷 사용자의 모습이 보이지 않는다고 해서 위험하다고는 전혀 생각하지 않아요. 긍정적인 효용에 주목하면 현실 세계에서 넘을 수 없는 문턱을 낮출 수 있고, 새로운 장치를 만들면 현실 사회에서 실현 불가능했던 즐거움이 증가하여 생활을 좀더 풍요롭게 만들 수 있죠. 인터넷 비즈니스의 새로운 힘을 저는 좋아하며, 하테나는 그것을 위해 존재하는 것입니다."

활동 거점을 실리콘밸리로 이전하다

하테나에서는 인사 면에서도 독자적인 시도에 착수하고 있다. 직원을 채용할 때는 응시자가 계속 써온 블로그를 중시한다. 한두 시간 만에 쓴 이력서보다 1년 이상 계속하여 일상적인 일들이나 생각들을 엮은 블로그 쪽에 훨씬 인격이 잘 나타나 있다고 보기 때문이다. 면접 때 함께 카드게임 등을 즐기면서 조그만 반응으로부터 특성을 살피기도 하지만, 블로그가 재미있는 사람과의 면접에서 실망한 예는 없었다고 한다.

그리고 보너스의 성과급 부분에서는 직원들의 상호평가 방식을 채용한다. 각자가 자기 자신을 포함하여 전직원의 업무활동을 점수로 평가하고, 그것을 집계하여 지급액을 산출한다. 그때, 높은 평가를 받는 사람의 평가일수록 가산점을 더 준다.

"본인들에게는 점수와 순위가 알려져 투명성이 확보되지만, 상호평가에서 낮게 평가되어도 반론할 방법이나 구제해줄 길이 없다는 점이 문제이고 주의가 필요해요. 하나의 지표로 어떻게 활용해갈 것인지 더 검토해볼 여지가 많아요. 그러나 밀실에서 결정하기보다 유용한 것은 사실입니다."

일반기업에서도 산토리의 이에몬 개발팀처럼 통상의 소비자조사보다 고객의 본심을 알 수 있는 웹조사를 중시하는 등 인터넷 사용자의 목소리에 귀를 기울이는 사례가 늘고 있다. 회사 외부와의 정보 공유를 촉진하려면 조직을 어떻게 운영해야 하는지 하테나는 그 모델을 보여주고 있다.

곤도는 이번 취재 후에 세계적 서비스의 전개를 위해 미국의 실리콘 밸리에 자회사를 설립했다. 그는 직원들을 도쿄에 남겨둔 채 미국으로 건너갔다. 그 이유에 대한 인터넷 잡지와의 인터뷰에서 곤도는 다음과 같이 대답하고 있다.

"도쿄에서는 직원이 늘고, 좋은 회사라는 평가를 받고, 많은 수익이 나오게 되었으며…… 지나치게 추어올려진다는 느낌이 들었어요. 무언가 미지근하다고 할까, 응석을 부리고 있는 기분이랄까. 더 가혹한 환경에서 노력하지 않으면 안 되겠다는 예감 같은 것 말입니다."

ITmedia News

IT 기업가들의 판에 박은 길대로라면 규모를 확대하고 주식 상장을 노릴 것이지만, 곤도는 다른 길을 택했다. 그것 자체가 바로 그의 삶의 자세를 투영하고 있는 것이다.

  * 하테나의 '배울 점'에 관해서는 다음 사례인 알비렉스 니가타의 사례와 함께 논하겠다.

13

축구장에 구름 관중을 몰고 온
J리그 축구팀 알비렉스 니가타

혁 신 이 야 기

아름다운 곡선미를 자랑하는 흰 지붕이, 근처에 있는 호수 토야노가
타에 날아드는 백조를 떠올리게 한다는 데서 '빅 스완'이라는 이름이
붙여진 니가타 축구경기장. 저자 일행이 취재차 방문한 날에는 알비렉
스 니가타와 오이타 트리니타의 대전이 있었다. 4만 2,300명을 수용하
는 스탠드에는 홈팀 좌석은 물론 메인스탠드, 백스탠드 그리고 원정팀
좌석까지 만원이었다. 인원 수가 적은 트리니타의 응원단을 제외하면,
니가타의 팀 색깔인 주황색 일색으로 물들어 있었다. 가장 볼 만한 것

은 득점을 올릴 때마다 스탠드에서 생겨나는, 살아 움직이는 듯한 응원의 물결이었다. J리그에서 최고라는 들뜬 분위기를 직접 목격하자, 취재차라고는 하지만 우리도 흥분을 억누를 수 없게 되었다.

놀라움은 이어졌다. 취재차 방문한 날의 시합은 3대 3으로 비겨 오후 9시에 종료했다. 경기장을 나오니 7천 대를 넘는 자전거와 함께 귀갓길을 서두르는 사람들이 길에 흘러넘치고 있었다. 그 광경은 마치 중국 같았다. 유니폼을 입은 어린 자녀들을 동반한 가족 일행이나 중년 부부 등이 특히 눈에 많이 띄었다. 이 팀이 지역밀착형으로 얼마나 가족층을 비롯한 폭넓은 연령층의 지지를 받고 있는지 실감했다.

그날의 입장객 수는 실질적으로 만원에 해당하는 4만 466명. 같은 날, J1(J리그의 1부 리그)에서는 모두 여섯 경기가 치러졌으나 평균 1만 6,000명 정도로 니가타 경기장의 절반에도 미치지 못했다. 그 차이는 2.6배나 벌어진다. 알비렉스 니가타의 홈경기에서는 매번 이런 만원 상태가 재현된다. 2005년의 평균 입장객 수는 4만 명을 넘었고, 연간 68만 명을 동원하며 작년에 스스로 세운 J리그 기록을 갱신했다. 어떻게 이 정도의 동원력을 갖고 있는 것일까?

"만원 경기장, 그게 바로 우리가 제공하는 최고의 상품이죠."

이렇게 말한 사람은 알비렉스 니가타의 대표이사 회장을 맡고 있는 이케다 히로무였다. 이케다에 따르면, 관중석이 만원이 되는 것은 매번 그렇게 되게끔 하고 있기 때문이라고 한다.

"보통 경기장은 저절로 만원이 되지는 않아요. 우리는 빈 좌석은 무료초대권을 배포해서라도 반드시 만원으로 만들어요. 4만 명이 좌석을 꽉 채운 비일상적인 공간은 그 자체로 감동적입니다. 만원이기 때문에 그곳에 가치가 생기는 거죠. 그런 가치와 감동을 제공하는 것이 우리의 사명이라고 생각합니다."

한 시합 4만 명 관중의 입장권들 중 연간 입장이 가능한 시즌관람권만도 절반 분량인 2만 장이 팔렸다. 그 자체가 경이적인 일이지만, 지역 스폰서와 후원회에서 1만 장 이상을 구입한다는 사실은 놀랍기만 하다. 남은 1만 장을 예매에 내놓는데, 팔리는 상태를 보아가면서 무료초대권이 배포되기 때문에 그 비율은 그렇게 높지 않다. 단, 그것은 인기가 폭등한 이후의 일로 얼마 전까지만 해도 관중석이 썰렁하게 비어 있어 니가타는 '축구의 불모지'라고 불렸다. 그것을 단기간에 탈바꿈시킨 것은 바로 이 만원전략이었다. '니가타의 기적'이라고 불리는 드라마를 되짚어보자.

● 혁신 포인트 ①
시장을 분석하면 답은 'No'였다

이야기는 불모의 시대까지 거슬러 올라간다. 1990년대 초반, 일본이 2002년 FIFA 월드컵 개최지로 입후보했다. 니가타는 국제도시로의 도약을 목적으로 개최 도시에 지원했다. 선정되기 위해서는 그 지역에 J리그 진입을 목표로 하는 축구팀이 꼭 필요했다. 그래서 관계자들이 백방으로 노력한 끝에 1994년 니가타 현 내의 최강 2팀을 통합한 팀이 발족했다.

J리그에 진입하려면 '기타신에츠(니가타 현과 나가노 현 지방)리그, 전국리그, JFL, J리그' 순으로 올라가야 한다. 그러나 2년 연속 기타신에

츠리그의 결승에도 올라가지 못했다. 선수들은 직장인이나 교원이 대부분이었다. 자금 지원도 없었고, 이동할 때의 교통비도 선수들 스스로 지불했다. 프로축구팀이 되기를 바란다면 팀을 법인화하여 예산도 큰 폭으로 확충할 필요가 있었다.

"경영을 맡긴다면 이 사람밖에 없다."

여러 사람들 중에서 지명된 사람이 후원회의 중심축 이케다였다.

이케다는 시장조사를 시작했다. 결과는 참담했다. 눈이 많이 내리는 니가타는 원래 축구와 궁합이 맞지 않았다. 더구나 돈을 내고 관전한다는 의식은 거의 찾아볼 수 없었다. 그래도 이케다는 비관하지 않고 지역 기업들을 돌면서 출자금을 모았고, 후원회도 규모를 확대하여 회사를 설립하고 경영을 궤도에 올렸다. 1996년의 일이었다.

이케다의 말이다.

"프로팀을 만들어야 할지 어떨지, 시장조사 결과를 분석하면 답은 '절대 No'였어요. 다만 한 가지 가능성은 있었죠. 니가타 현민 245만 명과 니가타 시민 80만 명. 분명히 인구적인 측면에서 보면 충분했어요. 유럽에는 지역민들이 조금씩 비용을 부담하여 유지하는 축구팀이 각지마다 있으며, 백 년 전 조상이 구입한 지정석을 대대로 이어가며 가보로 여기는 경우도 있죠. 충분한 숫자의 거주민들이 있다면, 가족 단위로 하나하나 늘려나가면서 축구팀이 동네의 핵이 되는 성공 모델을 만들 수 있어요. 별로 축구열이 높지 않고 현재 아무것도 없는 상태기 때문에 오히려 가능하다고 생각했죠."

축구를 중심으로 한 '내 고장 가꾸기'를 실천해보자. 이케다가 이런 발상을 가질 수 있었던 것은 자신의 성장 과정과 깊은 연관이 있었다.

이케다는 구시가지에 있는 아타고 신사라는 작은 신사 관리인의 장남으로 태어난 단카이세대(1947~1949년의 베이비붐 시대에 태어난 사람들을 일컬음)였다. 어릴 적부터 아버지를 도와 우지코(같은 조상신인 씨족신을 받드는 사람들)로부터 기부를 받으러 돌아다니곤 했다. 일찍이 신사는 지역의 핵으로서 구심력을 갖고 있었지만, 도시화의 진전과 함께 점차 우지코였던 집들이 하나둘 줄어들었다. 선물을 가지고 가면 "이번이 마지막이 될 것 같군요."라는 말을 자주 듣게 되었고, 기부를 부탁하면 "또?"라고 빈정거림을 들어도 아무런 반박도 할 수 없었다. '이대로 신사 관리인이 되어도 과연 장래가 있을까?' 고교 시절에 그는 대를 잇는 문제로 고민하고 반발했다. 불량학생 무리에 들어가서 학교를 빼먹고 거리를 배회하기도 했다.

그런 한편 '나는 무엇을 위해 사는가?', '인간이란 무엇인가?' 그 답을 찾아 철학서나 위인전에 빠져들기도 했다. 니체의 사상에 다가갔던 적도 있었다. 신사 관리인으로서 일생을 보낸다는 운명에 자유를 원하는 정신이 반항하는 청춘의 고뇌…… 마침내 인도의 국민들과 함께 살아간 간디에게 끌렸으며, 그 간디의 활동을 지원한 무역상의 존재를 알게 되어 자신의 삶을 가늠했다. 간디처럼 극한까지 스스로를 희생하고 엄격하게 통제하며 살지는 못해도, 그를 지원했던 무역상처럼 신사 관리인의 일을 하면서 고향을 위해 도움될 만한 사업을 하는 것은 가능하지 않을까?

이케다는 대학의 신직과(신사와 관련된 학과)를 졸업한 후 수행 기간을 마치고 집으로 돌아와 아버지의 뒤를 이었다. 그 뒤 부모와 친척에게 부탁하여 모은 자금 1천만 엔과 신사의 토지를 담보로 은행에서 빌린 2천만 엔을 자본금으로 삼아 신사 경내에 교사를 세우고 전문학교를 열었다. 신사에는 원래부터 서당 같은 교육 기능이 있었는데, 당시 니가타에는 고등교육기관이 적어 진학률이 낮았으며 '교육 면에서 뒤처져 있다.'라는 점이 교육사업에 눈을 돌리게 했다. 1977년, 그의 나이 28세 때의 일이었다.

'스톱 더 도쿄!Stop the Tokyo!', 도쿄로의 인재 유출을 막고 '니가타를 위한' 인재 육성을 한다. 이케다는 '넘버 원'과 '온리 원'이라는 전략을 짜냈다. 도쿄를 목표로 하는 것이 아니라, 국가시험이나 각종 자격시험 합격률에서 일본 제일을 목표로 삼고 실제로 그것을 달성해갔다. 그리고 디자인 개념조차 희박했던 니가타에 디자인전문학교를 만들어, 세계 최고 수준의 해외 학교와 자매결연을 맺어 교류를 꾀하고 학생들이 국제 경연대회에서 상을 획득할 만한 실력을 기르게 했다.

또한 온리 원 전략으로 애니메이션, 만화, 겨울스포츠, 야외활동 등 다른 곳에는 없는 유일한 전문학교를 만드는 데 힘을 기울였다. 이윽고 NSG그룹은 학생 수 9,000명을 수용하는 일본 최대의 전문학교 그룹으로 성장했다. 그러나 니가타의 교육수준을 높이는 것은 가능했지만, 생각대로 되지 않는 것은 브랜드 경쟁력이 낮다는 점이었다.

이케다의 말이다.

"니가타는 살아보고 싶은 곳이 아니라 피하고 싶은 지역에 속했어요. 니가타 출신이라고 하면 '힘들었겠네.'라는 말을 듣거나, 자진해서 니가타 출신이라고 입 밖에 내기 어려운 점이 있었죠. 그러던 중 충격을 받은 것은 1993년 J리그가 시작되고, 가시마 앤틀러스의 인기가 급등하면서 가시마가 젊은 여성들이 가보고 싶은 지방 4위에 오른 일이었어요. 축구에 그 정도의 힘이 있다는 데 정말 놀랐습니다. 지역의 팀을 지원하면서 고향의 브랜드 경쟁력을 높인다. 프로축구팀이야말로 니가타 지역 부흥을 위해 해야 할 사업이라고 확신한 것이죠."

● **혁신 포인트 ②**
사재 1억 엔을 들여 채무초과를 극복하다

여기서부터 고투가 시작된다. 문제는 역시 낮은 인기였다.

법인화 1년째인 1996년, 기타신에츠리그에서는 우승했으나 전국리그 예선에서 탈락했다. 1억 8천만 엔의 적자를 기록했다. 2년째에는 전국리그 2위가 되어 JFL로의 승격과 2년 후부터 시작되는 J2리그 진입 자격을 얻었으나, 2억 4천만 엔의 적자를 보았다. 경영은 전혀 나아지지 않았다. 더구나 니가타가 월드컵 개최도시로 선정되자, "이제 팀은 필요 없다.", "없애버리면 어떤가?" 등의 철수론이 쏟아져나왔다. 니가타 현 자치단체도 보조금 감액의 뜻을 비쳤다. 이케다는 이동중인 지사를 기다렸다가 길에서 한 시간 동안 보조금 존속을 호소하여 '월드컵 개최까지'라는 약속을 받아냈다.

3년째인 1998년에는 JFL에서 분투했으나 평균 입장객은 3천 명에도 미치지 못했다. 3년 연속 2억 엔의 적자였다. 마침내 5억 5천만 엔이었던 출자금이 바닥나서 채무초과에 빠져들었다. 이케다는 사재 1억 엔과 개인보증 차입금 6천만 엔을 투자하여 그 위기를 넘겼고, J2리그에서 싸우기 위한 결의를 다지며 등록선수 26명 중 17명을 교체했다. 강해지지 않으면 지역의 지원도 받을 수 없다. 교육사업에서는 한 번도 정리해고를 한 적이 없는 이케다로서는 괴로운 선택이었다. '망나니 이케다'라며 매스컴에서 매도되었지만, 그는 도망치지 않고 취재진의 비난을 정면으로 받아냈다.

4년째인 1999년, 비록 J2리그이기는 했으나 J리그 소속이 되었다. 평균 입장객 수는 4,200명으로 늘어났고, 리그의 분배금이 들어오면서 처음으로 흑자로 전환되었다. 그러나 5년째에는 흑자는 지속되었으나 입장객 수가 다시 감소했다.

이듬해인 2001년 3월, 리그가 개막한 후에도 여전히 관객 수는 증가하지 않았다. 그러나 그날이 다가오고 있었다. 빅 스완의 완성을 축하하는 첫 시합이 5월 19일에 예정되어 있었다. 수용 인원은 종래의 경기장의 2배 이상이었다. 이 경기에 팀의 장래가 걸려 있는 것을 간파한 이케다는 전략을 크게 전환했다. 10만 장의 무료초대권을 배포하여 "새로운 경기장을 보러 오시지 않겠습니까?"라며 축구경기가 아니라 빅 스완 구경을 전면에 내세운 것이었다.

이케다의 말이다.

"가령 입장객 수를 3천 명에서 매년 1할씩 늘려간다고 해도 10년 후에 고작 7천 명입니다. '축구를 봅시다'라고 호소해서 귀를 기울이는 사람들을 상대로 해도 그곳에는 시장이 존재하지 않아요. 하지만 새로운 경기장에는 모두들 관심을 갖고 있죠. 다른 타개책은 없었습니다."

5월 19일 당일, 이케타는 자신의 눈을 의심했다. 새 경기장을 보고 싶은 마음에 3만 2천 명이 좌석을 메우고 있었다. '굉장하군!' 그 광경을 보며 무심결에 감탄사가 흘러나왔다. 이케다는 1992년의 월드컵 미국 대회를 시찰하러 갔을 때, 당시 축구를 잘 모르면서도 만원이 된

경기장을 직접 보고 감동했던 기억을 되살렸다.

'바로 이것이다! 중요한 것은 이 감동이다!'

선수들의 움직임에도 변화가 나타났다. 전에는 후반 15분쯤 되면 걸어다니는 선수도 있었는데, 마지막까지 전력을 다해 달리며 지금까지 나아가지 못했던 한 걸음을 내딛었다. 시합은 대전 상대인 교토 퍼플상가에 역전당했다가 막바지에 동점을 이루었다. 결국 연장전에서 분패했으나 선수들의 건투에 큰 성원이 일었다. 의외로 수익 면에서도 관련 상품이나 음식의 판매가 크게 늘어나 이익은 배가되었다.

● **혁신 포인트** ③

비난을 견디며 최다 관객을 동원하다

이케다는 그 후에도 무료초대권 배포를 계속했다. '돈을 내고 온 관객에게 실례다.', '축구시합은 공짜로 보는 거라고 생각할 것이다.', '살포상법' 등 안팎으로 비난이 빗발쳤으나 그는 개의치 않았다. 무료초대권으로 입장한 관객은 처음으로 시합을 보고 그 열기에 놀란다. '뭔가 재미있을 것 같다.'라는 소문이 소문을 불러 다시 사람이 모여든다. 이런 선순환에 의해 첫 경기로부터 반년 후인 시즌 종반 11월 3일에 열린 교토 퍼플상가와의 경기에서는 입장객 수가 드디어 4만 2천 명에 달해 J2리그 최다를 기록하기에 이르렀다.

주목해야 할 부분은 동시에 유료관객 확대전략도 시도했다는 점이다. 무료초대권은 주로 주민자치회 등을 통해 배포했으나 배포처는 매번 변경했다. 처음에는 무료로 입장했으나 장내 분위기며 함께 응원하는 일체감에 끌려 점차 축구 자체의 재미를 알게 된 관객들은 무료 배포를 기다리지 못하고 직접 입장권을 사게 되었다. 남은 시합 수만큼의 '우승 기원 관람권', '승격 기원 관람권' 등을 판매하면서 시즌권을 구입하는 계기도 만들어갔다. 당초에는 2할 정도였던 유료관객 비율이 높아짐과 동시에 니가타 내에서의 알비렉스 니가타의 인기도 급상승했다. J2리그 3년째에는 보기 좋게 우승했다. J1리그 승격이 결정된 2003년에는 드디어 J1과 J2를 포함하여 리그 사상 최다(당시) 관객 수를 달성했다. 또한 지역 팬들의 큰 성원에 고무된 팀은 2001년 여름부터 2년 반에 걸쳐 홈경기에서 무패 기록을 지속했다.

지역밀착에 대한 일화가 있다. 2004년에 J1리그로 승격한 후 홈구장에서 이기지 못하는 경기가 8경기나 이어진 적이 있었다. 한 번은 진 시합에서 일부 응원단으로부터 야유가 날아들었다. 다음 시합에서도 패배했으나 이번에는 야유를 지워버리려는 듯 많은 응원단이 응원의 박수를 보냈다. 좌석에는 가족 단위 관객이 많이 와 있어서 아이들도 지켜보고 있었다. 설령 졌더라도 힘껏 싸운 선수들의 건투를 칭찬했다. 축구시합은 지역 교육의 장이기도 하다는 점을 실감하며 이케다는 다시 한 번 그 박수에 감동했다.

지역밀착을 실현한 이후로도 늘 만원을 유지하는 전략은 계속되고 있다. 놀라운 것은 무료초대권 배포 방법을 고도화하여 분석력을 구사한 치밀한 경영이 행해지고 있다는 점이다. 대전 상대, 기상 정보, 요일, TV중계 유무, 팀 성적 등 각종 정보나 자료를 기초로 시합마다 만원에 필요한 초대권 수를 산출하고, 주민자치회나 단체별로 계산한 '실제 입장률' 자료를 참고하여 최적의 배포 방법과 수량을 정하는 것이다. 적어도 2~3천 장의 무료초대권이 지금도 '신규 고객을 창출하기 위해' 배포되고 있다고 한다.

"매년 전근이나 진학 등으로 응원단의 1할은 자연감소하죠. 그래서 새로운 관객이 와서 감동하고 빠져들게끔 만들어야 해요. 늘 새로운 관객을 계속 만들어나가기 위해서라도 만원이 된 경기장은 소중한 의미를 갖죠. 우리 담당부장 같은 경우는 입장객이 4만 명 이하로 떨어지면 스스로 감봉 신청을 할 정도로 강한 사명감을 가지고 있어요. 이렇게 한 명, 또 한 명 응원단이 되도록 하여 계속 지역밀착형 팀을 만들어가죠. 그게 알비렉스 니가타입니다."

축구를 통한 내 고장 부흥을 한층 더 추진하기 위해 이케다는 축구 전문학교를 설립했다. 18세 이상의 학생은 J리그의 육성 리그에 참가시키고, 고등부 학생들은 유스팀 선수로 활약시키는 중층적 육성 체계도 확립했다. 알비렉스 니가타에서는 여성팀도 활약중이다.

더욱이 축구에서 멈추지 않고, 일본 최초의 프로농구팀 니가타 알비렉스 BB도 결성하여 다른 프로 조직 7개 팀과 함께 새 리그를 발족시켰다. 이밖에도 치어리딩, 스키, 스노보드, 육상 등 차례차례 지역밀착형 프로팀을 만들었고, 모두가 '알비렉스'의 이름을 갖게 되면서 '니가타의 정체성' 형성을 목표로 하고 있다.

● **혁신 포인트** 4
발벗고 스폰서 확보에 나서다

또 한 가지 힘을 쏟고 있는 부분이 기업체 후원이다. 2006년에 창설

한 경영대학원인 사업창조대학원대학에서는 사업계획서를 졸업논문으로 부과하고 있다. 벤처기업 지원 조직도 주재하여 이미 니가타에서 80개의 신규 기업이 생겨났다. 주식공개한 기업에는 상장이익을 새로운 벤처에 투자할 것을 요구하여 기업의 순환을 일으키고자 했다. 그 시야에는 환일본해 경제권의 거점도시로서의 니가타라는 미래상도 보이고 있다.

우리는 '니가타의 기적'에서 무엇을 배워야 하는가? 어찌 됐든 이익만을 추구하면 눈앞의 데이터나 지금 존재하는 시장에만 눈을 빼앗기기 쉽다. 그러나 내 지역 가꾸기라는 다른 차원의 신념을 가지면 눈에 보이지 않는 것이 점차 보이게 된다. 이케다는 '교육 면에서의 낙후'라는 역경에 봉착했어도 세계와 연결함으로써 도쿄를 뛰어넘는 가능성을 끌어냈다. '축구 불모지'였기 때문에 오히려 기존의 고정관념에 사로잡히지 않고 지역밀착의 씨를 뿌릴 수 있는 가능성을 발견했다. 그리고 축구를 비일상적 공간으로 연출하여 감동의 연쇄를 넓혀나갔다. 그런 물결이 중앙 대 지방이라는 틀을 넘어 니가타로의 주목도를 단번에 높였다.

알비렉스 니가타 유니폼의 가슴 부분 광고에 있는 것은 쌀과자로 일본 제일인 지역 기업 '가메다제과'이다. 반면에 등 부분은 세계 제일의 IT기업 마이크로소프트의 네크워크서비스 'MSN'의 로고가 장식되어 있다. 로컬과 글로벌의 동거. 모든 분야에서 기존의 틀을 넘어설 관점이 요구되고 있다는 것을 우리는 이 사례에서 발견해야 할 것이다.

하테나와 알비렉스 니가타에서 배울 점 : 삶의 자세

● 삶의 자세 ①

'개별적인 선'과 '보편적인 선'의 결부

먼저 하테나의 사례부터 생각해보고자 한다. 주목하고 싶은 것은 개방에 대한 강한 신념이다. 사내 정보를 완전히 개방한다면 정보에 따라서는 직접적인 관계가 없는 사람도 나타나지만, 접속의 여부를 읽는 사람의 선택에 맡기는 편이 바람직하다고 생각했다. 회의도 선 채로 진행하기 때문에 주제의 흐름에 따라 마음대로 드나드는 개방성을 보증한다. 토의도 사고의 개방성을 높이고 상식을 초월한 발상을 끌어내는 방식으로 진행된다. 두 사람이 조를 짜서 진행하는 페어프로그래밍도 지식을 혼자서 점유하지 않고 개방을 시도했다. 또한 사내의 어떤 일에 관해서도 '왜 그런가?'라는 합리적인 이유나 진실이 늘 개방적으로 추구되기 때문에 정보 은폐에 대한 스트레스가 생겨나지 않아 심리적으로 건전한 상태가 유지된다.

이렇듯 모든 면에서 끊임없이 관계성이 열려 있으므로 '성의 있는 대화'가 생겨난다. '나의 일'이 '모든 사람의 일'로 치환되어 개인적인 선善이 보편성을 지닌 선Common good과 겹쳐지게 된다. 그것이 하테나의 세계이다.

곤도는 개방성에 대한 강한 신념을 지속적으로 유지하고 있다. 그 바탕에 인터넷의 새로운 힘을 이용하여 사용자의 생활을 보다 풍요로운 것으로 만들고, 일본에서 시작된 독자적인 서비스를 전세계에 제공하여 다음 시대를 개척하고 싶다는 절대가치의 추구가 있었기 때문이다. 그것은 인터넷 거품이 꺼지고, 돈을 벌겠다는 상대가치에 치우친 사람들이 퇴출당하는 것을 계기로 인터넷사업에 뛰어든 경위에도 단적으로 나타나고 있다.

50% 완성도로 새로운 서비스를 투입하는 방식도 주목된다. 그들이 지향하는 절대가치가 명확하므로 사용자의 목소리에 좌우되는 일도 없고, 과잉제작증후군에 빠지는 일도 없이 완성도를 높일 수 있다. 프로그램을 작성할 때 100% 지점이 어디인지 그들 자신도 모른다. 확실한 것을 생산하고 싶다는 큰 비전은 지니고 있지만, 세부 사양으로 상세화할 때 구체적인 부분에서 늘 본질로부터 벗어나게 된다.

그래서 제조자는 완벽하지 못하다는 것을 자각하고, 구체적인 업무단계에서는 사용자의 목소리에 귀를 기울이면서 함께 만들어간다. 그때 절대가치로부터 출발하는 가설이나 본질을 꿰뚫는 문제의식이 있기 때문에 어떤 요망에 응하면 되는지 알 수 있다. 그리하여 큰 흐름과 구체적인 업무를 나선상으로 회전시키면서 높은 완성도를 추구해간다. 그것이 하테나의 새로운 서비스를 만드는 방법이다.

● **삶의 자세** ②
창업자의 '인생 자세'를 반영함

이 하테나의 사례에서 가장 주목해야 할 것은 개방성을 선으로 여기는 가치관을 곤도가 어떻게 지니게 되었는가 하는 배경 부분이다. 우메다 모치오가 지적하듯이 '75년 세대'여서 지닐 수 있었다는 면도 있을 것이다. 그러나 곤도에게 그것이 신념으로 굳어진 것은 소년 시절부터의 깊은 경험의 축적에 영향을 받은 바가 크다. 남을 의심한다는 개념 자체를 알지 못했던 초등학생 때, 그들 스스로 규칙을 만들고 그들 스스로 규칙을 지켰다. 그것은 함께 체험한다는 것을 피부로 느끼는 경험이 되었음에 틀림없다.

그러나 중학생이 되어서는 사정이 달라졌다. 어째서 교복을 입지 않으면 안 되는가? 왜 딱딱한 플라스틱 필름이 목에 부착된 답답한 교복을 입지 않으면 안 되는가? 그런 질문을 던져도 아무도 대답해주지 않았다. 정보가 누군가에 의해 지배되어 은폐되는 것보다 열린 상태에서 진실이 개방되는 편이 훨씬 건전하다는 것을 실감하고, 그것을 자신의 삶의 자세로 확립하게 만든 체험이다.

"전철 안의 옆자리에서 자기와 같은 책을 읽고 있는 사람에게 말을 거는 것은 어렵지만 블로그에서는 가능하다."라고 곤도는 말한다. 그것은 열린 관계성을 끈으로 여기는 삶에서 생겨나는 깨달음이다. 그렇기 때문에 같은 블로그 서비스라도 단순히 공간을 제공하는 것이 아니라, 사용자가 블로그 속의 단어를 키워드로 설정함으로써 스스로 링크를 만들어간다는 하테나의 독자적인 서비스를 만들어낼 수 있었다.

웹상의 일기인 블로그에는 개인의 역사성이라는 시간요소가 들어간다. 그래서 장소와 시간과 사람의 관계성인 문맥이 스며나와 암묵적 지식을 최대한 표현할 수 있는 가능성을 내포하고 있다. 그곳에 투영되는 것은 블로거의 삶 자체이다. 그러므로 직원을 채용할 때 응시자가 만든 블로그를 중시하며, 실제로 블로그가 재미있는 사람에게서 실망한 일은 없었다. 블로그들을 키워드로 연결시켜 서로의 삶이나 역사성을 공유하며 지식을 풍요롭게 만든다. 누구나 편집자 역할을 받아들이고, 방관자가 아니라 주체적인 자아로서 웹사회와 관련을 맺는다. 이처럼 한 걸음 앞선 방법을 만들 수 있었던 것은, 곤도 스스로 자신의 삶에 대해 고민하고 모색하는 가운데 인터넷의 새로운 가능성을 발견했기 때문이다.

"인간은 거듭거듭 새로운 도구를 사용하며 진화하고 있다. 나도 그 최첨단에 서서 가치 있는 것을 세상에 남긴 뒤 죽고 싶다."라고 곤도는 말한다. 자신의 삶에 뿌리내린 개방성에 대한 끝없는 신념. 그것이 일본에서 회사를 성장시키고 주식상장을 지향하는 판에 박힌 삶의 모습을 긍정적으로 여기지 않고, 단신으로 미국의 실리콘밸리에 도전하는 행동을 초래했다. 기업이나 사업의 경영은 그곳과 관련이 있는 인간의 삶 자체가 관심의 대상이 된다는 것을 다시 한 번 인식하게 만든다. 다음에 살펴볼 알비렉스 니가타에 관해서도 그렇다고 할 수 있다.

● 삶의 자세 ③
올바른 삶의 자세 없이는 이노베이션도 없다

세상에는 자신의 생각대로 되지 않는 일이 수없이 존재한다. 우선 시장의 구조가 그렇다. 그래서 시장을 철저히 연구하고 최적의 위치를 확보하려는 것이 이른바 경쟁 전략이다. 모든 것은 환경에 의해 결정된다는 생각이 경쟁 전략의 바탕에 깔려 있다.

이것은 인간의 삶의 방식에도 적용할 수 있다. 이케다가 환경결정론적인 수동적 삶을 사는 사람이었더라면, '축구 불모지'에서 프로축구팀을 만드는 따위는 생각조차 하지 못했을 것이다.

그러나 인간은 수동적으로 살 뿐만 아니라 환경에 대해 능동적으로 변화를 주고, 환경 자체와 나아가 운명까지 바꾸려는 능동적이며 자유로운 측면을 지니고 있다. 이케다는 그 전형적인 예이다. 니가타는 구조적인 약점인 '축구 불모지'라는 운명을 지닌 곳이다. 그것에 대해 기존의 이해관계가 없기 때문에 지역밀착형 축구팀을 중심으로 한 지역부흥의 가능성이 있음을 꿰뚫어보고, 이케다는 운명을 바꾸어가려고 생각했다.

이케다가 그렇게 결단할 수 있었던 것은, 젊었을 때 신사 관리인의 후계자로 태어난 숙명에 대해 고뇌한 결과 '니가타를 위해 살자.'라는 자신의 삶의 자세를 확립했기 때문이다. 환경에 변화를 주고 그 구조를 바꾸어가려고 하면 당연히 큰 어려움이 따르지만, 자유로운 의사에 따라 인생의 방향을 결정하면 위기를 만나더라도 도망치지 않고 어려움을 감당할 수 있다.

자신의 삶의 자세를 갖고 있지 못한 사람은 세상에 순응하면서 지금 갖고 있는 정보를 방관자적으로 처리할 뿐이며, 그렇게 하는 쪽이 편히 살 수 있을 것이다. 그러나 그것은 인간으로서의 실존의 방치나 다름없다.

나는 무엇을 하고 싶은가? 나는 무엇을 위해 존재하는가? 자기 자신에게 질문해보고 고뇌하는 가운데 삶의 자세를 확립한다. 자신의 삶의 자세를 확립하고 있지 않는 한, 사물을 주관적으로 생각한다든가 새로운 것을 상상하는 일은 불가능하다. 더욱이 환경을 바꿀 정도의 이노베이션은 일으킬 수 없다. 이노베이터로서 진정한 리더가 될 인재와 그렇지 않은 인재의 차이는 최종적으로는 거기에 있다는 것을 이케다의 삶이 분명히 보여준다.

● 삶의 자세 ④
투철한 실용주의 pragmatism

개인의 삶의 자세란 그 사람의 생각이나 경험의 축적에서 유래한다. 그래서 아주 주관적인 것이며, 그 렌즈로만 본다든가 렌즈가 너무 강하면 세상을 보는 방식에 불균형이 생기거나 세상이 똑바로 보이지 않게 될 위험성도 있다. 그 점에 대해 이케다는 아주 객관적인 시각을 지니고 있다는 사실도 확인해두자.

'축구 불모지'에 프로축구팀 알비렉스 니가타를 설립한 것은, 시장 분석 데이터를 통해 논리적으로 생각해보면 해답은 'No'라는 것을 이케다도 알고 있었다. 그래도 이케다는 프로축구팀을 중심으로 니가타의 지역 부흥을 이룩하고 싶다는 생각에서 경영을 실천하게 되었다. 단, 그 시점에서는 프로팀 설립이 월드컵 개최도시 유치에 필수적이라는 조건으로 정당화되고 있었다. 그 증거로 니가타가 개최도시로 결정되자 성적 부진을 이유로 폐지론이 쏟아져나왔다. 지방자치단체에서 보조금이 지급되는 것도 월드컵 개막까지였고, 이케다의 지역 부흥에 대한 생각 자체가 통한 것은 아니었다. 만일 그대로 같은 노선을 따라갔다면 팀 경영은 파탄으로 끝났을 것이다.

이케다는 J2리그에 들어간 후에도 증가하지 않는 입장객 수를 보고, '축구를 보라고 호소해서 귀를 기울이는 사람들을 상대로 해도 시장이 없다.'라는 사실을 객관적인 눈으로 판단했다. 그래서 그는 '새로운 경기장', '무료입장권'으로 입장객을 유도하는, 결코 정공법이라고 할 수 없는 전략으로 바꾸어 인위적으로 만원 상태를 만들어나가는 지극히 현실적인 대응을 했다. 그 무료초대권도 아무 생각 없이 배포하는 것이 아니라, 유료관객 수에 목표를 설정하고 초점을 두어 치밀한 분석과 계산으로 철저히 행했다.

스스로 위험을 감내하면서 단순히 운에 맡기는 것이 아니라, 분석적인 시각도 확실하게 지니고 온갖 수완을 구사했다. 그 결과, 추구하던 이상이 멋지게 실현되었다. 이상의 추구와 현실에의 대응, 그 양면을 모두 갖춘 이노베이터의 진면목을 여기서도 볼 수 있다. 이케다는 '살포상법'이라고 야유를 받아도 아무런 동요 없이 '만원 상태야말로 최고의 상품'이라고 공언하며 대응했다. 그렇게 이상주의와 함께 실용주의에도 철저할 수 있었던 것 역시 '니가타를 위해' 산다는 삶의 태도가 확립되어 있었기 때문이다.

이 책에 등장한 이노베이터들은 각자 나름대로의 삶의 방식을 자문자답하고 있었다. 마쓰다자동차의 로드스타 개발 담당자들은 '무엇을 위해 차를 만드는가?', '마쓰다가 만들어야 할 자동차는 무엇인가?'를 따지는 가운데 로드스타라는 일본이 자랑하는 스포츠카를 만들어냈다. 산토리의 이에몬 개발 리더는 회사 역사상 최대의 실패를 경험하고 사직까지 생각했을 정도로 고뇌하는 가운데 자신이 해야 할 일을 발견했다. 기타노 포장마차의 설립자는 지역 부흥을 꾀한 이케다와 닮았다. 참치 완전양식에 몰두한 30여 년은 연구자의 삶 그 자체이다.

신요코하마 라면박물관의 관장은 자신의 삶의 방식이 보였을 때 신요코하마에 만들어야 할 것이 떠올랐다. KDDI의 au디자인 프로젝트는 한 디자이너의 일에 몰두하는 삶의 태도가 사람들을 끌어들여 불가능을 가능으로 만들었다. 샤프의 보물탐험가는 '건강'과 '환경'에 대한 공헌이라는 엔지니어로서의 삶의 방식을 확립함으로써 과열수증기가 지닌 가능성을 꿰뚫어볼 수 있었다. 삿포로맥주 드래프트원의 발안자는 지방 공장의 일개 기술부장이라는 입장에도 불구하고, 사내의 반대론에 아랑곳없이 발매를 실현해나갔다. 그의 행동이 그의 삶의 태도에 뿌리를 둔 것이라는 사실에 대한 명백한 증거일 것이다.

자신의 머리로 생각하고 행동하는 것은, 달리 표현하자면 스스로 미래의 가능성을 발견하는 것이다. 미래의 가능성이 보이면 비로소 과거가 부정적으로 재검토되어 지금 여기서here and now 무엇을 해야 하는지를 알게 된다. 자기 나름의 삶의 방식을 갖지 못한 사람은 미래의 가능성을 그리기는커녕 자신의 머리로 생각하는 것 자체를 기대할 수 없다.

논리적 사고는 연습하면 누구든지 어느 정도 가능하게 되지만, 논리는 대상의 형식을 따지기 때문에 그 사람의 인생은 별개로 간주한다. 가장 나쁜 것은 자신의 삶의 자세도 없이 빌려온 듯한 논리를 내걸고, 위험도 감당하지 않고 책임도 지지 않는 유형이다. 만일 자기 나름대로 미래의 가능성을 그릴 수 없다면 다시 한 번 삶을 재검토해야 한다. 이노베이션의 길은 그곳에서 시작된다.

제8장
성공의 본질

1__
암묵적 지식을 터득하라

이 책에 등장한 혁신적인 리더들의 공통적인 요소를 다시 살펴보자. 리더들은 우선 그들의 이상을 추구했다. 그것은 '우리는 무엇을 위해 존재하는가?'라는 실존적인 질문을 통해 떠오르는 절대가치라고 할 만한 것이었다. 이 절대가치가 각각의 프로젝트에서 지식창조의 방향을 정하는 비전이 되었다.

이 비전 아래 리더는 자기 내부의 암묵적 지식을 동료들과 함께 체험하는 등의 노력을 통해 공유했다. 개인의 암묵적 지식이 조직의 암묵적 지식으로 공유되고Socialization(공유화), 지식창조를 향한 무대가 생성되었다. 그리고 이 지식창조의 무대에서 구성원끼리 대화를 거듭하여 암묵적 지식을 언어화하고, 형식적 지식으로서의 컨셉을 짜내었다Externalization(표출화).

다음으로 리더는 조직 내외에 존재하는 다른 형식적 지식과 연결하여, 그 조합을 통해 하나의 지식의 체계로 새로운 형식적 지식을 만들어내어 컨셉을 구현해나갔다Combination(연결화). 그 과정에 장애가 있으면 이상주의적 실용주의자로서 마키아벨리적인 방법론을 구사하며, 배짱이 두둑한 정치력을 발휘하여 고도의 정치적 판단을 행했다. 그리고 이런 실천을 통해 구성원 각자가 새로운 암묵적 지식을 흡수하여 혈육화하게 했다Internalization(내면화).

전형적인 사례인 3대째 로드스타 개발을 살펴보면 이해하기 쉽다. 개발자인 기지마는 초대, 2대째 로드스타의 개발을 경험하며 심화시킨 자신의 암묵적 지식을 컨셉 여행을 통해 구성원들과 공유하고(공유화), 대화를 거듭하면서 인마일체의 컨셉을 명확히 한 뒤 구성원 각자도 《컨셉 카탈로그》를 통해 지향하는 것을 언어화하도록 했다(표출화). 그리고 피쉬 본 차트를 이용하여 컨셉을 구현하는 설계의 방법론을 분석적으로 밝혀 마쓰다라는 조직에 축적된 다양한 기술을 조합하여 제품을 만들어냈다(연결화). 그 같은 자동차 개발 실천을 통해 로드스타라는 마쓰다만의 자동차에 깃들인 혼을 구성원 각자가 암묵적 지식으로 흡수하게 하고 피와 살이 되도록 하여(내면화) 차세대 개발 리더를 육성해갔다.

새로운 지식을 만들어내는 이 주기를 공유화, 표출화, 연결화, 내면화의 영문 첫 글자를 따서 SECI모델이라고 부른다. 이 SECI모델의 최초의 기점은 리더의 암묵적 지식에 있다. 암묵적 지식이야말로 지식창조의 원천이나 다름없다. 암묵적 지식을 형식적 지식으로 전환하거나 혹은 형식적 지식과 형식적 지식을 조합할 때는 객관적 관점을 가져야 하지만, 기점에서는 주관적 관점을 확고하게 지니고 암묵적 지식을 깨어나게 해야 한다. 그렇게 함으로써 때때로 승부사의 감을 발휘한다. 이노베이션의 원동력이 되는 희로애락의 감정의 지식도 암묵적 지식에 의해 그 깊이를 더한다.

어떤 조직에 있어서도 SECI모델적인 지식의 순환이 크든 작든 회전하고 있지만, 결과적으로 혁신적인 성과를 내는 조직과 내지 못하는 조직으로 나누어지는 것은 리더가 얼마나 양질의 암묵적 지식을 갖고 있는가에 달려 있다. 특히 주관과 객관, 암묵적 지식과 형식적 지식, 직관과 분석의 균형을 취하는 감각은 궁극적인 암묵적 지식이라고 해

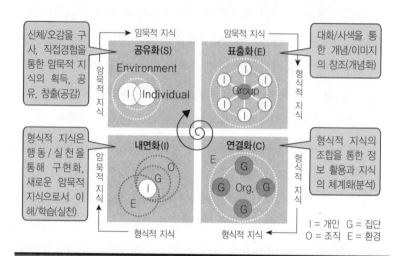

SECI모델―조직적 지식창조의 일반적 원리

신체/오감을 구사, 직접경험을 통한 암묵적 지식의 획득, 공유, 창출(공감)

공유화(S)
Environment
I Individual

표출화(E)
Group

대화/사색을 통한 개념/이미지의 창조(개념화)

형식적 지식은 행동 / 실천을 통해 구현화, 새로운 암묵적 지식으로서 이해/학습(실천)

내면화(I)
O
G
I
E

연결화(C)
E
G
G Org. G
G

형식적 지식의 조합을 통한 정보 활용과 지식의 체계화(분석)

I = 개인 G = 집단
O = 조직 E = 환경

암묵적 지식 / 형식적 지식

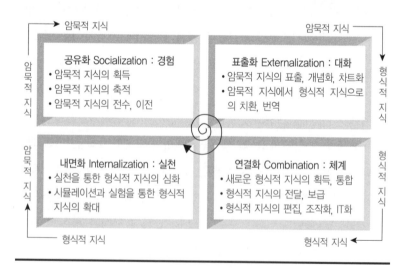

지식창조의 콘텐츠

공유화 Socialization : 경험
• 암묵적 지식의 획득
• 암묵적 지식의 축적
• 암묵적 지식의 전수, 이전

표출화 Externalization : 대화
• 암묵적 지식의 표출, 개념화, 차트화
• 암묵적 지식에서 형식적 지식으로의 치환, 번역

내면화 Internalization : 실천
• 실천을 통한 형식적 지식의 심화
• 시뮬레이션과 실험을 통한 형식적 지식의 확대

연결화 Combination : 체계
• 새로운 형식적 지식의 획득, 통합
• 형식적 지식의 전달, 보급
• 형식적 지식의 편집, 조직화, IT화

도 좋다. 본서에 등장한 이노베이터들은 누구나 매우 양질의 암묵적 지식을 지니고 있었다. 그렇기 때문에 SECI모델이 순환하는 무대가 활성화되었고, 조직의 내부는 물론 조직의 주변환경에도 지식의 링크를 펼쳐 이노베이션을 일으킬 수 있었다.

이 양질의 암묵적 지식은 일상적인 실천의 무대에서는 개별적이며 구체적인 문맥이지만, 상황에 따라 최적, 최선의 판단과 행동을 취할 수 있는 실천적인 지혜가 되어 나타난다. 리더가 실천적인 지혜를 유감없이 발휘하면 SECI모델의 회전은 점점 속도가 붙으며 이노베이션을 일으킬 수 있다. 분석마비증후군에 걸린 미들매니지먼트들은 SECI모델을 회전시킬 수 없다.

그렇다면 이노베이션을 만들어내는 양질의 암묵적 지식은 어떻게 육성할 수 있는 것일까?

2__
실천적 지혜를 쌓아라

비즈니스나 사업에 관련된 많은 사람들이 분석마비증후군에 빠져, 아무리 분석을 거듭하더라도 시장의 진실이나 고객의 실상은 보이지 않고 모두가 그저 피폐해갈 뿐이다. 거듭 지적해온 것처럼 이것이 많은 기업들이 직면하고 있는 현상일 것이다.

독자들의 회사에서도 이런 광경을 볼 수 있지 않을까? 상품개발회의가 열리면 임원이나 상사로부터 한결같이 "지금 소비자들의 니즈

경향은 어떤가?", "고객의 목소리는 어때?" 같은 질문이 나온다. 그것을 미리 예상하고 회의 전날에는 매상이나 판매 동향, 소비자조사 등을 분석하여 데이터 처리한 자료 준비로 분주하다. 회의에서는 두꺼운 분석 자료나 화면에 비치는 데이터 따위를 사용하여 "시장분석을 통해 도출되는 상품은……"이라며 다음 상품개발이 검토된다.

또한 젊은 직원층은 "IT도구를 사용한 시장분석이야말로 최첨단 업무다."라고 생각하는 경향이 농후하다. 그 이유를 들어보면 "오늘날에는 고객의 니즈에 맞는 상품을 제공하는 것이 중요하며, 고객의 니즈가 어디에 있는가를 알거나 경쟁회사의 동향을 파악하기 위해서도 확실하게 시장조사를 하고 분석해야 할 것으로 생각한다."라는 우등생 같은 대답을 한다. 그리고 분석 결과를 근거로 판단하고 실행해도 생각대로 성과가 나오지 않으면, 분석에 사용한 기초 데이터에 책임을 전가해버린다.

그러나 본서에서 다룬 히트상품이나 성공한 사업 중 시장분석이나 시장조사에서 생겨난 것이 얼마나 있었던가? 모든 사례는 이제까지 없었던 전혀 새로운 상품, 시장, 업태를 만들어내거나 기존의 상식을 뒤엎는 발상으로 업계를 활성화시켜 소비자에 대해 새로운 미래를 개척한 것뿐이었다. 세상을 보다 풍요롭게 만드는 새로운 지식창조는 단순한 시장분석을 통해서는 생겨나지 않는다.

분석형 매니지먼트의 원조라고 할 수 있는 미국에서도 최근 '분석 지상주의의 횡행'에 대해 경종을 울리는 목소리가 커지고 있다. 경영학의 세계적 권위자의 한 사람인 캐나다 맥길대학의 헨리 민츠버그 교수는 그의 저서 《MBA가 회사를 망친다MANAGERS NOT MBAs, 2004》 서문에서, 미국식 경영대학원에서 이루어지고 있는 매니지먼트 교육과 기업 사회에서의 매니지먼트의 현상에 대해 다음과 같이 날카로운 비판을 던지고 있다.

"매니지먼트란 본래 '경험craft/experience', '통찰/직관art/insight', '분석 science/analysis'이 세 가지를 적절히 배합한 것이어야 한다. 분석에 지나치게 치우친 매니지먼트 교육은 관료적인 '계산형' 매니지먼트를 기르기 쉽다. 반면에 경영대학원에서 교육을 받은 사람들이 예술가처럼 굴면 '영웅형' 매니지먼트를 행하는 경향이 있다. 그 어느 쪽도 진절머리가 난다. 책임 있는 지위에는 영웅도 관료도 필요 없다. 필요한 것은 균형감각을 지닌 헌신적인 인재이다. 다시 말해 '관여형engaging' 매니지먼트를 실천할 수 있는 인물이다."

민츠버그 교수에 따르면, 미국식 MBA프로그램은 실제적인 매니지먼트 경험이 아예 없거나 거의 없는 젊은 층을 주대상으로 하고 있다. 그래서 과학 즉 분석과 그 방법이 중심이 되는데, 졸업생들은 그들이 매니저가 되기 위한 충분한 훈련을 받았다고 오해한다. 그리고 현장을 제대로 알지 못하는 그들이 현장경험이 풍부한 부하들을 관리한다. 그 결과, 매니저로서 부하들의 직관이나 경험을 활용하는 능력이 없으므로 조직이나 사회에 분석지상주의가 횡행하고 '결정적인 악영향'을 끼쳐버린다. MBAMaster of Business Administration(경영학석사)는 'Management By Analysis(분석에 의존한 경영)의 약어'라는 '오래된 농담'이 '웃을 일'만이 아니게 되었다고 경고한다.

그리고 그런 미국 기업의 현상을 타파해가기 위한 매니저의 바람직한 모습으로서, 민츠버그 교수도 현장에서의 경험과 함께 직관과 과학적인 분석 사이의 균형감각을 지니고 방관자가 아닌 주체적인 참가 Commitment의 중요성을 설파하고 있다.

일본에도 미국처럼 MBA 붐이 도래해 있다. 분석지상주의의 횡행은 일본에서도 심각하다. 형식적 지식 중심의 지식이라면 많은 사람들이 얼마든지 지니고 있을 것이다. 특히 IT화의 진전에 따라 입수할 수 있는 정보는 한 시대 전과 비교하여 비약적으로 증대하고 있다. 그러나 그 지식을 개별적이고 구체적인 상황에서 실천적인 지혜로 살릴 수는 없다. 지식창조이론의 중심적 개념인 SECI모델에 관해서도, 형식적 지식이 된 이론은 잘 알고 있어도 자기 자신의 업무현장에서 실행할 수 있는지 어떤지는 별개의 이야기가 되어버린다.

단순한 지식이 아니라, 그때그때마다 문맥이나 상황에 따라 최적의 판단과 행동을 취할 수 있는 실천적인 지혜를 어떻게 지닐까? 지식을 어떻게 지혜로 만들 것인가? 이 책을 정리하는 의미에서 이제까지 거론한, 이노베이터들에게 필요한 능력과 조건을 다시 한 번 복습하면서 실천적인 지혜를 익히는 방법에 관해 생각해보자.

이 장에서는 앞으로 형식적 지식과 암묵적 지식을 포함한 지식창조 이론상의 광의의 지식에 대해, 문맥이나 상황을 따지지 않는 객관적이며 보편적인 일반성을 지닌 형식적 지식으로서의 지식이나, 같은 암묵적 지식이라도 제조상의 노하우나 장인적인 기술 등과 같이 어느 정도 매뉴얼화가 가능한 지식을 '지식'이라 표기하고, 한편 이노베이터에게 없어서는 안 될 지식의 작법으로서의 지혜, 즉 개별적이며 구체적인 문맥이나 상황에 따른 최적, 최선의 판단과 행동이 가능한 실천적인 지혜를 '지혜'로 표현하도록 하겠다. 이 실천적인 '지혜'는 암묵적 지식이라는 점에서는 제조노하우와 같으면서도, '무엇이 좋은 것인가?What is good?'라는 명쾌한 가치관이 포함되어 개별적이며 구체적인 사상事象과 보편적인 개념의 양쪽을 통합할 수 있는 양질의 암묵적 지식이라고 할 수 있다.

3_
분석과 직관의 차이를 구별하라

어떻게 하면 '지식'을 '지혜'로 만들 수 있을까? 머릿속에서 분석을 반복하고 있는 한 '지식'은 언제까지나 '지식'으로 끝난다. 그것을 '지혜'로 만들기 위해서는 우선 자기의 생각을 지니고 현장에 뛰어드는 것이 첫 걸음이다. 그 생각은 결코 사리사욕을 추구하려는 것이 아니라, 내면의 선악의 판단기준에 바탕을 둔 사회적으로 의미 있는 생각이어야 한다. 따라서 생각의 바탕에는 스스로가 믿는 진선미를 추구하는 삶이 있으며, 그것은 누구나가 본래부터 지니고 있는 것이다.

개인의 강한 생각은 많은 경우 독자적인 가설이나 문제의식이 되어 나타난다. 최근 논리사고 붐에 이어 문제해결 방법론으로 '가설사고'의 중요성을 주장하는 목소리가 특히 경영컨설턴트 등으로부터 들리게 되었다. 그들이 말하고 있는 가설과 여기서 말하는 가설은 근본적으로 다르다는 것을 잠시 언급하고자 한다.

경영컨설턴트 등이 새로운 사고법이라며 제기하고 있는 가설사고는, 기본적으로는 시장이나 고객을 바깥쪽에서 보는 객관적이며 논리분석적인 접근법의 틀을 벗어나지 못하고 있다.

　예를 들어보자. '일반 커피 같은 맛'이 인기를 끈 캔커피 상품이 있었다. 맛이 '짙고 쓴' 것이 커피매니아들을 사로잡아 많은 고객을 획득했다. TV광고도 '성인 남자'의 이미지를 전면에 내걸었다. 어느 날, 그 상품을 새롭게 하고자 개발팀은 시장의 동향을 읽으려고 했다. 비알콜 음료시장은 달콤한 탄산음료 같은 것들이 경원시되고 녹차 음료, 체지방을 줄이는 건강 음료, 아미노산 음료 등이 인기를 끌고 있었으므로 '건강 지향이다'라고 분석했다. 그래서 '캔커피도 산뜻하고 가벼운 맛을 추구할 필요가 있다.'라는 가설을 도출했다. 직접 불로 굽고 끓여야 제 맛을 내는 커피콩도 가열 정도를 약하게 하고 당분도 줄였다. 결과는 어땠을까? 기존의 고객뿐만 아니라 보다 넓은 고객층을 확보하려는 의도는 적중하지 못했고, 같은 식으로 만든 타사의 제품과 차별화하지 못하여 고정팬들도 떠나버렸다.

　이것은 무엇을 의미하는가?

　'건강 지향'이라는 시장분석과 캔커피의 '산뜻하고 가벼운 맛'을 결부시킨 가설은 시장의 분석데이터를 기초로 한 분석적인 가설이며, 그것은 논리 전개의 한 단편적인 요소에 지나지 않는다. 논리적으로 생각해보면 그 사이에 몇 단계 논리가 있겠지만, 그것을 단편화하여 가설적인 결론을 도출한다. 그리고 가설적 결론을 낸 후에 그것이 얼마나 올바른지를 논리로 정리해간다. 이것이 분석적 가설이다. 그 때문에 '객관적으로 올바른 가설', '논리적으로 검증할 수 있는 가설'이라는 식이 된다. 그러나 반복하여 지적했듯이, 논리분석은 누가 생각해도 같은 식으로 전개되므로 경쟁회사도 같은 분석적 가설을 도출하여 차별성이 없어져버린다.

반면에 이노베이터가 만들어내는 가설은 객체와 일체화되어, 고객의 눈높이로 시장을 안쪽에서 보았을 때 직관적으로 떠오르는 것이다. 캔커피의 예에서 담당 팀은 녹차음료 붐을 '건강 지향의 증거'로 파악했다. 그러나 붐을 일으킨 주인공인 산토리의 이에몬 사례를 보면 알 수 있듯이, 고객의 눈높이에서 파악하면 그 본질은 단순한 건강 지향이 아니라 일본인의 원점으로의 회귀였다는 사실이 느껴질 것이다. 그리고 동일한 눈높이에서 자사의 캔커피를 본다면 '산뜻하고 가벼운 맛'과는 다른 광경이 보이지 않았을까?

분석적 가설은 고객의 '평균수준'을 알고자 하는 계산적인 해결책이지만, 직관적 가설은 주객 미분리의 세계에서 고객이 생각하는 최선을 실현하려는 생각의 투영이다. 분석적 가설이 과거나 현재의 연장선상에서 연속적으로밖에는 미래를 그리지 못하는 데 비해, 직관적 가설은 비연속적으로 새로운 미래를 창조해가려고 하며 바로 그 점이 결정적으로 다른 것이다.

예를 들어, 편의점 등에서는 하늘을 보고 흐리다면 '오늘은 비가 올지 모르겠다. 우산을 팔 준비를 하자.'라는 가설을 세운다. 그리고 기상정보나 강수확률 등을 확인하고 가설이 '올바르다'는 것을 검증한다. 이것은 분석적 가설이고 누구라도 어느 정도 도출할 수 있다. 그러나 그 뒤에 '만일 비가 온다면 우산이 없어 고생하는 고객들에게 어떻게 가게에 우산이 있다는 것을 선전하여 가게로 들어오게 할 것인가?', '어떻게 이것을 계기로 고객들이 다시 가게로 발걸음을 옮기게 할 수 있을까?'를 생각하며 아이디어나 계획을 세우려고 하는 것이 직관적 가설이다.

만일 고객이 그 아이디어나 계획에 공감한다면 가게로서는 새로운 단골손님이, 손님에게는 새로운 좋은 가게가 생기는 셈이 된다. 우산 하나로도 미래창조가 가능하다. 분석적 가설만으로는 새로운 것은 생겨나게 할 수 없다. 캔커피를 새롭게 만드는 것도 직관적 가설을 세우는 데에 이르렀다면 그 결과는 달라졌을 것이다.

4___

논리가 지닌 한계를 깨달아라

직관적 가설의 중요성을 강조하며, 논리에 편중된 사회에 경종을 울리고 있는 인물이 있다. 100만 부를 돌파한 베스트셀러《국가의 품격》의 저자인 수학자 후지와라 마사히코이다.

후지와라는 "어떤 논리든 논리적으로 바르다고 해서 그것을 철저히 실천해나가면, 인간사회는 필연적으로 파탄에 이른다."라며 그 이유를 네 가지 들고 있다.

첫째, 논리를 통해 보더라도 그것이 본질과 닿아 있는지 아닌지를 판정할 수 없으므로 '인간의 논리나 이성에는 한계가 있다.' 앞서 살핀 캔커피의 예에서 '녹차음료 붐은 건강 지향의 지표'라고 이해하는 것이 논리적일지는 모르지만, 본질을 찌르고 있는지 어떤지는 다른 차원의 이야기이다.

둘째, '인간에게 가장 중요한 것들 중 많은 것들이 논리적으로는 설

명될 수 없다.' 예를 들면, 사람을 죽여서는 안 된다는 이유를 논리로
는 설명할 수 없다.

셋째, '논리에는 출발점이 필요'하며, 그 출발점을 만들어내는 것은
논리가 아니라 '정서'나 '형태'이다.

넷째, '논리는 길어질 수 없다.' 현실사회는 희거나 검지 않고 '회
색'이며 그곳에 짙고 옅음이 있을 뿐이다. 그런데 논리로는 흰 것은 희
다, 검은 것은 검다라는 식으로밖에 연결되지 못하므로, 그것이 길어
질수록 현실사회로부터 멀어지며 거짓에 가까워진다.

이 네 가지 이유 중 논리와 가설의 측면에서 특히 주목하고 싶은 것
은, 논리의 출발점을 만들어내는 것은 '정서'나 '형태'라는 지적이다.
후지와라의 논리에 관한 설명은 매우 알기 쉽다.

논리를 단순화하면 우선 출발점 A가 있고, A라면 B, B라면 C, C라
면 D라는 식으로 진행하여 최종적으로 'Z'라는 결론에 이른다. 이 'A
라면 B'의 '라면'이 논리인데, 화살표로 나타내면 'A-B'와 같이 된다.
'A-B-C-D……'와 같은 논리의 연결을 후지와라는 '논리의 연쇄'라
고 부르고 있다. 출발점 A로부터 논리의 연쇄를 따라가서 결론 Z에 이
르는 것을 일반적으로는 논리사고 혹은 논리적 사고라고 부른다.

후지와라의 설명에 맞추어 생각하면, 분석적 가설은 A로부터 Z까
지 모든 논리의 연쇄를 따르는 것이 아니라 'A-B-C', 'H-I-J', 'Q-R-
S'와 같은 부분적인 정보로부터 단편을 잘라내어 '결론으로 Z가 나온
다'는 가정적인 결론을 상정하는 것이라고 할 수 있다. 그 가정적인 결
론이 올바른지 어떤지 다른 정보 등을 사용하여 논리적으로 검증하고,
확실성을 극한적으로 높인 후에 실행으로 옮긴다.

분석적 가설은 무언가 문제가 발생한 뒤 원인을 찾을 때는 유용하며 효과를 발휘한다. Z라는 성과가 나올 것이 틀림없는데, 어떤 문제가 생겨 not Z가 되었다고 하자. 논리의 연쇄 중 어디서 잘못되었는지 일일이 추적하여 원인을 찾는 것이 아니라, 부분적인 정보로부터 단편을 잘라내고 예상되는 원인을 몇 가지 생각하여 그것을 가설이라고 부른다. 그리고 어떤 가설이 가장 가능성이 높은지 논리적으로 검증하며, 문제해결 방법을 탐구하여 본래의 성과인 Z에 이르도록 한다. 이것이 경영컨설턴트들이 제창하는, 이른바 문제해결을 위한 가설사고이다. 어쨌든 출발점 A로부터 시작하여 결론 Z에 이르는 기존의 논리의 연쇄에 속박되어 있는 것이며, 새로운 것을 만들어내지 못한다.

후지와라가 주목하는 것은 출발점 A다. 논리의 화살표는 'A-B'와 같이 A로부터 B를 향하지만, A를 향하는 화살표는 하나도 없다. 즉 A는 '논리적 귀결'이 아니라 늘 '가설'이며, 이 가설을 선택하는 것은 논리가 아니라 선택하는 사람의 '정서'라는 것을 다음과 같이 설명한다.

"정서란 논리 이전의 그 사람의 종합력이라고 할 수 있다. 그 사람이 어떤 부모 밑에서 자랐는지, 어떤 선생님이나 친구를 만나왔는지, 어떤 소설이나 시나 노래를 접하고 눈물을 흘렸는지, 어떤 연애, 실연, 짝사랑을 경험해왔는지, 어떤 슬픈 이별을 해왔는지 등등의 일들이 섞여 그 사람의 정서를 형성하고, 논리의 출발점 A를 선택하게 만든 것이다."

그밖에 종교나 습관에서 유래하는 '형태'로부터 출발점이 결정되는 일도 있다면서, 일본의 무사도나 기독교, 이슬람교 등의 '정신의 형태'를 든다. 이와 같이 논리의 출발점인 가설은 논리가 아니라 정서나 형태로부터 생겨난다고 하며, 서구형 논리 편중이 만연하는 현상을 비판한다.

후지와라가 말하는 인간의 '종합력'으로서의 정서란 다양한 경험을 쌓는 가운데 축적된, 무엇이 참이고 무엇이 선이며 무엇이 미인지를 직관적으로 판별하는 암묵적 지식이다. 또한 종교나 습관으로부터 오는 형태도, 그 인간이 속한 조직에 축적된 진선미의 가치기준이라고 할 수 있다. 아무튼 새로운 논리의 연쇄의 출발점인 가설은 논리로부터는 생겨나지 않는다. 논리를 구사하는 수학을 전공하고, 논리의 가능성과 한계를 누구보다 잘 아는 수학자의 발언인 만큼 그 의미는 아주 심연하다고 할 수 있다.

거듭 반복하지만 분석적 가설도 문제의 원인 규명이나 해결에는 필요하며, 논리적인 추론의 힘도 익혀두지 않으면 안 된다. 매일의 업무나 생활 속에서 분석적 가설은 쓸모 있는 것이 많다. 그러나 새로운 지식을 창출하고 미래창조를 추구한다면, 기존의 논리의 연쇄로부터 해방되어 새로운 출발점으로서 가설을 설정하지 않으면 안 된다.

변화가 심하며 이노베이션이 요구되는 시대에는, 기존의 논리의 연쇄를 따라 종착점인 Z에 이르렀을 때는 시장이나 고객이 새로운 출발점 A에 가 있게 된다. 아무리 분석을 거듭하더라도 본질을 찌르지 못하고 심신 모두가 점점 피폐해져간다. 분석마비증후군의 전형적인 증상이다. 그곳으로부터 탈출하기 위해서는 다시 한 번 내면에 잠자고 있는 진선미를 추구하는 생각을 불러내어 현장으로 가는 행동을 일으켜야 한다. 생각을 갖고 현장에 가면 보이지 않는 것도 보일 것이다.

5__
보이지 않는 것을 보라

'보이지 않는 것을 보려면 어떻게 해야 하는가?'

매스컴에서 사고법을 주제로 한 책이나 잡지의 특집이 빈번히 등장하게 된 후부터 이런 화두를 자주 발견하게 되었다. 불확실성이 높은 시대를 상징하는 현상일 것이다.

보이지 않는 것을 보는 전형적인 것 중의 하나가 소비자의 잠재적인 니즈이다. 변화가 빠른 시장이나 성숙도가 높은 시장에서 눈에 잘 띄는 니즈에 대응하는 것만으로는 니즈의 변화에 뒤처지거나 타사와의 과잉경쟁에 빠지기 쉽다. 그러므로 보다 빨리 잠재적인 니즈를 포착하는 일이 중요하게 된다. 그러나 소비자 자신도 의식하고 있지 못하며 어떤 상품이나 서비스가 제공된 뒤에야 비로소 그것을 찾고 있었다는 사실을 깨닫는 경우도 많으므로, 아무리 시장분석을 거듭하더라도 잠재적인 니즈는 보이지 않는다. 드러나 있지 않는 이상 일반적인 소비자조사로는 만족스러운 결과를 얻을 수 없다.

그래서 가설을 세우고 실행하며 그 결과를 검증하여 잠재적인 니즈를 찾으려고, 가설을 세우는 사고법이 주목받게 되었다. 그러나 논리적으로 도출하는 분석적 가설로는 보이지 않는 것을 볼 수 없다. 자기자신의 강한 생각, 혹은 그 생각이 투영인 직관적 가설이나 문제의식을 지님으로써 비로소 보이지 않는 것이 보이게 된다.

여기서 한 경영자를 등장시키고자 한다. 일본 최대의 유통기업인 세븐앤홀딩스의 스즈키 도시후미 회장 겸 최고경영자이다. 스즈키는 점포에서의 상품발주 혹은 새로운 상품이나 서비스의 개발에서 가설과 검증을 반복하는 비즈니스모델을 확립하여 직접 창업한 세븐일레븐을 최대, 최강의 편의점 체인으로 육성시켰다. 그의 독자적인 경영학은 저명한 서구의 경영대학원에서도 일본 기업으로는 도요타자동차의 도요타 생산방식과 함께 자주 사례연구로 거론된다.

그의 가설과 검증은 고객의 니즈를 포착하는 것을 최대 목적으로 삼는다. 전국의 11,999곳을 넘는 세븐일레븐 각 점포에서 이루어지고 있는 발주 업무를 살펴보자. 각 점포에서는 가장 중요한 일인 상품발주를 아르바이트 학생에게도 분담시킨다. 내일의 고객 니즈에 관해 가설을 세우고 발주하며 그 결과를 POS데이터로 검증한다. 이것을 한결같이 반복한다. 자주 매스컴 등에서 "세븐일레븐은 POS판매데이터를 바탕으로 잘 팔리는 상품을 분석하여 발주한다."라고 말하는데 큰 오해이다. POS가 출력하는 것은 과거의 데이터이며, 그것을 아무리 분석해도 내일의 고객 니즈는 도출할 수 없다.

물론 미래를 향한 가설을 내세우려면 과거를 깊이 이해하는 것도 필요하지만, 과거의 데이터에 사로잡히면 사고가 얼어붙어버린다. 앞에서 본 민츠버그 교수도 "(과거의) 데이터는 상세한 부분을 무시하고 복잡한 현실을 주로 최근의 숫자로 단순화하기 쉽다."라고 지적하고, 과거의 데이터에 속박되는 것을 '관료적인 계산형 매니지먼트'라고 부르며 비판한다. 수치데이터는 그것만으로는 어떻게 그 수치가 나왔는가 하는 개별적이며 구체적인 문맥으로부터 멀어지게 된다. 내일의 고객 니즈에 관해 가설을 세우고 그 결과를 검증함으로써 비로소 그 데이터는 의미를 지니게 되는 것이다.

그러나 내일의 고객 니즈는 누구에게도 보이지 않는다. 그래서 세븐 일레븐은 기상정보(일기나 기온의 변화)나 지역의 행사 등 '선행정보'라고 불리는 다양한 정보를 모아서, 보이지 않는 니즈를 보는 감지능력 sensing capability을 현장의 아르바이트 직원에게까지 철저하게 요구하는 것이다.

그러면 그 감지능력을 어떻게 익힐 수 있는가? 스즈키는 '변화에의 대응'을 기업 이념으로 내걸고 '우리의 경쟁상대는 경쟁회사가 아니라 눈이 휘둥그레질 정도로 변화하는 고객의 니즈이다.'라고 반복하여 강조한다. 그는 고객이 필요로 할 때 필요로 하는 것을 필요로 하는 만큼 제공한다는 이상을 철저하게 추구하고 있다. 매일의 업무 방법으로 '고객을 위해'라는 발상을 금지하고, 늘 '고객의 입장에서' 생각할 것을 각 점포의 아르바이트 직원에게까지 철저하게 요구한다. 여기에 스즈키의 경영의 진수가 잘 나타나 있다.

어째서 '고객을 위해'라는 발상을 금지하는 것일까? '고객을 위해'와 '고객의 입장에서'는 무엇이 다른가? 스즈키의 생각은 다음과 같다. 우리가 '고객을 위해'라고 생각할 때는 과거의 경험이나 데이터를 바탕으로 '고객이란 이런 것이다', '이러해야만 한다'라는 '일방적인 단정'이나 '잘못된 믿음'이 있으며, 변화의 시대에는 그것이 고객의 니즈와의 사이에 갭을 만든다. 즉 과거의 경험에 기초한 논리의 연쇄가 고정화하고, 새로운 가설을 만들어낼 수 없게 되어버린다. 그래서 과거의 경험을 늘 부정하면서 '고객을 위해'가 아니라 '고객의 입장에서' 생각하며 고객의 눈높이에서 고객과 같은 시선으로 사물을 본다.

이것은 제6장에서 다룬 두 가지 관점, 즉 시장이나 고객을 바깥쪽에서 보는 객관적이며 논리분석적인 접근법과 시장이나 고객을 안쪽에서 보았을 때 어떻게 보일 것인가라는 주관적이며 직관적인 접근법의 차이를 단적으로 나타내고 있다.

스즈키의 경영방식은 경쟁회사와의 경쟁이라는 상대적 가치가 아니라, 늘 고객의 니즈와 보조를 맞추는 절대적 가치를 지향한다. 그리고 직원이나 아르바이트 학생도 늘 고객의 니즈에 지속적으로 대응한다는 생각을 갖고, 판매 현장이나 상품개발 현장에서 고객의 관점에 파고들어 사물을 본다. 그럴 때 논리사고로는 보이지 않던 것이 직관적으로 보이게 되고 가설이 떠오른다. 혹은 고객의 시각을 자기 자신 속에 집어넣었을 때 가설이 솟아나서 보이지 않던 것이 보인다.

내일 비가 오고 기온이 내려갈 것이라는 기상정보일 때, 같은 주먹밥이라도 어떤 종류를 더 많이 주문할 것인가? 아르바이트 학생이 '비가 오고 기온이 내려가면 산뜻한 맛보다는 강한 맛을 내는 것을 고객이 찾지 않을까?'라고 생각하여 '닭고기 비빔밥'을 선택했다고 치자. 이 가설은 논리로는 좀처럼 도출할 수 없다. 후지와라 마사히코 식으로 말하자면, 인간의 '종합력'인 '정서'를 총동원하여 고객의 심리 속에 들어가지 않으면 보이지 않는다. 결과적으로 그 선택은 고객의 공감을 일으켜 비오는 날씨라는 악조건에서도 매상을 확보할 수 있게 되는 것이다.

6

타인의 입장에서 출발하라

좀 다른 이야기를 해보자. '고객의 입장에서' 생각한다는 시각과 관련하여 흥미로운 발언을 하고 있는 뇌과학자가 있다. 수많은 화제의 책을 써서 주목을 받았으며, 뇌과학 붐을 일으킨 주인공 모기 겐이치로이다. 모기는 '과학하는 마음'은 '타인의 입장'이 되는 것으로부터 시작한다며 저서에서 다음과 같이 말하고 있다.

"가을 들판의 사마귀를 보고 (중략) 저 사마귀는 지금 저렇게 크지만 알에서 부화했을 때는 아주 작았을 것이다. 도대체 그 작았을 때는 무엇을 잡아먹고 살았을까? 사마귀라는 남의 입장에 서서 상상해보는 것을 통해 과학하는 마음은 성장해간다."

"사과가 나무에서 떨어지는 것을 보고 중력을 발견하는 것도 마찬가지 일이다. (중략) 사과가 떨어지는 것은 왜 그럴까? 달이 떨어지지 않는 것처럼 보이는 것은 왜 그럴까? 사과와 달이라는 '남'의 입장에서 생각함으로써 비로소 중력 발견의 길이 열린다." (《뇌 속 현상- '나'는 어떻게 만들어지는가》, 일본방송출판협회)

모기의 견해와 스즈키의 경영론을 겹쳐보면 흥미롭다. 스즈키는 '고객의 입장에서' 생각하려면 우선 '나 자신 속에 있는 고객으로서의 심리를 불러일으키는 것이 중요하다.'라고 한다. 단, 그것만으로는 독선적인 것이 생겨날 가능성도 있다. 그래서 자기가 갖고 있는 고객으로서의 심리를 깨워 불러일으키면서 '남(고객)의 입장에' 서서 '과학'함으로써 독선이 배제된다. '과학은 철두철미하게 자기라는 존재의 특별함을 지우려는 시도'(상게서)이기도 하기 때문이다.

고객의 눈높이에 서서 시장이나 고객을 안쪽에서 보는 것은 주관적인 접근법이지만, 지금의 방식으로는 고객의 눈높이에 다가갈 수 없기 때문에 일단 자기부정을 매개로 할 필요가 있다. 이때 과거의 성공체험에 의한 속박이나 기존의 논리의 연쇄로부터 해방되어야 한다. 스즈키는 "사물을 늘 객관적으로 생각하라!"라고 하는 한편, "나는 사물을 직관적으로 생각하는 편이다."라고 언뜻 듣기에 모순된 말을 한다. 이것은 일단 메타인지를 통한 자기부정으로 고객의 눈높이에 서서 직관한다는 발상법을 이야기하고 있다.

최근에는 뇌과학의 세계에서도 인간이 지닌 직관력이 주목받고 있다고 한다. 우리는 마치 '신의 눈'을 지니고 있는 것처럼 객관적이며 분석적으로 사물을 파악할 수 있다고 생각하며, 그것이 좋은 일이라고 오해하여 분석마비증후군이나 분석지상주의에 빠져버린다. 보이지 않는 것을 직관적으로 보는 감지능력을 다시 연마해야 할 것이다.

7__
본질을 꿰뚫는 능력을 길러라

보이지 않는 본질을 꿰뚫어보는 능력은 무엇보다 경영자에게 요구되는 것이다. 뛰어난 경영자 중에는 이 능력이 탁월한 인물이 많다. 2006년 4월에 일본경단련 회장에 취임한 캐논의 미타라이 후지오 회장도 그 대표적인 인물이다. 1995년, 그가 사장에 취임했을 당시 캐논은 차입금이 늘어나 재정파탄의 위험에 처해 있었다. 미타라이는 '부분최적적으로부터 전체최적으로', '매출우선주의로부터 이익우선주의로'라는 두 가지 기둥을 세우고, 모든 업무를 백지 상태에서 재검토하는 경영혁신을 추진했다.

캐논은 주주, 고객, 직원 같은 기업 이해관계자들은 물론 '모든 인류가 오랫동안 함께 살고 함께 일하며 행복하게 살아갈 수 있는 사회를 추구한다.'라는 '공생'의 개념을 기업 이념으로 내세웠다. 그 이념을 실행하려면, 기업으로서 충분한 이익을 내고 건전한 재무체질을 지닌 우량기업이어야만 한다. 제조업체의 경우, 이익의 큰 원천은 끊임없는 기술혁신에 있다. 그것을 차입금에 의존하지 않고 실현하기 위해 현금흐름 중시 방침을 내걸고, 미타라이가 몰두한 경영혁신은 '세계적인 우량기업을 목표로 한다.'라는 명확한 미래창조 전략에 바탕을 둔 것이었다.

경영혁신은 특히 생산 부문에서 철저히 이루어졌다. 그 일환으로 전 세계 54개 공장에서 그때까지 행해졌던 벨트컨베이어 방식을, 워크셀이라고 불리는 한 사람 혹은 몇 사람으로 이루어진 팀이 하나의 제품 조립을 일관되게 행하는 셀 방식으로 바꾸었다. 이 생산방식의 대전환은 현장에서 눈에 보이지 않던 것이 보인 것을 통한 직관적인 결단에 의한 것이었다.

미타라이는 현장주의 경영자로 알려져 있다. 어느 날, 미타라이는 게임기 플레이스테이션을 제조하는 소니 공장을 시찰했다. 벨트컨베이어는 찾아볼 수 없고 모든 것이 워크셀만으로 구성되어 있었으며, 종업원들의 작업하는 모습에는 활기가 넘쳐흘렀다. 셀 방식은 1990년대 전반에 소니가 도요타 생산방식을 도입하여 생산혁신을 추진하는 가운데 생겨난 방식이었다. 그 원천은 소니 창업자인 이부카 마사루가 1960년대에 '인간성 존중 생산방식'으로 혼자서 하나의 제품을 처음부터 끝까지 조립하는 '원맨 방식'의 도입을 시도한 데에 있었다. 그 후 원맨 방식 사상은 소니의 일부 현장에 계승되었으며, 그것이 생산성 향상을 추구하는 도요타 생산방식과 만나 일본에서 만들어진 획기적인 생산방식이 되었던 것이었다.

그런 경위가 상징하듯이 셀 방식의 본질은 '인간성과 생산성의 양립'에 있었다. 벨트컨베이어 방식은 작업의 표준화와 분업에 의한 과학적 관리법에 기초한 것으로, '생각하는 사람'과 '일하는 사람'을 나누어 '지(知)'와 '행(行)'을 분리하는 서구 특유의 이원론적 사상이 그 바탕에 있었다. 이에 비해 셀 방식은 만드는 사람이 조립방식이나 일하는 방식을 스스로 개선한다든지, 도구도 사용하기 쉽도록 연구하면서 스스로 통제하여 생산성을 높여가기 때문에 지와 행이 분리되지 않고 '지행일치'가 실현되었다. 컨베이어 방식에서는 사람이 비용요인으로 여겨지지만, 셀 방식에서는 '지를 낳는 존재'가 되어 능력을 최대한 활용하는 것이 가능했다.

다른 회사들과 마찬가지로, 소니 내부에서도 당시에는 컨베이어 방식이 상식이었다. 플레이스테이션 제조공장은 과거에 이부카의 부하로 원맨 방식을 추진했던 기술자가 때마침 최고경영자가 된 후 직접 나서서 셀 방식을 채용했다. 소니 내부에서도 셀 방식 적용을 이해하는 사람이 얼마 되지 않았지만, 미타라이는 소니 공장에서 그 본질을 직관적으로 간파하고 자사의 모든 공장에 도입할 것을 즉석에서 결정했다. 캐논을 세계적인 우량기업으로 재생시키려는 강한 생각을 지니고 있었으므로 남들이 보지 못하는 것이 그에게는 보였다. 생산방식의 전환은 생산현장에서 큰 반발을 샀지만, 그는 전혀 타협하지 않고 끈기 있게 설득해나갔다. 그 결과, 셀 방식 도입에 의해 대차대조표가 현저히 개선되었다. 그리고 결국 원조는 소니였으나 '캐논＝셀 방식'이라는 평판이 정착되었다.

그 후에도 끊임없는 경영혁신을 통해 세계적인 우량기업으로 발돋움해가는 가운데, 미타라이는 해외생산을 재검토하여 국내생산 중시로 방향을 전환했다. 이것 역시 직접 생산현장을 둘러보며 국내에서 제조하는 것의 본질적인 의미를 직관하고 새로운 가설을 만들어낸 노력의 결과였다.

현장에서 세부적인 사상事象의 배후에 있는 본질이나 진실을 헤아려 보고 환경의 지식을 직관적으로 획득한다. 일본을 대표하는 기업가인 혼다의 창업자 혼다 슈이치로도 그런 감지능력이 뛰어난 인물이었다. 미국 디트로이트에 있는 자동차의 전당에는, 자동차 경주가 벌어지는 경주로의 바로 옆에서 지면에 달라붙듯이 몸을 낮춘 채 선수의 눈높이에서 경주차를 관찰하는 슈이치로의 사진이 걸려 있다. 선수와 경주차의 미세한 움직임에서 다음 과제를 발견하여 제작 과정과 연결할 수 있는 슈이치로의 감지능력을 상징하는 사진이다. 다음 과제가 보이는 것은 자동차 만들기의 '꿈'을 좇는 강한 생각과 그곳에서 솟아나는 가설과 문제의식을 지닌 현실직시가 있었기 때문이었다.

본질을 꿰뚫어보는 슈이치로의 날카로운 감지능력과 지각력을 말해주는 에피소드가 있다. 어느 날, 그는 공장 책임자와 함께 차체용접

공장을 둘러보았다. 입구에서 공장 내에 울리는 망치 소리에 귀를 기울이던 슈이치로가 갑자기 책임자를 때렸다. 차체의 정밀도가 만족할 수준이 아니라서 어쩔 수 없이 망치로 두들겨 교정하고 있는 소리였다. 그것은 용접 단계에서 해야 할 일이 아니었다. 단지 망치 소리만 듣고서도, 근본적인 문제해결 대신 임시변통으로 넘어가려고 하는 현장의 진실을 꿰뚫어보고 무의식적으로 손을 댄 것이었다. 지금도 혼다에 뿌리내린 현장, 현물, 현실의 '3현주의'는 이 같은 창업자의 정신과 방식을 계승한 것이다.

본서에 등장한 마쓰다자동차의 로드스타, 산토리의 이에몬, 기타노 포장마차, 신요코하마 라면박물관, KDDI의 au디자인 프로젝트, 샤프의 헤르시오 모두에서 개발자나 개발 리더들은 뛰어난 감지능력을 발휘하고 있었다. 그들은 그들 자신이 만들려고 하는 것, 팔려고 하는 것에 강한 신념을 갖고 현장에 가서 보이지 않는 것을 보았다. 이것이 바로 '지식'을 '지혜'로 바꾸어가는 첫 걸음이다.

8

대립을 부드럽게 통합하라

현장에서 눈에 보이지 않는 본질이나 진실을 헤아려보고 솟아나는 직관적 가설은, 이 단계에서는 아직 개인의 암묵적 지식의 세계에 머물러 있다. 이미 살펴본 것처럼, 이노베이션은 인간이 지니고 있는 지식과 지식을 연결시켜가는 가운데 생겨난다. 지식과 지식이 연결되면 무대가 생성되고, 그 무대가 연쇄되어가면서 새로운 지식이 추가되어 보다 풍요로운 지식이 만들어진다. 이노베이션을 위해 조직을 움직여 가려면, 첫 단계로서 지식의 링크를 종횡으로 엮어가야 한다. 그렇게 하려면 상대를 설득할 수 있는 능력이 필요하게 되는데, 암묵적 지식의 형태로는 전달되지 않는다. 세부적인 직관을 대화를 통해 추상화하고 개념화하여 거시적인 구상이나 비전, 주제와 관련을 맺게 하고, 가설을 형식적 지식으로 만들어 설명해야 한다. 그러나 혁신적인 새로운 것을 시작하려고 할 때에는 대부분의 경우 반론이나 부정론에 부딪힌다. 이 대립을 어떻게 통합하고 보다 높은 차원으로 이끌어갈 것인가? 여기서 '부드러운 변증법'이라고 불리는 방법론이 필요하게 된다.

변증법은 보통 '정-반-합'이라는 프로세스로 전개된다고 설명된다. 어떤 명제(정)에 대해, 그것을 부정하는 명제(반)를 대치시켜, 상반되는 두 가지 명제가 통합(합)되어 새로운 명제가 생겨나 보다 높은 차원의 진실에 도달한다는 전개이다.

논쟁은 '검은가 흰가'라는 이분법적이고 대립적인 자세를 취하게 되며, 상대를 말살하려고 한다. 논쟁은 논리를 무기로 삼는다. 논리는 '논論의 형식을 따지는 것'이다. 가령 연역적 논리의 대표격인 삼단논법은 '모든 인간은 죽는다', '소크라테스는 인간이다', '그래서 소크라테스는 죽는다'라는 식으로 전개한다. 관료형 인간의 대표적 장기인 삼단논법은 분명히 형식상으로는 올바르고 결론의 진위를 판단할 수 있다. 그러나 도대체 그래서 어쨌다는 것인가? 지식의 창조와는 거리가 먼 것이다.

변증법 중에는 정－반－합의 프로세스를 논리적으로 파고드는 딱딱한 변증법도 있다. 특히 서양에서 논리적으로 추구하는 경향을 볼 수 있다. 그러나 논리는 '논의 형식을 따지기' 때문에 논리만으로 서로 모순되는 명제를 통합하는 일은 쉽지 않다. 대개의 경우 흰가 검은가라는 논쟁이 되기 쉽다.

반면에 동양에는 중용을 발견해가는 부드러운 변증법이 있다. 변증법dialectic이란 용어는 그리스어인 '대화하는 일', '화법(언어를 통한 사상의 전달)'에서 유래하는데, 부드러운 변증법에서 말하는 대화는 논쟁과는 본질적으로 다르다. "나는 이렇게 생각한다."라는 사람과 "아니, 나는 그렇게 생각하지 않는다. 이렇게 생각한다."라는 사람이 마주앉아 서로의 관점을 허용하면서 서로의 장점을 살리는 새로운 시각을 발견하고, 보다 높은 차원의 명제를 만들어내며 끝없이 진실을 탐구해간다.

논리가 형식을 따지는 데 비해 변증법은 의미를 따진다. '모든 사람은 죽는다'라는 명제에 대해 '정말 사람은 죽는가?'를 다시 따져보는 것으로부터 시작하여 '근본적으로 죽음이란 무엇인가?', '육체는 사라져도 정신은 영원히 사는 일도 있지 않은가?'라며 논의를 전개하는 과정에서 새로운 진실을 깨닫는다. 도달점이 아니라 무한대로 새로운 명제를 만들어내고, 진실이나 진리를 추구해가는 운동이 변증법이다. 논리만이 아니라 대화를 통해 자신의 생각을 제시하고, 혼신의 힘을 다해 상대를 설득하여 암묵적 지식을 공유하면서 대립을 통합해간다. 더해서 둘로 나누는 듯한 절충이나 타협과는 분명히 다르다. 끝없는 이노베이션이란 그런 것의 반복이다.

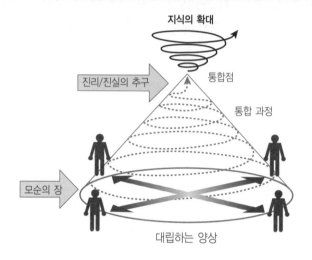

변증법적 지식창조 모델

지식의 확대

진리/진실의 추구 | 통합점

통합 과정

모순의 장 | 대립하는 양상

정-반-합의 변증법을 통해 보다 높은 진리/진실에 이르는 프로세스. 서로 대립하고 모순되는 명제(지식)를 타협이 아니라 역동적으로 통합하여 새로운 지식체계를 만들어내며 자기초월해간다.

　　이 부드러운 변증법적인 균형감각으로 상품개발을 실현시킨 전형적인 사례가 제6장 삿포로맥주의 드래프트원이다. 발안자인 가시와다는 맥주 특유의 쓴맛을 제거한 산뜻한 맛을 지닌 맥주 혹은 발포주를 만들기 위해 개발 현장에서 시행착오를 거듭하는 가운데, 맥아를 사용하지 않는다는 아이디어가 직관적으로 떠올랐다. 그것은 "고객 입장에서 보면 원료가 보리든 아니든 큰 관계는 없다."라고 말한 것처럼, 사용자의 눈높이에 맞출 수 있는 가시와다였기 때문에 알 수 있었던 고객의 진실이었다. '맥주를 잘 마시지 못하는 사람도 즐길 수 있게 하고 싶다.'라는 강한 생각이 투영된 직관적인 가설이며, 주관적 관점으로부터 파악한 진실이었다.

이에 반해 본사의 상품개발부는 객관적 관점에서 시장분석을 하고 "그런 것을 누가 사?"라며 새로운 니즈(시장)의 존재를 인정하지 않고 가시와다와 대립했다. 여기서 만일 가시와다가 타협하여 맥아를 소량이라도 사용하든지, 혹은 맛을 기존의 맥주나 발포주에 가깝게 만들었다면 드래프트원의 성공은 없었다. 혹은 가시와다가 주관적 관점에서 일방적으로 주장을 계속했더라면 언제까지나 사태는 진전되지 않았을 것이다. 그러면 어떻게 기어가 움직였는가?

상품개발부는 '타사에 지지 않을 발포주' 개발을 요구한 데서 볼 수 있는 것처럼 상대가치를 추구하는 경쟁 전략 속에서 객관적으로 시장분석을 하려고 했다. 이에 대해 가시와다도 "확실히 지금까지 없었던 상품이기 때문에 고객층이 없고 시장도 존재하지 않을 수밖에 없죠." 라고 말했듯이, 상대측의 분석적인 가설을 완전히 부정하는 것이 아니라 객관적으로 보면 지금은 고객이 존재하지 않는다는 것을 인정했다. 그리고 "그래도 저는 잠재적으로 분명히 존재하리라고 생각했으므로 누가 살 것인지도 설명이 가능했어요. 그러나 본사 내부에서는 누구도 그것을 설명할 수 없었고, 제안할 수 있는 사람도 없었던 거죠."라며 새로운 잠재적인 시장이 존재한다고 믿었던 것은 자신의 주관이었다는 점도 인정했다.

그 뒤 가시와다는 "같은 분야에서 싸우면 투하자본의 경쟁이 된다. 삿포로가 살아남으려면 새로운 시장에서 싸워야 한다."라며 타사와의 상대가치를 겨루는 경쟁 전략이 아니라, 산뜻한 맛을 추구하는 (시장의) 큰 조류를 타고 싸움의 무대를 옮겨 그들의 절대가치를 추구하는 미래창조 전략을 마련했다.

상품개발부가 내세우는 경쟁 전략의 논리로는 대립점을 좀처럼 통합할 수 없으므로, 보다 상위목표를 바라보고 새로운 전략을 내걸어 새로운 논리의 출발점을 제시했다. 새로운 미래창조 전략을 전제로 하여 객관적으로 생각하면, 기존의 상품과 전혀 컨셉이 다른 상품이 요구된다.

이리하여 주관적인 관점과 객관적인 관점이, 어느 한 쪽이 다른 한 쪽을 꺾는 것이 아니라 변증법적으로 통합되었다. '두 개의 원'은 변증법적 통합의 상징이었고, 4분의 1정도 겹친 원과 원 사이의 거리감은 절묘한 통합의 균형감각을 나타내는 것이었다. 그리고 현장에서의 직관이 미래창조 전략이라는 보편적 개념과 연결되어 형식적 지식으로서의 가설이 생성되었다.

이 가설에 종래의 상품전략으로는 축소균형에 빠질 것이라고 염려하여 새로운 가치를 창조할 사업을 추구한 본사의 마케팅 부문과, 사내에 활기를 불어넣는 상품이 필요하다고 생각한 제조 부문이 찬동하여 최초로 링크가 이루어졌다. 그리고 마침내는 반대하던 상품개발부도 마케팅 부문과 함께 규슈에서 모니터조사를 실시하여 시장의 목소리를 들어보려고 생각하게 되었으며, 결과적으로 높은 평가를 얻을 수 있어서 링크가 더 확대되어갔다.

9__

모순을 변증법적으로 해결하라

부드러운 변증법에 있어서는 어느 쪽이 올바르고, 어느 쪽이 잘못되었는지는 문제가 되지 않는다. 진위 혹은 정부正否를 따진다면 좀처럼 결말이 나지 않는다. 이 설득에서 중요한 것은 논리적으로 올바른가 하는 것보다 어떻게 '최선의 설명'을 할 수 있을까 하는 것이다. 즉, 자신의 생각을 담아 상대의 공감을 부르는 최적의 '스토리'를 이야기할 수 있는지의 여부이다. 이야기는 공명성과 공감성을 지니는 것이 중요하며, 논리적으로 진위를 실증하는 것은 아니다.

가시와다는 규슈공장의 제조부장이어서 본사 사람들과 일상적인 대화를 나누기 어려웠지만, 요소요소에 있는 본사의 핵심 인물들에게 전화를 걸어 자신의 생각을 이야기했다. 직접적인 대화는 없었어도, 가시와다와 같은 위기의식을 공유한 직원들도 적잖이 있었다. 가시와다의 가설에 마케팅 부문과 제조 부문이 찬동하여 최종적으로는 상품개발부도 동조해간 것은, 당시의 삿포로맥주가 놓인 상황 속에서 그것이 스토리로서 최적이며 공감을 부를 수 있었기 때문이었다. 그리고 그것이 스토리로서 성립한 것은 가시와다의 비공식적인 타진을 이와마 사장이 쾌히 승낙해준 덕분이었다. 이와마 사장은 '시장점유율 의존형 사고로부터의 탈피'를 내걸고 경영의 구조개혁을 하려는 최고경영자로서의 비전을 갖고 있었다.

이상을 정리하면 다음과 같다. 처음 개발현장에서 시행착오를 거듭하는 가운데 보이지 않던 것이 보였다. 맥아를 사용하지 않는다는 아이디어가 떠오른 시점에서 발안자의 직관은 공동체험을 쌓아온 부하들과의 사이에서만 공유할 수 있는 암묵적 지식이며, 문맥이나 상황이 특정 문맥 의존적인 데에 머물러 있었다. 그것이 맥주인 수퍼드라이, 발포주인 탄레이 2대 브랜드의 어느 쪽과도 다른 새로운 시장에서 삿포로가 싸우기 위한 '새로운 가치를 지닌 상품'이라는 거시적인 구상으로 결부됨으로써 문맥에 좌우되지 않는 문맥 독립적인 컨셉이 조직으로서의 구체적인 목표가 되었다. 문맥 의존적인 지식이 주관과 객관, 직관과 논리분석 등의 대립을 현실에 맞추어 변증법적으로 통합함으로써 문맥 독립적인 지식과 관련을 지었다. 중요한 것은 이것을 누구나 공감할 수 있는 스토리로 묘사할 수 있는 능력이며, 복안사고적인 균형감각이 요구된다는 점이다.

가시와다는 그 후에도 영업부의 요청으로 판매 방법을 검토하는 위원회에 참가하여 바이어와의 상담에도 동행했다. 개발로부터 발매 단계로 옮겨갔어도, 발안자로서 직관한 가치를 많은 네트워크를 소유한 허브적인 존재인 바이어들을 대상으로 대화를 통해 설명하면서 스몰 월드 네트워크적으로 링크를 차례차례 넓혀갔다.

그 과정에서 매일 주류판매점을 찾아감으로써 시장의 진실을 아는 바이어들만의 지식이 더해졌다. 바이어들은 '신발포주'라는 명칭을 붙여주는 등 보다 보편성을 지닌 개념으로 발전시켜 사용자로의 링크에서 효과적인 징검다리 역할을 했다. 그 결과, 마침내 '제3의 맥주'라는 확고한 시장이 성립되었다.

자명한 일이지만 개인의 능력에는 한계가 있다. 조직이 크면 클수록 개인이 생각하고 있는 내용을 주변에 설명하고 이해시키고 납득시켜 조직을 움직여가지 않으면 안 된다. 무언가 새로운 일을 시작하려고 마음먹는다면, 개인의 생각이나 직관 같은 문맥 의존적인 암묵적 지식을 문맥 독립적인 형식적 지식으로 전환하면서 '저 사람이라면 움직여줄 것 같다.', '저 사람의 힘이 필요하다.'라며 대상을 정하고 링크를 엮는다. 그리고 대화나 공동체험을 통해 그 사람의 지식도 흡수하여 암묵적 지식을 보다 풍부하게 만든다. 그곳에서 또다시 대상을 정해 링크를 엮고, 이런 과정을 반복하여 조직을 스몰월드 네트워크적으로 효율적이며 효과적으로 움직여간다. 여기까지 할 수 있다면 비로소 '지식'은 실천적인 '지혜'의 영역에 접어들었다고 할 수 있다.

10_
사자의 힘과 여우의 지략을 함께 써라

강한 신념을 갖고 현장에 가서 보이지 않는 본질과 진실을 발견하고, 직관적으로 새로운 가설을 떠올려 그것을 언어화하고 형식적 지식으로 만들어 설득한다. 여기서부터 진짜 실천적인 '지혜'를 익히게 하는 제3단계의 시금석이 있다. 스토리를 이야기하고 상대를 설득할 때는 대화를 통해 혼신의 노력으로 신념을 토로하면서 자기 자신만의 논리도 구사하지 않으면 안 된다. 그러나 새로운 가설이므로 아무리 노력해도 여전히 설득이 어려운 경우가 적지 않다.

마쓰다의 초대 로드스타, 산토리의 이에몬, 기타노 포장마차의 사례 등은 그 전형적인 것이라고 할 수 있다. 초대 로드스타의 개발자인 히라이는 차고의 사내 기준이 150mm로 정해져 있었지만, "그것으로는 운전하는 재미가 없다."라고 135mm 높이를 고집했다. 불과 15mm의 차이라도 그런 세부적인 것에서 본질을 직관한 것이다. 이 직관은 피쉬 본 차트를 통해 인마일체라는 보편성을 지닌 주제로 연결되었다. 그러나 검사 부문의 담당자는 그의 역할상을 두고 사내 기준과 안전성이라는 논리의 연쇄에서 벗어나는 일은 할 수 없었다.

이에몬의 개발자인 오키나카는 일본차 발생지 교토를 여행하는 직접경험과 인터넷을 사용한 모니터와의 간접적인 대화를 통해 녹차의 본질을 직관했으며, '일본인의 DNA에 새겨진 기억에서 생겨나는 편안함을 제공한다.'라는 컨셉을 만들어냈다. 그것을 구현하기 위해서는 새로운 제조 방법에 100억 엔의 투자가 필요했지만, 경영진은 위험만을 바라보며 한사코 거부감을 보였다.

기타노 포장마차의 견인차 역할을 한 사카모토는 넓이가 불과 3평이라는 불편한 공간에서 포장마차의 본질을 간파했고, '사람과 사람사이의 의사소통을 회복한다.'라는 이상을 고장 부흥 구상 가운데에 확실하게 도입했다. 그러나 오비히로 지역 사람들은 '오비히로의 겨울은 몹시 춥다. 포장마차는 더운 지방의 것으로 오비히로에는 적합하지 않다.', '포장마차는 보잘것없어 고장의 부흥에 기여하지 못한다.'라는 식의 사고방식에 사로잡혀 받아들이려고 하지 않았다.

새로운 미래를 창조하려면 기존 논리의 연장선상이 아니라, 새로운 가설을 창출하여 한 차원 높은 출발점을 만들어낼 필요가 있다. 그러나 아무리 스토리를 이야기하고 새로운 논리의 출발점을 보여주어도, 기존의 논리 연쇄에 사로잡혀 있는 사람들에게는 좀처럼 통하지 않는다. 흔히 '말이 통하지 않는다'라는 것은 이런 경우를 가리키는 것일 터이다. 그런 거리감을 해소하려면 추구하는 것을 실현하기 위해 이상주의적인 실용주의를 실천할 수 있어야 한다. 즉, 마키아벨리적인 배짱 있는 정치력이나 방법론을 구사할 줄 알아야 하는 것이다. 이것이 세 번째 단계이다.

여기서 마키아벨리적인 실현력에 관해 좀더 살펴보도록 하자. 니콜로 마키아벨리는 르네상스 시대의 공화국 피렌체 정부에서 일한 관료 정치가였다. 그의 이름을 딴 마키아벨리즘은 '권모술수' 혹은 '목적을 위해서는 수단을 가리지 않는다'라는 뜻으로 알려져 있다. 주로 부정적인 의미로 쓰이고 '악의 권력화'라는 이미지로 받아들여지기 때문에, 그의 대표작인 《군주론》도 '폭군의 책'인 것처럼 여겨지는 경우가 많다. 그러나 여기에는 많은 오해가 포함되어 있다.

당시의 이탈리아는 작은 지방국가들로 분열되어 있었다. 프랑스나 스페인이 호시탐탐 이탈리아로의 진출을 노리고 있던 격동의 시대에, 냉철한 정치가였던 마키아벨리는 이탈리아의 위기의 원인을 똑바로 파악하고 해결책을 생각해냈다. 공공의 이익에 따른 목적을 위해서는 어떤 수단이 이용되더라도 비난받아서는 안 되며, 결과가 좋으면 수단은 늘 정당화된다. '언뜻 보면 나쁘게 보이는 것'이라도 공동체의 '안전과 번영'에 공헌한다면 실행해도 상관없다. 그런 마키아벨리의 사상을 어떻게 볼 것인가? 악의 권력화로 볼 것인가?

이 책의 사례에 비추어 다시 한 번 검증해보도록 하자. 초대 로드스타의 개발자인 히라이는 차고가 135mm라도 아무런 문제가 없다는 것을 세계 각지에서 시험해보고 확인한 후 사내 기준을 '무시'하는, 관료 조직상의 일반론으로는 바람직하지 않은 일을 실행했다. 경량감을 즐기려고 차를 타는 사용자는 차의 지상고가 낮다는 것을 알고 운전하기 때문에 불만이 별로 나오지 않을 것이라고 예상하고, 문제가 발생하면 모든 책임을 자신이 진다는 각서를 쓰며 '연극을 하는' 술책도 사용했다. 그것이 연극이라는 것은, 가령 불만이 터져나오더라도 개인이 책임을 질 수 있는 성질의 것이 아니라는 점도 꿰뚫어보고 있었기 때문이다.

이에몬의 개발 리더 오키나카는 100억 엔의 설비투자에 반대하는 경영진을 상대로 "최초의 국산 위스키를 만들고, 일본인의 긍지를 일깨우며 풍요로운 생활문화를 지향해온 산토리"가 진짜 녹차음료를 만드는 일에 공감할 수 없다면 "산토리 사람이 아니다.", "함께 배를 탈 것인가 말 것인가?"라고 '반쯤 위협'하는 일도 서슴지 않으며 결단을 재촉했다.

기타노 포장마차의 주인공 사카모토는 포장마차촌을 통한 고장 부흥이라는 구상에 쉽게 지역 주민들의 이해를 얻을 수 없다는 판단을 내렸다. 그래서 그는 1년 간은 선전 활동에 집중하는 전략을 취해, 그 과정에서 공정한 객관보도를 원칙으로 삼는 신문매체를 끌어들여 의도적이며 철저하게 '이용'하여 지역 주민들의 관심을 높였다. 특히 포장마차촌 설치장소인 주차장을 임대할 때는 후보지를 미리 보도하게 함으로써 땅주인도 협력하지 않을 수 없는 상황을 만들어갔다. 과연 이런 이노베이터들의 정치력이나 수완은 비난받아 마땅한 것인가?

마키아벨리는 《군주론》에서 성공하는 데에는 두 가지 방법이 있다고 했다. 그것은 '인간적인 것'과 '야수적인 것'이다. 대부분의 경우 인간적인 것만으로는 불충분하기 때문에 상황에 따라 인간과 야수를 교묘하게 구분하여 사용하는 능력을 지니지 않으면 안 된다. 그리고 그 야수에게서도 배워야 할 두 가지 측면이 있다고 기술했다.

"야수 중에서도 여우와 사자에게서 배우지 않으면 안 된다. 사자는 책략의 함정에서 몸을 지키지 못하며, 여우는 늑대로부터 자신을 지키지 못한다. 따라서 함정을 간파하는 데에는 여우가 되지 않으면 안 되며, 늑대들을 이기기 위해서는 사자가 되지 않으면 안 된다."(군주론)

사자는 힘을, 여우는 빈틈없는 감시력과 지략을 상징한다. 이제까지 칭찬해온 위대한 영웅형 리더십에 대해, '조용한 리더십'의 중요성을 주장하고 기존의 개념과는 다른 리더상을 제창한 조셉 바다라코 교수는 마키아벨리가 제시하는 '야수적인 것'에 주목한다.

바다라코 교수는 그의 저서《결정적 순간의 사고법》가운데 마키아벨리가 성공하는 리더에게 필요하다고 한 '역량(virtue)'을 중시하고 있다. 역량이란 '활력, 자신, 창조력, 빈틈없음, 대담함, 실용적인 기술, 개인적 힘, 결의, 자기규율 등을 조합한 개념'이다. 현대의 매니저들이 직면한 과제에서 역량을 발휘하려고 할 때의 한 실마리로 '나는 지금 (힘센) 사자가 되어야 할 것인가, 아니면 (교활한) 여우가 되어야 할 것인가?'라고 따져보는 것을 들고 있다.

바다라코 교수는 마키아벨리가 "사자인 양 폼만 잡는 자들은 알 도리가 없다.", "여우처럼 교묘한 술수를 잘 사용한 군주 쪽이 좋은 결과를 냈다."라고 기술하고 있는 점을 주목했다. "마키아벨리는 오히려 사자형 인물에 의문을 느끼고 있었죠. 그는 리더란 두려움 없이 용맹 과감한 행동을 취하지 않으면 안 될 때가 있다는 것을 알고 있었으며,

때로는 영웅이나 성인같이 대중에게 어필할 필요가 있다는 것도 알았어요. 그러나 살아남는 지혜나 번영을 지속하는 측면에서는 여우 쪽이 더 뛰어나다고 믿고 있었죠."라고 바다라코 교수는 말한다. 그 자신도 "여우는 멀리 돌아가는 길도 마다지 않는다. 기회를 끈기 있게 기다리고 변화를 놓치지 않으며, 마침내 좋은 기회가 찾아오면 멋지게 사냥에 성공한다."라며 역량 중에서 여우 같은 특성을 중시하고 있었다.

성공하는 리더에게는 사자와 같은 리더십도 중요하지만, 그것만으로는 직면한 과제를 해결할 수 없고 필요에 따라 '여우가 되는' 일이 중요하다. 국면에 따라 사자와 여우를 구분하여 연기할 수 있는 균형감각이 요구되는 것이다.

사자의 힘과 여우의 지략. 이 책에 등장한 이노베이터들도 양쪽 특성을 모두 지니고 있으며 잘 구분하여 사용했다. 마쓰다의 히라이는 사내의 반대파에 대해 때로는 사자의 울부짖음으로 잡음을 없애고 쓰러뜨릴 수 있으면 한 번 해보라는 식으로 버텼고, 다른 한편으로는 여우의 지략을 써서 사내 기준 부적합이라는 그물을 피해나갔다. 산토리의 오키나카도 사자의 목소리로 경영진의 간담을 서늘하게 만드는 한편, 담당 임원을 동지로 만들어 결제(도장)라는 속박을 실질적으로 무력화시키는 여우의 책략도 구사했다. 기타노 포장마차의 사카모토는 경찰서나 보건소 등 행정과 법의 규제를 두려워하지 않고 과감하게 행동하면서도, 법률의 틈새를 발견하여 벽을 무너뜨렸다. 그런 후에 먼 길도 마다하지 않고 기회를 끈기 있게 기다리면서 다양한 지략으로 장애를 없애고 좋은 기회가 찾아오도록 만들었다.

저자들은 제1장에서 이상주의적 실용주의를 나타내는 표현으로

'천사처럼 대담하게 악마처럼 세심하게'라는, 구로사와 아키라 영화 감독이 그의 영화 제작의 진수로서 즐겨 사용한 말을 빌려 썼다. 천사와 같은 대담성을 지탱하는 것은 이상의 추구이며, 악마와 같은 세심함을 추구하는 것은 실현을 향한 싫증나지 않는 집념이다. 마키아벨리가 말하는 '인간적인 것'이 이상의 추구라고 한다면, 악마와 같은 세심함은 '야수적인 것' 중에서도 특히 목표로 하는 것을 집요하게 실현하려는 여우의 지략의 은유라고 할 수 있을 것이다.

논리나 언어로 설득하는 것이 어려운 경우, 상황에 따라 마키아벨리적인 방법이나 전술도 구사하며 목적을 실현시켜간다. 중요한 것은 이 경험을 반복하고 사고와 행동에 습관을 들이는 일이다. '지식'이 점점 '지혜'가 되고 피와 살이 된다면, 바로 이때다 싶을 때 승부를 거는 승부사의 감도 연마되어갈 것이다.

마키아벨리에 관해 또 한 가지 다른 관점에서 고찰한 것을 소개하도록 하자. 사회과학을 통해 세상과 인간을 통찰하고, 시사성 넘치는 수많은 저작을 남긴 일본의 경제학자 우치다 요시히코는 그의 저서 《사회인식의 발자취》에서 마키아벨리를 이해하는 방법을 나타내 보이고 있다. 우치다는 "자신의 책임 하에 자신의 행동을 결정한다."라는 '결단'이나 "자기 자신을 거는" '도박'에 나설 때는 '객관적 인식'이 필요하다는 것을 마키아벨리의 저술 가운데서 발견하고 있다.

우치다가 주목하고 있는 것은 '역량'과 '운명'의 두 가지 개념이다. 마키아벨리에게 있어서 운명은 "사람의 외부에서 그를 돕거나 달려드는" 것이며, 사람은 늘 운명 속에 존재하고 그 밖으로 도망칠 수 없다. 이에 비해 역량은 "행운을 재빨리 내 것으로 만들고, 덤벼드는 운명을 던져버리며 조작한다.", "운명을 교묘히 조작하여 자신의 목적을 수행하는 힘으로 만들어버린다."라는 주체적인 작용이며 그곳에 '인간의 자유'가 있다.

그리고 군주란 역량을 지닌 '추상적인 존재'라고 묘사되고 있는 점에서, '운명을 조작하는 덕'을 우치다는 인간의 '군주적 기능'이라고 부르며 "모든 인간은 많든 적든 간에 군주적 기질을 지니고 있다."라고 말한다. 이런 마키아벨리에 대한 이해를 통해, 우치다는 결단과 도박을 위한 지식의 창조법을 다음과 같이 도출한다.

"미래는 반은 운명에 걸려 있지만, 반은 인간의 조작의 결과로 움직인다." 따라서 "운명에 맡겨도 안 된다. 주관적으로 움직여서도 안 된다. 운을 알고 운을 조작한다. 더구나 미리 손을 써서 조작한다. '미리 손을 쓴다'라는 말에는, 미리 손을 쓸 수 있는 깊은 통찰력과, 무엇보다 그 통찰력을 토대로 한 도박이라는 것이 역량의 내용으로 이해되고 있다."

그들을 속박하는 운명을 바꾸어갈 때, 새로운 가설을 만들어가기 위해서는 주관적 힘이 원동력이 되지만, 실행을 결단하고 도박에 나서서 실현해갈 때는 깊은 통찰에 바탕을 둔 객관적 인식이 필요하게 된다. "알고, 더 알고, 완전히 알고 나서 마지막에 도박에 나선다. 그것이 도박"이며 "사물에 대한 인식이 깊어질수록 도박다운 도박을 할 수 있다."라고 우치다는 말한다. 본서에 등장한 이노베이터들도 마찬가지였다. 이렇게 공작하면 이렇게 움직이며, 이러이러하게 응해줄 것이라고 사람의 본질이나 사물의 본질을 완전히 파악한 후에 마키아벨리적인 정치력이나 방법론을 구사하고 있다.

이노베이션은 운명을 바꿈으로써 주어진다. 그 원점에서는 주관적인 생각으로부터 이상을 추구하지만, 현실에서 운명을 조작해갈 때는 객관적 인식을 파고들어 현실주의에 철저히 임한다. 이것이 이상주의적 실용주의의 진수이며, 누구나 지닐 수 있는 '군주적 기능'이다.

11_
사리분별력을 강화하라

문맥이나 상황에 따라 최적, 최선의 판단을 할 수 있고, 그것에 바탕을 둔 실행이 가능한 '지혜'를 지닌 인간이라면 '정치적 판단력'을 지닌 인간이라고 부를 수 있다. 조직의 크기에 상관없이 정치 본연의 모습은 '미래창조'에 있기 때문이다.

정치라고 하면 일반적으로는 지저분한 이미지를 동반한다. 이상을 추구하며 맑은 것과 탁한 것을 모두 수용할 수 있는 도량과 균형감각이야말로 정치력의 본질인데도, '탁한' 것에 치우치는 모습들을 자주 볼 수 있기 때문일 것이다. 그러나 뛰어난 정치력이 발휘되면 새로운 미래가 개척되는 것도 사실이다.

기업에 있어서도 경영전략은 본래 미래창조적이지 않으면 안 되며, 그 때문에 경영자에게는 실행력을 동반한 고도의 정치적 판단력이 요구된다. 주위의 반대를 받아도, 시장의 객관적 데이터와 반해도, 거액의 투자가 필요해도 도전해야 한다는 판단을 하려면 정치적 판단력이 불가피하다. 그런 의미에서 이노베이션이란 하나의 정치적인 프로세

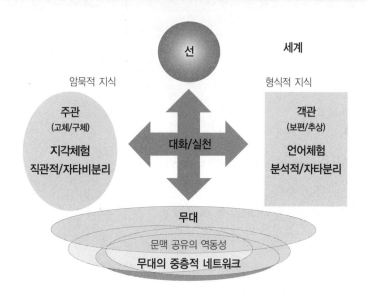

사리분별phronesis의 이미지

선

세계

암묵적 지식

형식적 지식

주관
(고체/구체)

지각체험
직관적/자타비분리

대화/실천

객관
(보편/추상)

언어체험
분석적/자타분리

무대

문맥 공유의 역동성

무대의 중층적 네트워크

스라고 할 수 있다. 재정파탄 직전이었던 캐논을 부단한 경영혁신에
의해 세계적 우량기업으로 약진시킨 미타라이가 2006년부터 '재무총
리'로서 고도의 정치적 판단력이 요구되는 일본경단련(사단법인 일본경
제단체연합회)의 회장직에 취임한 것은 매우 상징적이다.

정치적 판단political judgement이라는 개념의 기원은 고대 그리스의 철
학자이며 자연과학으로부터 논리학, 예술 분야에 이르기까지 광범위
하게 위업을 남긴 지적 거인 아리스토텔레스로 거슬러 올라간다. 아리
스토텔레스는 고대 그리스에서 최초로 윤리학을 확립한 명저《니코마

코스 윤리학)에서 지식을 에피스테메episteme, 테크네techne, 프로네시스phronesis 세 가지로 분류했다.

에피스테메는 현대 용어로 말하자면 과학적 지식이나 인식론적 지식을 만들어내는 일과 관련되어 있으며, 분석적 합리성을 기초로 하여 보편적인 일반성을 지향한다. 따라서 문맥이나 상황에 의해 좌우되지 않는 문맥 독립적인 객관적 지식이며 형식적 지식의 형태를 취한다.

테크네는 현대 용어로 테크닉, 테크놀로지에 가깝다. 실용적인 지식이나 기술을 응용함으로써 어떤 것을 만들어내는 기능이나 노하우이며, 특정 목적에 대한 수단적 합리성을 기초로 한다. 현실세계의 실천 면에서 활용되고. 그때의 문맥이나 상황에 따라 좌우되기 때문에 문맥 의존적이며 신체적 지식이면서도 경험적 지식과 같은 암묵적 지식의 형태를 취한다.

프로네시스는 사리분별, 윤리, 실천적 지혜, 실천적 추론 등으로 번역된다. 타협을 초월한 균형감각과 실행력을 지닌 현인이나 달인의 지혜와 같은 의미이다. 이 세 가지 지식의 관계를 간략하게 나타내보자. 분석적이며 이론적인 지식으로서의 'know why'가 에피스테메, 실천적인 기술로서의 'know how'가 테크네임에 비해, 실현해야 할 가치나 달성해야 할 목적으로서의 'know what'을 알아차리는 것이 프로네시스이다. 'know what'이 제시됨으로써 'know why'와 'know how'도 그 속에 통합되어간다.

예를 들어, '왜 좋은 차를 만들지 않으면 안 되는가know why?'와 '어떻게 차를 잘 만들까know how?'를 알고 있는 것만으로는 기업이 존속하

지 못한다. '좋은 차란 어떤 차인가know what?'가 분명해져야만 비로소
차 개발이 시작된다. 단, '좋은 차'는 타는 사람이나 시대에 따라 바뀌
게 된다. 무엇이 최선의 '좋은 차'인가를 그때마다 판단하고 팀을 움직
여 실현해간다. 그것이 프로네시스이며, 양질의 암묵적 지식으로서 리
더가 꼭 익혀야 할 것이다. 이 책에서 제시한 이노베이터에게 요구되
는 능력이나 조건의 대부분은 프로네시스를 구성하는 요건에 유래하
고 있다.

지금 어째서 프로네시스인가? 저자인 노나카 등이 프로네시스의 개
념에 주목하게 된 배경에는, 미국의 경영학자들을 중심으로 매니지먼
트나 경영학을 '과학(분석)'의 한 분야로 확립하려고 하는 움직임에 대
한 강한 의문과 위기감이 있었다. 과학화는 특히 전략론 연구에서 현
저했다. 경제시스템이 시장의 메커니즘을 통해 균형을 취한다는 전제
아래, 이익최대화에 유일한 정답이 있다는 신고전파 경제학의 균형이
론을 계승하면서 계량분석을 구사하여 실증주의적인 전략론을 확립하
려는 움직임이 주류를 이루고 있었다.

또한 미국 컴퓨터 관련 연구거점의 하나인 카네기메론대학을 중심
으로 컴퓨터공학과 매니지먼트를 결부시키는 연구가 왕성하게 이루어
진 점에도 한 원인이 있다. 하버드대학의 사이먼 교수는 인공지능의
선구자이며, 조직 내 의사결정지원 시스템의 구축에 큰 업적을 남겼
다. 그는 경영학이 과학이 되기 위해서는 인간의 의사결정의 전제로서
사실적인 명제에 관련한 사실 전제(경험적으로 검증 가능)를 가치적인
명제에 관련한 가치 전제(경험적으로 검증 불가능)로부터 분리하지 않으
면 안 된다고 했다.

그리하여 과학적이며 객관적인 매니지먼트를 행하기 위해 개인의 가치관 같은 주관적 측면은 잡음이라며 배제되었다. 과학화나 객관적 접근법에 의해 매니지먼트의 바람직한 모습은 점점 현실로부터 괴리되어, 본래 주체여야 할 인간의 존재가 희박하게 되어버렸다.

　그런 가운데 지금 우리가 회복시켜야 할 것은 인간의 삶을 실존으로 파악하는 시각이다. 인간은 과제에 직면하고 주체적으로 관련을 맺어가려고 할수록 '나는 어떤 사람이고 싶은가?', '어떠해야 하는가?'라고 스스로에게 질문하며 미래를 바라본다. 그리고 '이런 모습이고 싶다'라는 미래의 가능성이 보였을 때, 과거에 축적된 풍부한 암묵적 지식(기술이나 노하우)이 의미를 갖게 되며 삶이 뒷받침된다. 미래에 의해 주도됨으로써 지금이라는 시간이 활기로 가득 차게 된다. 이것이 실존적인 삶이다. 사람이 매니지먼트의 주체인 이상 개인의 가치관이나 주관을 배제하는 것은 불가능하며, 그런 의미에서 매니지먼트에는 직관art 부분이 적잖이 있는 것이다.

　이때 특히 리더에게 있어서, 모든 것의 기본이 되는 '선善'을 늘 의식 중에 내포하면서 문맥이나 상황에 따라 판단하고 행동하는 실천적 '지혜'를 지닌 리더십의 바람직한 모습으로 다다른 것이 프로네시스의 개념이었다. 정치학이나 교육학의 세계에서도 최근 프로네시스에 주목하게끔 되어 사회과학의 자연과학화, 과학화에 대항하여 인간의 주관적인 관점을 직관하고, 직관과 분석의 균형을 취하려는 움직임이 광범위하게 시작되고 있다.

12__
프로네시스 조직을 만들어라

이 책에서는 이노베이터의 조건으로 몇 가지 능력을 들었지만, 프로네시스를 구성하는 요건에 유래하는 것을 들면 다음과 같다.

① 선악의 명확한 판단기준

② 무대를 만드는 능력

③ 세부적인 사상事象의 본질과 진실의 직관

④ 세부적인 직관을 대화를 통해 언어화하고 개념화하여 상대 설득

⑤ '선'을 추구하며 모든 수단을 동원하여 개념을 실현

이 다섯 가지 능력에 다음의 여섯 번째 능력이 더해지면 현명하고 사려 깊은 리더의 전체상이 떠오른다.

⑥ 프로네시스를 육성하는 능력

개인의 전인격 가운데 심어져 있는 사리분별을 실천 속에서 전승시키고 육성하며 동원해간다. 자신의 사리분별을 조직적인 사리분별로 발전시켜가는 능력이라고 해도 좋다.

이 장에서 이노베이터의 조건을 갖춘 경영자의 대표격으로 혼다의 창업자인 혼다 슈이치로, 캐논의 미타라이 후지오, 세븐앤아이의 스즈키 도시후미를 들었다. 세 사람 모두 조직적인 사리분별의 육성에 뛰어나며 그것이 각 기업의 강점을 지탱하고 있다.

슈이치로는 전생애를 통해 '꿈'을 추구하며 "꿈이 없어지면 아마도 살아 있는 시체나 마찬가지겠지.", "일단 달성한 꿈은 도망쳐버리니까 다시 쫓아간다."라고 줄곧 말했다. 그의 유지는 'The Power of

Dreams'라는 기업의 슬로건으로 계승되어, 사내에서 "자네 제안에는 꿈이 없어."라는 말을 듣는 것이 최대의 굴욕이라고 여겨질 정도로 꿈을 추구하는 DNA는 혼다에 확실하게 뿌리내리고 있다.

미타라이와 스즈키에게는 조직적 사리분별의 육성에 큰 공통점이 있다. IT화 시대인데도 그들은 얼굴을 마주보고 이루어지는 직접적인 커뮤니케이션을 중시한다. 캐논의 경우, 일상적으로 커뮤니케이션이 활발하게 이루어지는 토양이 자리를 잡고 있다. 전형적인 것이 조회라고 불리는 독특한 중역미팅이다. 매일 아침 8시부터 모든 임원들이 모여 아무런 주제를 두지 않고 한 시간 정도 서로 이야기를 나누는 기회가 마련된다. 매일 얼굴을 마주보며 대화하면 최고경영자의 뜻이 암묵적으로 공유된다. 그리고 그들이 무엇을 해야 하는지 자연스럽게 전달되어, 필요시에는 처음부터 아무런 대화를 나누지 않아도 빠르게 결단하고 행동할 수 있다.

미타라이는 매년 정월마다 전그룹 간부직원 1,200~1,300명을 모아서 그 해의 회사 전체 계획을 직접 이야기한다. 이후에도 매월 전국에서 800명 정도의 부장급을 모아서 최고경영자가 경영 상황을 직접 들려준다. 그것과 병행하여 최고경영자가 전국 13개 사업소를 돌며 제조 현장을 자기 눈으로 직접 확인하고, 현장 직원들과 얼굴을 마주본 채 회사의 큰 목표와 정책을 침투시켜간다. 벨트컨베이어 방식에서 셀 방식으로 전환했을 때도 현장에 나가 직접 설득했다. 저자(가츠미)의 취재에 대해 미타라이 본인은 다음과 같이 말했다.

"나는 사무직이기 때문에, 현장의 엔지니어들은 아무것도 모르는 사무직 사람이 무슨 소리를 하냐면서 처음에는 누구도 귀를 기울여주지 않았어요. 그러나 저는 말하기를 좋아하여 상대가 동조해줄 때까지 이야기를 계속했습니다. 한 번으로는 아무도 들어주지 않아요. 알아주는 사람이라곤 1할도 되지 않았죠. 하지만 같은 말을 몇 번이고 되풀이하여 제가 생각하고 있는 것을 전하고 맙니다. 사람을 만나는 횟수만큼 이해도가 달라져요. 중요한 것은 반복하는 일이죠."

그리하여 최고경영자의 사리분별이 현장에 전승되고 초근육질 조직이 양성되어 캐논의 고수익을 지탱하고 있다.

세븐앤아이의 스즈키의 경우, 조직적 사리분별이 양성되는 장치를 회사의 시스템으로 만들어놓고 있는 점이 특이하다. 스즈키의 사리분별의 최대의 특징은 최고경영자로부터 현장점포의 아르바이트 학생에 이르기까지 가설 → 검증을 반복하는 무대를 만들고, 철저히 실천하는 점에 있다. 그때 중요한 역할을 하는 것이 최고경영층(및 본부)과 현장점포를 연결하는 OFCOperation Field Counselor(점포경영상담원)라고 불리는 약 1,600명의 직원이다.

OFC는 보통 전국 각지의 담당지구에 상주하면서 한 사람이 8~9점포를 담당한다. 매주 화요일마다 도쿄 본부에 모여 하루종일 계속되는 FC회의에 참가하여 최신 정보를 흡수한다. 이 FC회의에서 스즈키는 경영의 기본을 반복해서 말하여 OFC들 속에 피와 살이 되도록 하고 있다. 때로는 험악하고 강하게 야단치는 경영자의 기백, 이야기를 시작하는 법, 비유 등은 상황마다 바뀌지만, 한결같이 변하지 않는 경영자세를 직접 접하며 OFC는 암묵적 지식을 공유해간다. 이 FC회의에는 연간 30억 엔의 경비가 드는데, 조직적 사리분별력을 키우기 위해 그 비용 지출을 아끼지 않는다.

OFC는 각기 담당지구로 돌아가서, 담당점포의 상황에 맞추고 자기 나름대로 소화하여 최고경영자의 말을 전한다. 그리고 아르바이트 학생까지 참석시킨 회의를 열어 해결해야 할 과제를 조언한다. 그 조언에 따라 점포주인과 종업원 한 사람 한 사람이 상품발주나 판매 방법의 가설 → 검증 방법을 매일 개선하며 현장에서의 경험을 쌓아올린다. 그래서 세븐일레븐에서는 아르바이트 학생도 일을 시작해 2, 3개월만 지나면 훌륭한 경영론을 이야기하게 된다고 일컬어진다. 스즈키는 다음과 같이 말했다.

　"가설을 세워도 당연히 실패할 때가 있어요. 실패를 두려워하는 심리도 작용하겠죠. 그러나 사람은 타협하는 것보다 진정으로 이런 내가 되고 싶다, 저런 내가 되고 싶다고 생각할 때가 더 안정되는 법입니다. 그러므로 책임이 동반되는 일을 맡게 되면 자연히 일에 보람을 느끼고, 적극적으로 관여하게 된다는 본질을 갖고 있죠. 미래를 향해, 새로운 것에 도전하려는 의욕, 그 심경이야말로 산다는 것의 의미가 아닐까요?"

　인간은 누구나 자기 나름대로 진선미를 추구하는 마음을 지니고 있다. 그 마음이 프로네시스의 전승, 육성을 지탱하고 있다.

　조직적 사리분별의 육성이란 조직적 '지식'의 '지혜'화라고도 할 수 있다. 가설과 검증을 중심으로 삼는 스즈키의 경영론 자체는 하나의 이론이며, '지식'의 범주를 벗어나지 않는다. 똑같은 경영론을 제창하는 경영자들도 많이 있을 것이다. 그러나 결정적인 차이는 일선 아르바이트 학생에 이르기까지 '지식'의 '지혜'화에 전사적으로 노력하고 있는 점이다. 세븐일레븐의 점포당 평균 1일 판매액은 63만 엔인데,

다른 대형 체인점과 십수만 엔의 차이가 있다. 그 압도적인 강점에는 조직적 사리분별의 육성이 다분히 기여하고 있다고 할 수 있다.

13_

지식을 짜넣어라

이렇게 조직적 사리분별이 육성되어가면, 이노베이션의 작법이 조직 속에 점차 스며들어 심어지게 된다. 중요한 것은 이렇게 이노베이션의 작법을 짜넣는 일이다.

최근 전자업계에서는 이 '짜넣는다'라는 말이 자주 사용되고 있다. 예를 들면, 최신 전자밥솥은 그 속에 컴퓨터를 짜넣어 맛있는 밥이 지어질 수 있도록 솥의 상태를 최적 상태로 통제하는 짜넣기 기기라고 할 수 있다.

경영의 세계에서 이노베이터의 지식이 어떻게 조직에 짜넣어지는지 그것이 매우 큰 관심사가 되고 있다. 이 책에 등장한 사례들 중 마쓰다는 짜넣기 이노베이션의 전형이라고 할 수 있다. 초대 로드스타 개발에서 적용된 이노베이터의 지식의 짜넣기가 2대째, 3대째 개발로 이어졌다. 그동안 《컨셉 카탈로그》 작성, 감성공학의 논문화 등을 통해 그 지식이 조직에 짜넣어졌고, 동시에 마쓰다다움의 추구가 경영전략에까지 넓혀져 이노베이션의 짜넣기로 정착되었다.

이에몬으로 대박을 터뜨린 산토리에는 원래 '해보라'라는 사풍에 따라 도전을 지원하는 DNA가 조직에 짜넣어져 있었다. 사풍은 조직의 거대화와 함께 자칫 풍화되기 쉽다. 이에몬 개발에서는 회사 역사상 최대의 실패를 경험한 직원들에게 다시 한 번 도전의 기회를 주어 업계 사상 최대의 히트상품을 이끌어냄으로써 산토리다운 이노베이션의 짜넣기를 실천하고 강화했다. 삿포로맥주의 드래프트원 개발에서는 수많은 어려움을 극복하고 발매에까지 이르게 한 개발자의 수완을 간파하고, 선행발매 당일 신규사업인 보리식품 부문으로 전근시킨 것도 이노베이터의 지식을 조직변혁의 프로세스에 짜넣어가려는 시도였다. 알비렉스 니가타 약진의 주인공 이케다는 최고경영자 자신이 이노베이터이며, 자신의 지식의 작법을 OJT를 통해 조직에 짜넣었기 때문에 다양한 사업 전개가 가능하게 되었다.

　이노베이터의 지식 짜넣기는 이념 없는 방법론과는 달리, 그의 삶의 모습과 인격에 깊이 뿌리내린 것이기는 하지만 그것 자체로는 개인기의 범주를 넘지 못한다. 그것을 전승하고 공유하며 조직화할 때 비로소 이노베이션은 조직의 전략으로 숨쉬게 된다. 거꾸로 전승과 공유화를 진척시키지 못하면 그곳에서 지식은 이어지지 못한다. 실제로 역사에 남는 이노베이션을 실현하면서 그것이 조직화되지 못하고, 귀중한 지식이 매몰된 예는 셀 수 없이 많다. 이 책에 등장한 중간층의 이노베이터를 지원하면서 그 성공의 열매를 얼마만큼 조직에 짜넣을 수 있을 것인가? 이노베이션 시대에서 최고경영자의 최대 역할은 거기에 있다고 해도 과언이 아니다.

14__
문제를 보지 말고 가능성을 보라

이 책도 막바지에 이르고 있다. 여기서 2005년 11월에 유명을 달리한 피터 드러커가 남긴 메세지를 통해 우리에게 주어진 과제를 재확인하고자 한다.

정치는 인간과 경제를 공공의 선을 향해 종합시키면서 미래를 창조해가는 것이다. 그런 의미에서 매니지먼트는 본래 정치에 가깝다. 매니지먼트상의 실천적인 '지혜'가 자주 정치적 판단력의 형태가 되어 나타나는 것도 함께 미래창조를 지향하기 위해서이다.

사회와 기업의 현장을 냉철하게 관찰하고, 조직상에서의 매니지먼트 개념을 도출하여 '매니지먼트의 아버지'라고 불렸던 고 피터 드러커. 그의 출발점이 정치학 분야이며, 일관되게 정치학의 영향을 크게 받고 있었다는 것을 함께 생각해보면 매우 시사적이다.

정치학이 대상으로 삼는 인간은 어떤 의도나 가치관을 지니고 그 실현을 향해 사색하고 예측하고 행동하고 수정하며, 환경의 영향을 받으면서 환경을 변화시켜가는 능동적이며 반성적인 존재이다. 그래서 정치학에서는 과학적으로 일반법칙을 도출하는 일이 아주 어렵다. 따라서 정치학에서는 분석 능력뿐 아니라 문맥에 따른 상황감지 능력이 중시된다. 객관성을 중복시킨 분석적 접근에 편중되면 현실에서 유리될 가능성이 있다. 그 때문에 드러커는 늘 사회적 존재로서의 인간을 통찰의 중심에 두고 있었다. 논리분석적으로 현상을 볼 뿐 아니라, 직관에 의해 지각하는 일이 중요하다는 자세가 늘 읽혀졌다. 드러커가 탁월한 점은 사회현상의 통찰에서 분석과 직관의 균형이 훌륭하게 이루어지고 있었다는 데 있다.

　매니지먼트는 실무이고 유일한 절대적인 것이 아니며, "그 가치는 의료와 마찬가지로 과학성을 통해서가 아니라 환자의 회복에 의해 판단하지 않으면 안 된다."(《기업의 개념》)라고 드러커는 말했다. 매니지먼트의 가치는 과학적으로 분석하는 것보다 환자별로 증상에 맞는 판단의 적부에 의해 측정된다. 드러커는 분석적인 시각이 아니라 정치학적 시각에서 당시의 최첨단기업 GM의 컨설팅을 담당했고, 그 성과를 명저 《경영의 실제》에 담아 매니지먼트의 개념을 세상에 널리 알렸다. 책 이름이 '경영의 이론'이 아니라 '경영의 실제'였으며, 과학으로서의 이론이 아니라 직관으로서의 실천을 다룬 것이었다. 그러나 경영의 과학성에 자신을 가졌던 GM은 드러커의 생각을 받아들이지 않았다.

　묵살한 GM과는 대조적으로 "(나의 생각에) 최초로 민감하게 반응해 준 것이 일본 기업이었다."라고 드러커가 말했듯이, 일본 기업들은 그에게서 큰 영향을 받았고 발전의 계기로 삼았다. 드러커는 일본이 고도성장기에 들어가기 이전에 경제인과의 교류나 현장체험 등을 통해 곧 경제대국이 될 것을 예견했고, 일본 기업의 경영 개선에 크게 공헌했다. 이는 일본의 역사와 문화가 보편성 지향이라기보다 문맥 의존적이며, 분석적이라기보다 직관적이며 감각적이라는 사실과 무관하지 않다. 독자적인 특성을 지닌 일본 사회와의 만남을 통해 드러커의 발상도 촉발되었던 것이다.

　1993년에 출판된 《자본주의 이후의 사회》에서, 21세기는 '지식이

유일하게 의미 있는 경영자원이 되는' 지식사회가 될 것으로 예측했으며, 더 이상 정보를 전제로 하지 않고 지식을 전제로 하는 관점에서 조직을 다시 파악하지 않으면 안 되는 전환기에 있다고 지적했다.

현대의 경영학은 과학화를 지향한 경제학을 모방하고, 협의의 과학적 실증주의로 달리거나 혹은 개념 없는 방법론의 범람을 만들어내고 있다. 드러커의 업적을 돌아보면, 매니지먼트도 분석지상주의에 빠지는 일 없이 인간의 철학, 가치관, 심미안, 직관, 교양, 고도의 경험 같은 요소들을 소중히 해야 한다는 것이 분명해진다.

지식사회는 우리는 '무엇이며', '어떠해야 하는가'라는 근원적 질문에서 출발한다. 이 궁극적인 주제를 한결같이 추구한 20세기 최대의 사상가 하이데거는 시간의 개념을 축으로 놓고 "인간존재는 시간성을 지닌 것이다."라고 설명했다. 그 중에서도 중요한 축은 미래이며, 미래가 과거를 결정하고 현재를 생성한다고 하이데거는 생각했다.

다가오는 미래에서 '나는 어떤 존재이고 싶은가?', '어떤 존재일 수 있는가?'라는 물음에 가능성이 보일 때, 능동적으로 한 걸음 앞서 각오를 하고 과거의 경험에 의미를 다시 부여하고 현재를 직관하며 산다. 과거가 현재를 결정하는 것이 아니라, 미래에 의해 주도된 과거가 의미를 갖고 재구성될 때 현재의 새로운 삶의 모습이 열리며, 지금 여기here and now에서 시간이 활성화된다.

드러커가 메시지를 발했던 것처럼, 지식사회에서 어떻게 공공의 선과 미래창조를 향해 매일 이노베이션을 만들어낼지 그 사회적 사명을 우리는 '특별한 의미'와 함께 가슴에 새기지 않으면 안 된다.

15__
잃어버린 능력을 되찾아라

이 책의 13가지 사례에서 제시한 이노베이터의 조건은 과거의 인재론에서는 별로 의식되지 않았던 능력을 다루고 있다. 목적을 실현하기 위한 도량 있는 정치력이나 마키아벨리적인 현실주의는 부정적으로 파악되었고, 경영상의 주관적 측면이나 이노베이션의 원동력이 되는 감정의 지식도 잡음으로 배제되어 왔다. 하지만 거기에 초점을 맞춘 것은 거듭 언급한 것처럼 더 이상 분석지상주의가 횡행하며 분석마비 증후군이 만연하는 것을 막고, 다시 한 번 균형감각을 회복하기 위함이다.

일본 기업은 원래 장기적 고용 아래 암묵적 지식이 축적되어왔으므로 경영에 직관적인 요소가 강했다. 여기에 미국형 매니지먼트가 들어오면서 직관적인 요소와 과학적인 부분이 잘 맞아 일본 기업의 지식창조가 지속적으로 향상되었고, 특히 제조업의 경쟁력이 배양되어 왔다.

이 균형이 깨지게 만든 큰 요인의 하나가 바로 IT화의 진전이었다. IT는 효과적으로 사용하면 효율성이나 생산성 향상이 기대되는 매우 강력한 도구이다. 그러나 형식적 지식이 기초가 되기 때문에 그 능력을 과신한 나머지, 본래는 암묵적 지식과 형식적 지식을 왕복순환하면서 나선상으로 회전하여 새로운 지식을 만들어가던 지식창조의 프로세스로부터 IT가 암묵적 지식을 배제하는 사태에 빠져버렸다.

제5장에서 말한 바와 같이 노나카 등이 제창한 지식창조이론이 미국에 건너가 지식경영의 개념이 생겼을 때, 형식적 지식으로 된 지식

이라면 IT에 활용 가능하다고 생각하여 지식공유 시스템의 구축이 진행되었다. 그 기본개념은 활용되는 문맥이나 상황에 좌우되지 않는 문맥 독립적인 시스템에 문맥이 특정되는 문맥 의존적인 암묵적 지식을 적응시키는 것으로, 그것이 세계화의 조류에 합치한다고 간주되었다.

지식창조는 각자가 사색과 행동을 통해 자신의 것이 된 다양한 암묵적 지식을 형식적 지식으로 전환하여 공유함과 동시에, 표출화된 형식적 지식과 개개의 암묵적 지식이 서로 상호작용하여 암묵적 지식이 보다 풍요로워지는 나선상에서 이루어진다. 반면에 IT를 활용한 지식공유 시스템은 보편적인 시스템을 만들고 그것에 각 기업의 업무스타일을 맞추므로, 단순한 매체로서의 정보 공유는 이루어져도 암묵적 지식의 부분은 점점 희박하게 되어갔다.

그 결과, 업무 방법도 IT를 사용하여 단순히 정보를 처리해가는 분석적인 수법이 지배적이 되어, 개개의 주체성이 결여되고 방관자가 증가해버렸다. 문맥에서 떼어놓은 보편적 지식인 형식적 지식만을 분석하고 있는 동안, 실행력은 점점 약화되는 길을 걷게 되었다. 바로 옆에 있는 사람과 전자메일로 정보를 교환하는 현상을 곳곳마다 볼 수 있게 되었고, 얼굴을 맞대고 이야기를 나누는 곳도 점점 감소했다. 물론 IT가 도입되고도 계속 지식의 창조를 해나가는 기업들도 있지만, 대부분의 경우 지식의 나선운동이 제대로 이루어지지 않게 되어버렸다.

최근 들어 '현장력'이 재검토되고 있는 것은, 바로 현장에 뿌리를 내린 살아 있는 암묵적 지식을 되살리기 위한 움직임이다. 현장에서는 특정 공간과 특정 시간, 특정 인간의 관계성 속에서 새로운 지식이 창조된다. 그리하여 문맥에 따라 판단하고 실행할 수 있는 양질의 암묵적 지식이 요구된다.

어느 IT계통 대기업에서 웹을 활용한 지식공유 시스템을 도입한 적이 있었다. 시스템엔지니어(SE)가 각자의 체험을 통해 획득한 지식들을 써넣으면, 암묵적 지식이 형식적 지식으로 전환되어 자연스럽게 지식이 공유되며 축적되어갈 것이라고 생각했기 때문이었다. 그러나 결국 지식을 웹에 입력하는 것만으로는 암묵적 지식을 형식적 지식으로 만드는 데에 한계가 있다는 것을 알게 되었고, 사람들이 모여 직접 대화를 나누는 기회가 필요하다는 사실을 통감했다. 그래서 그때까지 여러 곳에 산재해 있던 수천 명의 SE를 결집하는 거점을 새로 만들었다. 지식의 공유를 시스템베이스로부터 인간베이스로 전환했던 것이었다. 이 사례는 지식창조에서 대화가 중요하다는 것을 말해준다.

대화와 함께 중요한 것이 실천이다. 본서에 등장한 조직과 팀은 대화와 실천을 반복하면서 서로의 생각을 나누었고, 농도 짙은 인간관계 속에서 지식창조의 소용돌이를 지속적으로 일으켜갔다. 대화와 실천을 행하는 곳에 이노베이터의 능력과 조건을 지닌 사람을 배치하면, 지식창조가 단번에 가속되고 이노베이션이 실현되어간다.

이노베이터의 조건이란 한정된 사람만이 지닌 특별한 능력이 아니다. 얼마나 자신이 믿는 이상을 추구하는가? 그것을 어떻게든 실현하려는 집념을 가질 수 있는가? 언뜻 보기에 모순처럼 보이는 이상과 현실을 자기 속에서 우선 시작해볼 일이다. 그것은 자신의 삶을 확립하는 일에도 연결된다. 삶의 방식을 확립하지 못한 사람은 이노베이션을 일으킬 수 없다.

이상의 추구는 본질을 간파하는 눈을 단련하고, 실현에 대한 집념은 지식과 지식을 연결시킴으로써 꼭 지녀야 할 능력을 연마하게 해준다. 그때에야 비로소 마침내 기품과 강인함을 갖춘, 한 껍질 탈피한 이노베이터가 되어간다는 것을 약속하겠다.

오늘 우리는 무엇을 준비해야 하는가

번역을 마치는 날, 저자들 중의 한 분인 가쓰미 씨를 도쿄의 한 카페에서 만났다. 책에 나오는 이노베이터들에 관해 한 시간 정도 대화를 나누었는데, 여기에 그 내용을 소개하고자 한다.

저자와의 대화 – 이노베이터들의 동기부여에 대해

남상진 : 책에서는 이노베이터들이 이노베이션을 일으킬 수 있었던 요인의 하나로 그들이 지닌 실존철학, 즉 무엇을 위해 존재하고 무엇을 하고 싶은가라는 점들을 강조하고 있습니다. 그런 철학적인 요소 외에 어떤 다른 동기가 있는지요? 예를 들면, 성공했을 때의 보너스나 승진 같은 것 말입니다.

가쓰미 : 일본 기업에서는 보통 상품개발에 성공했다고 해서 다른

사람보다 월등히 많은 급여를 준다거나, 보너스를 주는 일은 거의 없어요. 있다고 하더라도 다른 사람들과 크게 차이는 나지 않아요. 이 책에서 대박상품을 개발한 이노베이터들도 마찬가지입니다.

남상진 : 그러면 그들이 건강을 해쳐가면서까지, 그리고 사내의 격심한 반대를 무릅쓰고 역경을 이겨내며 이노베이션을 일으키게 한 요인은 무엇인가요? 금전적인 보상이나 승진 면에서의 특별한 우대가 없다면 말입니다.

가쓰미 : 일본인들은 금전적인 보상에 대해 그리 민감하지 않다고 봅니다. 물론 최근에는 연공서열과 종신고용제도가 무너지면서 성과에 따른 보수제도가 보급되고 있어요. 그렇지만 성과에 따라 큰 보수를 보장받는 것은 보험회사의 영업직원 등 다소 특수한 업종에 한정되어 있습니다. 일반 회사에서는 성과급제도가 도입되어 있더라도 직원들간에 큰 차이가 나지는 않아요.

남상진 : 어떤 동기부여가 효과적이라고 생각할 수 있을까요?

가쓰미 : 최근 도시샤대학의 오타 교수가 쓴 책들을 읽었는데, 일본인에 대해 흥미롭게 쓴 글이 있더군요. 일본인은 금전적인 보상보다는 조직 속에서의 승인, 즉 인정을 받는 일에서 큰 동기를 발견한다고 합니다. 다시 말해 명예를 중시한다는 것이죠. 자신의 존재가치와 이루어낸 업적에 대해 인정받는 것을 가장 가치 있게 여긴다는 것이죠. 재미있는 것은 그런 긍정적인 승인욕구가 있는 반면 부정적인 승인욕구도 있다는 점입니다.

남상진 : 부정적인 승인욕구에 대해 좀더 말씀해주셨으면 합니다.

가쓰미 : 부정적인 승인욕구란, 가령 상사가 늦게까지 남아서 일할

경우 부하가 상사보다 먼저 퇴근하는 것을 꺼려 눈치를 보면서 잔업을 하는 예를 들 수 있겠네요. 남아서 열심히 일하는 체하면 상사로부터 노력하고 있다는 승인을 받을 수도 있죠. 그러나 이런 부정적인 승인 욕구는 성과와 연결되지 않아요. 자발적인 기여가 아니기 때문이죠. 이런 부정적인 승인욕구를 충족시키려는 것은 건강한 현상이라고 볼 수 없으며, 지양되어야 마땅해요. 긍정적인 승인욕구를 살려나가는 것이 이노베이션에 성공하는 기업이 지향해야 할 자세라고 할 수 있습니다. 이 책에 등장한 이노베이터들과 별다른 이해관계가 없는데도 도와주었던 사람들 역시 이노베이터들의 긍정적인 승인욕구에 공명하고, 자신들도 좋은 일을 통해 조직과 사회로부터 승인을 받으려는 욕구가 강했다고 할 수 있습니다.

남상진 : 책에서 언급되지는 않았지만, 일본인 특유의 승인욕구라는 것이 이노베이터들의 중요한 특질 중 하나라는 것을 알았습니다. 일본 사회는 부정적인 승인욕구에 속박되는 사람들이 많다고 생각했었는데, 성공하는 기업의 이노베이터들이 그런 긍정적인 욕구가 강하다는 것은 새로운 발견이군요. 감사합니다.

가쓰미 : 잘 지적하셨습니다.

남상진 : 우리는 흔히 경영학이라면 딱딱하고 이론적인 것으로 생각하죠. 사실 매니지먼트라는 것이 우리 속에 있고, 우리 삶을 위한 것이라고 생각하는 사람들은 아주 적을 듯해요. 21세기 최고의 사상가였던 피터 드러커의 출발점, 즉 문제의식은 '어떻게 하면 인간이 행복할 수 있는가?'라는 것이었죠. 또 그 마지막은 '나는 무엇에 공헌할 것인가?'를 생각하라는 것이었고요. 드러커는 매니지먼트, 조직, 사회, 정

치까지도 인간의 행복을 위해 존재하고 운영되어야 한다는 가장 본질적인 화두를 우리에게 던졌다고 생각합니다. 이 책에 등장하는 이노베이터들도 결국 '어떻게 하면 그들과 그들이 마주보고 있는 고객이 행복하게 될 수 있는가?'라는 질문에서 시작하여, '나는 내가 서 있는 자리에서 무엇을 통해 사회에 공헌하겠는가?'라는 자신의 실존에 관한 물음의 해답을 찾은 사람들이 아닌가 생각합니다만, 어떻게 생각하시는지요?

가쓰미 : 네. 책에 등장하는 이노베이터들이 늘 고민한 것은, 책에서도 자주 언급했듯이 '나는 무엇을 위해 존재하며, 무엇을 하고 싶은가?'라는 것이었어요. 돈을 많이 벌고 싶다든지 출세하고 싶다든지 하는 욕구보다는, 사회 속에서 자신의 역할을 인식하고 그것을 수행함으로써 인정받으려고 했다는 점에서 드러커와 같은 맥락에 있다고 봅니다.

저자와의 대화 – 미들매니지먼트의 중요성에 대해

남상진 : 도요타의 사례에서, 미들매니지먼트(중간관리층) 역할의 중요성에 대해 강조한 부분이 있었죠? 일본에서의 미들매니지먼트의 위치와 형편에 대해 말씀해주셨으면 합니다.

가쓰미 : 본서에 등장하는 이노베이터들 중 30~40대 과장급, 즉 중간관리층이라고 불리는 사람들이 많아요. 경기가 좋지 못할 때는 이들 중간관리층이 구조조정의 대상이 되기 쉽지만, 경기가 회복기에 들어선 지금 이들의 역할을 다시 보고자 하는 움직임이 있습니다. 충분한

기술적인 경험과 지식을 갖고 있고, 인생경험을 통해 시장도 볼 줄 알며, 사회에서 그리고 가정에서 중심적인 역할을 하는 귀중한 존재로 다시 보고자 하는 것입니다.

남상진 : 최근 한국에서는 한창 일할 나이인 30대 후반부터 40대 초반의 중간관리층이 구조조정 대상이 되어 천덕꾸러기 취급을 받는 경향이 있습니다. 사회의 중심이 되어야 할 그들이 흔들리고 있는 것이죠. 이런 현상은 어찌 보면 경제가 활력을 잃고 있고, 기업이 단기적인 성과만 추구하는 데 그 원인이 있다고 봅니다. 이 책에 등장한 이노베이터들의 대부분이 미들매니지먼트에 해당되고, 그들이 회사의 성패를 좌우하는 것을 보면서 느낀 점이 많았어요. 활력이 넘치고 건강한 사회의 특징이 아닌가 생각해봅니다. 회사의 주인은 오너도 아니고, 경영층도 아니며, 바로 이런 건강한 사고방식을 지닌 중간관리층이라는 것을 새삼 느끼게 되었습니다.

가쓰미 : 도요타의 경우, 특히 미들매니지먼트의 역할이 중시되고 있죠. 노나카 교수님이 강조하는 미들업다운이란 말 속에 그 중요성이 함축되어 있다고 생각해요. 미들매니지먼트가 단순히 경영층의 지시나 철학을 부하들에게 전하거나, 부하들의 의견을 상부에 전달하는 커뮤니케이션의 파이프 역할만 하는 종래의 소극적인 역할을 더 이상 하고 있지 않아요. 경영층에 대해서는 제안뿐 아니라 경영층을 움직이며, 부하들에 대해서는 단순히 그들과 그들의 업무를 관리하는 것이 아니라 올바른 역할을 부여하고 좋은 일을 하도록 이끌어주며 미래의 지도자로 육성하는 중추적인 역할을 수행하는 존재입니다. 다시 말하면, 기업의 주인이며 주체라는 점입니다. 이것이 성공하는 기업의 중

간관리층의 바람직한 모습이라고 할 수 있어요.

　남상진 : 한국에서 성공기업에 기여한 사람들에 대한 책은 주로 회사의 창업자나 유능한 경영자를 대상으로 하든지, 그런 사람들이 직접 쓴 자서전적인 책들이 많아요. 일본도 그런 경향이 많다고 봅니다. 본서는 성과를 내는 주체로 중간층에 있는 주인공들에게 초점을 맞추고, 그들을 취재하여 그들의 철학, 자세, 행동으로부터 이노베이터의 특질을 체계적으로 설명하고 있다는 점에서 아주 흥미로우며 또한 과거에는 없었던 귀중한 발견이라고 생각합니다. 한국에서도 창업자나 기업 경영자뿐 아니라 묵묵히 회사에 공헌하며 성과를 내는 중간층을 대상으로 다룬 책이 하루 빨리 나왔으면 하는 소망을 가져봅니다.

　가쓰미 : 곧 그렇게 될 걸로 믿습니다.

　남상진 : 가쓰미 선생님과 노나카 교수님은 이노베이션 사례와 이노베이터 발굴을 위해 오랫동안 여행을 다니셨는데, 지금도 계속되고 있는 것으로 압니다. 현재 상황은 어떤지요?

　가쓰미 : 잡지 《Works》에 사례를 계속 연재하고 있으며, 이노베이션 사례를 찾아다니는 여행이 계속되고 있습니다. 이번에 13사례를 묶어서 책으로 냈습니다만, 지난번에 출간한 《1위의 패러다임》에서도 13편을 소개했었죠. 내년 쯤 다시 13편을 모아서 책으로 엮을 계획으로 있어요.

　남상진 : 내년에는 어떤 성공사례가 소개될지 기다려집니다. 서울이나 도쿄에서 직접 사례를 소개하는 기회를 가졌으면 합니다.

　가쓰미 : 서울에는 가본 적이 없지만, 노나카 교수님과 함께 그런 기회를 갖게 되기를 바랍니다.

번역을 마치며

한국과 일본의 경영 환경, 기업이 처해 있는 상황, 산업구조 등은 비슷하면서도 많이 다르다. 겉보기에는 조선, 반도체, 액정모니터, 휴대폰, 자동차 등의 산업에서 격렬한 경쟁을 벌이고 있으며, 어떤 분야에서는 한국이 주도하고 전세계적으로 가장 높은 점유율을 점하는 분야도 많이 있다.

그러나 속을 들여다보면 우리는 안심할 수 없다. 대기업 편중의 경제구조, 수출지향 산업구조, 기초기술의 부재, 강력한 오너중심 경영, 고용 문제, 선진국과 개발도상국 사이에서의 경쟁력 약화 등 걱정거리가 셀 수 없이 많고, 개선해야 할 과제도 산더미처럼 쌓여 있다.

경영 방식도 속도를 중시하는 한국 기업에 비해, 일본 기업은 속도는 다소 늦더라도 철저하게 준비하여 크고 오래 갈 경쟁력을 갖추는 데 주력한다.

그러나 세계시장에서 경쟁하고 그 경쟁에서 살아남아야 한다는 과제는 공통적인 것이며, 유일한 해결책은 이노베이션밖에 없다는 것은 누구나 잘 알고 있는 사실이다. 그런데 이노베이션의 정의, 방법론에 대해 제대로 알고 있는 사람은 그리 많지 않은 듯하다. 이노베이션과 이노베이터에 관련된 책들, 특히 21세기의 지적 거인 피터 드러커의 저서들은 많은 독자를 확보하고 있다. 그러나 실제 개발현장에서의 혁신 사례를 한 곳에 모으고, 이노베이션의 진수를 알기 쉽게 해설한 책은 거의 전무했다고 할 수 있다.

2005년 1월, 한국에 선보인 《1위의 패러다임》은 수많은 기업경영자들과 기업의 혁신 담당 부서원들 사이에서 큰 관심의 대상이 되었다. 그 책과 관련된 에피소드를 두 가지 간단히 소개하고자 한다.

나는 책의 번역 및 출판기획자로서 저자들을 대신하여 어느 대기업의 최고경영자들이 모인 자리에서 《1위의 패러다임》의 내용을 소개하는 연구회에 참석하는 기회를 가졌다. 그 기업의 회장이 한 말이 아직도 머릿속에 생생하게 남아 있다.

"직원들이 어떤 문제에 대한 해결책을 달라고 하면, '이 책(1위의 패러다임)에 다 나와 있잖아'라고 대답하죠."

기업 성공의 비결이 그 한 권의 책에 고스란히 담겨 있다는 의미일 것이다. 그 회장이 직원들에게 책을 읽게 하고 내용을 발표하도록 하는 등, 직원들이 《1위의 패러다임》의 내용과 혁신의 진수를 이해하기를 강하게 바랐다는 사실도 알게 되었다. 그 책의 가치를 가늠하게 해주는 좋은 예라고 생각한다.

다른 예를 소개하자. 모 대기업 전자업체의 혁신 담당자로부터 요청을 받아 그 기업의 중간관리층에 해당하는 서른 명이 넘는 인원들과 함께 도쿄에서 세미나를 개최한 적이 있다. 저자인 노나카 교수님과 가쓰미 씨를 모시고 각 기업의 생생한 혁신사례를 직접 듣고 함께 연구하는 시간을 가졌던 것이다. 나는 세미나를 기획하고 통역하는 역할을 맡았다. 도요타와 혼다의 상품개발 과정과 내부 조직의 특징 등을 두 시간 가량 함께 공부했다. 저자가 서문에서도 밝힌 바와 같이 이노베이터의 육성에 관한 질문이 이어졌다.

이노베이션은 기업 자체의 강한 동기, 즉 경쟁에서 살아남으려는 몸부림이 있고, 성공으로 이끄는 문화가 있어야 하며, 무엇보다 일하는 사람들 속에 기업에 대한 믿음과 자신의 삶에 대한 확고한 철학이 있을 때 가능해진다. 그리고 가장 중요한 것은 남다른 이노베이션의 방법론 아니 본질이 있어야 한다.

본서의 가장 큰 가치는 이제까지 개념적으로만, 혹은 하나의 철학으로만, 혹은 하나의 추상적인 패러다임으로만 여겼던 이노베이션이라는 것을 좀더 구체적인 형태로 소개해줌으로써 이노베이션을 누구나 수행할 수 있는 것, 우리 가까이에 존재하는 것, 우리 속에 존재하는 것으로 인식시켜준 점일 것이다.

위에서 언급한 모 기업에서의 연구회에 참석한 어느 분의 질문이 기억에 남아 있다.

"한국에도 찾아보면 이런 이노베이션 사례가 있지 않을까요?"

많이 있을 것이 틀림없다. 한국에서도 이노베이션 사례와 지식창조 기업을 발굴하는 활동이 활발해지고, 좋은 혁신사례를 공유하는 흐름이 생겨나면 더 바랄 나위가 없을 것이다. 우리는 언제부터인가 바깥만 바라보고 배우려는 자세를 취해왔다. 이제는 한국적 이노베이션의 사례연구와 그 진수를 연구하고 공유할 때가 되지 않았나 하는 생각을 해본다.

우리는 훌륭한 기업가정신과 매니지먼트를 통해 세계적인 기업을 일으킨 우리의 창업자들을 많이 알고 있다. 반면에 급속한 경제성장을 이룩했으나 그 후유증도 만만치 않다. 황금만능주의, 극도의 이기주의, 뭐든지 빨리 하지 않으면 직성이 풀리지 않는 '빨리빨리병', 국민 전체가 정치에 올인하는 권력 지향성 등 헤아리자면 끝이 없고 한숨만 나오게 된다.

이제는 우리 자신과 주변을 둘러보는 여유가 필요하지 않나 생각한다. 이것은 배불러졌으니 쉬며 즐겨야 한다는 뜻이 아니다. 발전의 진정한 목표와 목적은 무엇인가? 기업과 사회의 주역은 누구이며, 그들은 어떠해야 하는가? 함께 살아가는 지혜는 무엇인가? 극심한 세계적 차원의 경쟁에서 승리하고 내일을 약속받으려면 오늘 우리는 무엇을 준비해야 하는가?

그런 질문에 대해 이 책은 많은 답을 제시해주리라 믿는다.

이 책의 한국어판은 미래지향적인 책을 독자들께 제공한다는 신념을 가진 북스넛 문정신 사장님의 철학이 없었으면 나오기 힘들었을 것이다. 또한 책이 조금이라도 이해하기 쉬운 것이 되었다면 김태연, 김윤경 두 사람의 숨은 노력의 결과일 것이다. 이 자리를 빌어 감사의 말을 전하고 싶다.

이 책의 한국어판 출판을 쾌히 허락해주신 노나카 교수님, 가쓰미 씨에게도 이 자리를 빌어 감사의 뜻을 전하고 싶다. 또한 전편 《1위의 패러다임》에 보여주신 독자들의 열정적인 평가도 이 책이 나오는 데 큰 힘이 되었음을 밝혀둔다.

도쿄에서
옮긴이 남상진